근대 여성 9

제국을 거쳐 조선으로 회유하다

근대 여성 , 제국을 거쳐 조선으로 회유하다

식민지 문화지배와 일본유학

박선미 지음

창비

2005년 이 책의 일본어판(『朝鮮女性の知の回遊：植民地文化支配と日本留學』)을 출판하고 2년이 지났다. 대부분의 연구자가 그럴 터이지만, 나역시도 그동안 자기 책을 거의 펼쳐보지 않았다. 오자나 미숙한 문장, 설명이 부족한 데가 먼저 눈에 들어오니, 자꾸 멀어지게 되는 법인가보다.

이 책의 한국어판을 출판하기 위해 할 수 없이 여러 번 다시 읽어보았다. 지나간 많은 세월들이 눈앞에 되살아나며 얼마나 많은 분들의 지도와 협력으로 이 연구가 가능했던지를 다시 절감했다.

이 책의 특징은 일본유학을 식민지 고유의 사회문화 현상으로 파악해 논의를 전개한 점에 있을 것이다. 그것의 출발은 역시 여자유학생의 구술조사였다. 다시 말해 구술조사를 하지 않았더라면, 했더라도 훨씬 적은 수에 그쳤다면, 전혀 다른 책이 되었을지도 모를 일이다. 구술조사를 부차적인 작업으로 생각지 않고 구술에서 논점이나 사회현상을 찾아내고자 노력하는 태도는 이화여자대학교 대학원 여성학과 재학시절에 익힌 것으로, 새삼 그때의 자산이 얼마나 큰 것인지를 느끼며 감사하는 마음이다.

이 책을 번역하고 좀더 알기 쉽게 서술을 다듬고 또 일본어판보다 인용자료를 더 자세히 편집하기 위해 치워둔 옛 자료들을 다시 꺼내 확인하고 입력하면서 꽤나 시간이 걸렸지만, 배영미씨(히도쯔바시대학 박사과정 재학), 김경자씨(일본에서 활동하는 한국어 강사／전문번역가)의 도움이 컸으며 이 자리를 빌려 다시 한번 감사의 말씀을 드린다.

그동안 비록 보잘것없는 연구성과나마 자기를 키워준 고향에서 발표하는 기회를 많이 갖지 못해 늘 송구한 마음이었는데, 이 책의 출판을 계기로 여러 선생님들과 선후배님들의 가르침을 얻고 더욱 성장하고 싶다. 끝으로 창비와 편집부에 감사의 말씀을 드리며 이 책을 지난 7월에 돌아가신 어머니께 바친다.

2007년 11월
박선미

1. 이 책은 2004년 쿄오또(京都) 대학 문학박사학위 취득 논문 「식민지시기 조선인 여자유학생 연구」를 가필·수정한 것으로, 일본에서 『朝鮮女性の知の回遊 : 植民地文化支配と日本留學』(山川出版社 2005)라는 제목으로 출간된 것을 저자가 직접 한국어로 번역했다.

2. 일본 인명, 지명, 학교명 등은 일본어 발음으로 표기하고 한자를 병기하되, 여러 번 반복되는 경우 처음에만 병기했다.

3. 본문에서 외국어 서적, 논문, 문서 등을 언급할 때는 한국어번역과 원어를 같이 제시했다.

4. 인용문 중의 지나(支那), 선인(鮮人) 등의 멸시어·차별어와 내지(內地), 외지(外地), 내선(內鮮), 일선(日鮮) 등 식민지지배를 반영하는 용어는 원문대로 했다.

5. 인용문의 원문에 따라 '한국'으로 표기한 경우도 있으나, 그 외에는 '조선'을 사용했다.

6. 한글 인용문은 원문 그대로 제시했다.

7. 구술조사 대상자인 여자유학생의 이름은 익명으로 처리했다.

8. 문헌자료나 구술의 인용에서 일본어판보다 상세한 부분이 있다.

9. 일본어판에는 없는 사진이나 그림이 포함되어 있다.

일제시기 여자 일본유학생을
어떻게 바라볼 것인가

1. 시각과 과제

일본의 조선 지배는 조선에서 일본으로 건너가는 사람들의 흐름을 만들어냈다. 이 흐름 속의 남자유학생·노동자·이주자는 재일조선인 운동사, 유학생 운동사, 재일조선인 사회형성사의 분야에서 연구되어 상당한 성과를 거두어왔으나, 여자유학생에 관한 연구는 크게 뒤처져 있다.

일제시기 여자유학생에 관한 선행연구로는 우선 1971년 나까쯔까 아끼라(中塚明)에 의한 나라(奈良)여자고등사범학교 조선인 유학생의 실태조사가 있다.[1] 또 1970년대 말에는 이순애(李順愛)가 1910년대와 20년대 여자유학생의 여성운동을 고찰했다.[2] 1990년대에 야마자끼 토모꼬(山崎朋子)가 아시아 여성교류사 연구의 일환으로 조선인 여자유학생이 일본인 여성운동가 야마까와 키꾸에(山川菊榮)*와 교류한 사례와, 유학한 뒤에 귀국해 교육자로 활동한 예를 분석했고,[3] 일부 일본 대학에서도 여자유학생의 실태조사가 실시되었다.[4] 그리고 한국에서도 1990년대에 들어와 활발해진 신여성 연구에 힘입어 1910년대 중반부터 20년대 초기에 걸쳐 대두된 여자유학생의 여성해방의식이 고찰되었다.[5]

이와같이 몇 안되는 일제시기 여자 일본유학생 연구에서 비록 단편적이기는 하지만 유학중의 활동, 유학에서 얻은 새로운 의식, 귀국한 뒤의 활동 등이 조명되었다. 그러나 유학의 배경, 일본에서의 경험, 귀국한 뒤의 역할까지를 체계적이고 종합적으로 규명한 연구는 없다.

따라서 얼마만큼의 조선 여성들이 왜 일본으로 가서, 무엇을 배웠으며, 어떠한 경험을 했고, 또 귀국한 뒤에는 조선사회에서 어떠한 역할을 했는가를 조선 근대사 혹은 조선 근대 젠더사의 중요한 과제로 인식하고 역사적 이해를 심화시켜, 조선 여성의 일본유학이라는 사회문화적·역사적 현상의 전체상을 체계적으로 밝히는 작업이 필요하다. 이 책은 여자유학생이 조선을 출발해서 귀국한 이후의 활동까지를 사회문화사·문화교류사·젠더사의 관점에서 밝혀보고자 한 것이다.

조선인의 일본유학은 조선사회가 식민지적 근대화 과정을 거치는 가운데 '중심'(內地, 메트로폴리스)과 '주변'(外地)이라는 제국적 문화구

---

* 야마까와 키꾸에(1890~1980): 토오꾜오(東京) 출생. 여자영학숙(女子英學塾, 현재의 津田塾大學) 졸업. 1918년부터 이듬해에 걸쳐 전개된 모성보호 논쟁에서 두각을 나타냄. 그뒤 여성문제에 관한 논단에서 활약. 1921년 적란회(赤瀾會) 결성에 참가. 우애회부인부(友愛會婦人部)와 일본노동조합 부인부결성을 지원. 1947년부터 51년까지 초대 노동성 부인소년국장을 지냄.

조가 만들어낸 사회문화적·역사적 현상이다.

메트로폴리스에서는 조선인에 대한 멸시·차별의 문화와 함께 '지도·교화의식'의 문화가, 조선에서는 메트로폴리스에 대한 저항과 함께 동경의 문화가 형성되어갔다. 1910년에 합방된 뒤 1919년 3·1독립운동을 거치며, 민족독립과 사회변혁을 향한 조선인의 관심과 열의는 결코 식지 않았다. 그리고 조선 안팎에서 독립운동·사회운동이 끊임없이 지속되었으나 식민지통치도 1920, 30년대를 거치며 강화되어갔으며, 조선인의 메트로폴리스에 대한 문화적 의존도 더욱 심화되어갔다. 메트로폴리스의 선진성과 근대문화가 동경의 대상이 되어 메트로폴리스의 공기를 마시거나 그 세계 속에 몸을 두고자 갈망하는 '메트로폴리스 지향'이 조선사회에 퍼졌던 것이다.

식민지지배로 조선인은 근대화 주체로서의 역할을 크게 제약받았으나, 조선의 지식인들은 독립과 근대화를 민족의 급무로 인식해 자강(自强, 근대적 지식의 도입)을 도모했다. 많은 이들이 메트로폴리스에서 근대적 지식을 추구했다. 조선총독부의 정책에 의해 조선에서 고등교육을 받을 수 있는 기회가 매우 적었기 때문에, 메트로폴리스에서 조선인들이 고등교육을 받을 수밖에 없었던 점도 매우 크게 작용했다.

일본이 조선에 이식한 근대 교육제도의 '교육피라미드'는 메트로폴리스의 고등교육기관을 정점으로 한다. 보통학교에서 여자고등보통학교·고등보통학교, 나아가 전문학교나 대학의 수적 분포와 지리적 분포가 피라미드 형태를 이루는데, 초등교육은 조선의 읍·면에서, 중등교육은 각 군이나 부(府)에서, 고등교육의 일부는 경성이나 평양에서, 많은 부분은 토오꾜오(東京)를 중심으로 일본에서 이루어졌다. 여기서 조선의 마을과 제국의 메트로폴리스를 연결하는 '길'이 만들어지고, 지식과 학력을 찾아 그 길을 걸어가는 '사회적 집단'이 생겨난다. 조선에서 고등교육을 받을 수 있는 기회가 매우 적었기 때문에 '어쩔 수 없이' 선택한 일본유학이지만, 메트로폴리스로 향하는 길이 점차 넓혀져 가는 가운데 선진사회 식민지 본국에서의 교육에 희망을 걸고 많은 학생들이 일본 각지로 건너간 것이다.

유학생정책은 물론 조선총독부에 의해 실시되었으나, 조선 근대교육에 큰 공헌을 해온 서양 기독교 선교사의 미션스쿨도 유학생을 배출하는 역할을 일부 담당했다. 미션스쿨은 총독부의 교육정책과 충돌하면서 결국 국가 교육제도 속으로 편입되어 사교육의 의미와 기능을 잃어갔으나, 명백히 독자적인 성격과 역할을 가지고 일제시기와 해방후 한국의 교육발달과 인재공급에 중요한 역할을 했던 것이다.

조선은 개국 이래 수구와 개화, 민족독립과 근대화 사이의 양극에서 갈등하며 큰 시련을 겪어왔다. 그동안 역사학계에서 식민지근대화론을 둘러싼 첨예한 논쟁이 있어왔지만, 식민지지배와 근대화라는 다양한 가치가 일체화된 일제시기의 전체상을 어떻게 이해하고 평가할 것인가는 지금도 미결의 과제이다. 유학생의 의식이나 경험도 하나로 설명할 수 없는 다양한 것이었다 할지라도 기본적으로는 전통과 근대, 자기와 타자, 저항과 동조, 조선적인 것과 일본적인 것 사이에서 갈등·분열했다. 다양한 갈등·의식·경험이 교차하는 가운데 유학은 조선인의 향학심(向學心)과 학력지향과 상승지향을 어느정도 충족시키며 식민지 사회의 중간관리층이나 '중산층'을 형성하는 기제이자 제국문화를 보급·침투·정착시키는 식민지 문화지배 장치로 기능했다.

이 책의 분석시각을 구체적으로 제시하면 먼저 유학을 '회유현상(回游現象)'으로 분석한다. 유학은 조선에서 밖으로 나가는 사회적 이동만이 아니라 '마을에서 메트로폴리스로, 다시 마을로'라는 식민지적 순환을 이루고 있다. 또 단순한 순환이 아니라 한번 순환할 때마다 사회적 지위와 역할의 상승을 동반하는 나선형의 순환구조를 가진다. 따라서 유학이라는 사회문화적 순환을 '회유'에 비유할 수 있다.

여자유학생의 회유현상은, 부화한 연어가 강에서 바다로 내려가 자라서 다시 강으로 되돌아오듯이, 교육피라미드상의 최고 교육을 추구한 여성들이 청운의 뜻을 품고 마을을 떠나 도회지로, 경성으로, 토오꾜오(일본)로 이동하고, 각 단계마다 다양한 문명과 사람들을 만나 성장해 마을 사람들의 호기심을 충족시켜줄 이야깃거리를 가득 안고 많은 경우 교사가 되어 도시와 근대문화의 냄새를 풍기며 출발지인 마을로 돌아온다는 식민지 고유의 사회문화적 순환현상을 가리킨다. 나아가 새로운 희망과 동경을 주위에 뿌리며 유학이라는 사회적 회유를 재생산한다. 이처럼 이 책에서는 여자유학생의 일본유학을 회유현상으로 보고 사회문화적으로 분석하고자 한다.

이러한 분석시각은 종래의 조선 근대사 연구에 대한 새로운 문제제기를 받아들인 것이다. 일제시기를 '일본의 지배와 조선 민중의 저항'의 도식으로 보려는 경향이 강한 나머지 조선사회의 정치·경제적 변화와 사회문화적 변화를 여러 측면에서 충분히 고찰하지 못했다는 비판이 그것이다.[6] 물론 새삼 지적할 필요도 없이 식민지지배의 역사적 실태와 그것이 조선 민중에 미친 피해, 그리고 지배에 저항한 조선 민중의 운동을 밝혀내는 작업의 중요성은 아무리 강조해도 지나칠 수가 없다. 그러나 이 책의 과제와 관련지어 말하자면 식민지지배로 유학이라는 사회문화적 현상이 어떻게 형성되었는가, 또 유학이 제국의 문화지배에 어떻게 기능했는가를 논의함으로써 유학은 물론 식민지시기를 중층적으로 또 여러 모순적 실체에 입각해 이해할 수 있다.

둘째, 여자유학생의 일본 경험을 '식민지적 문화교류'라는 관점에서 분석한다. 여자유학을 논의할 경우 앞서 말한 식민지에서 메트로폴리스로라는 사회문화적 이동·순환의 관점과 함께 '인적 교류' '지적 교류'라는 시각 없이는 그 역사적·사회문화적 의미를 충분히 파악할 수 없다.

인적 교류에 있어 중요시하는 문제점 중 하나는 교류하는 주체의 정체성 문제이고, 다른 하나는 일본사회에서 누구와 교류했는가 하는 식민지적 조우(colonial encounter)의 문제이다. 식민지지배로 조선인에게는 불가피하게 식민지인이라는 출신의식과 사회문화적 신분의식이 생겨났고, 이 의식은 조선인의 행동과 사고를 여러 형태로 규정했다. 조선 여성이 유학중에 일본에서 식민지 출신 여성으로서 스스로를 어떻게 의식했는지 고찰하고자 한다. 그리고 일본인과의 교류의 식민지적 특성을 분석해 여자유학생의 의식형성·경험형성의 구체적 측면과, '문명과 야만' '우월과 열등'이라는 제국의식을 전제로 한 일본인의 대응도 살펴보고자 한다.

식민지와 식민지 본국 사이의 지적 교류는 대부분이 일방통행이었다. 일본인·일본사회와의 쌍방향적 교류가 전혀 없지 않았으나, 주로 여자유학생은 일본에서 근대적 지식과 의식을 획득해 조선으로 돌아와 보급하는 역할을 한 것이다. 물론 그것은 결국 식민지적인 것, 민족적인 것과 융합·반발하면서 새로운 '조선의 것'을 창출해 일본문화에 지적 자극을 주거나 도전하는 지적 교류의 발판을 만들었다는 것은 말할 나위 없다. 여자유학생이 배운 근대적 지식의 내용·성격을 밝힘과 동시에 그 지식의 행방 곧 여자유학생의 '지적 회유'를 고찰하고자 한다.

셋째, 이러한 문제의식과 관련해 반드시 필요한 것이 젠더사적인 분석시각이다. 당시 여성이기에 배우게 된 지식, 그 지식·의식을 획득함으로써 담당하게 된 역할의 분석에는 젠더사적인 시각이 반드시 요청

된다.

여성차별의 악습이 뿌리 깊고 여성 자신도 봉건적인 의식에서 크게 벗어나지 못한 채 제약받고 있던 당시, 조선의 젊은 미혼여성이 공부하러 집을 떠나 혼자 일본으로 건너가는 것은 확실히 혁신적인 행위였으며, 여성의 사회진출 같은 젠더의 사회적 변화와 여성의식의 변화를 드러내는 것이었다. 특히 일본유학은 여성의 사회진출을 낳았는데, 많은 여자유학생들이 교사자격이나 의사자격, 또 학력을 얻기 위해 일본으로 건너가 졸업을 한 뒤에는 사회로 나가 활동했다.

그러나 무엇보다 주목하고자 하는 문제는 여자유학생이 귀국한 뒤에 조선사회에 보급한 젠더론이다. 식민지적 근대화 과정에서 조선에는 이른바 구여성에서 신여성까지 여성의 존재양태가 혼재되어 있었고, 여성지식인 가운데는 사상적으로 민족주의 우파에서 사회주의까지 큰 편차가 존재했으며, 여성의 성역할 문제에서도 여성의 사회적 역할을 강조하는 입장과 여성의 가정 내 역할을 중요시하는 입장이 맞부딪치고 있었다.

그러나 여자유학생의 역할을 젠더사적 관점에서 평가하기 위해서는 당시 실제로 조선 여성들에게 여성해방론보다 더 강하고 광범위한 영향을 끼친 가정학적 젠더론인 '현모양처론'과 이를 보급한 여성들의 역할을 분석하는 작업이 무엇보다 중요하다.

이러한 시각은 본론(7장)에서 자세히 서술하겠으나 기존의 조선 근대사 연구가 답습해온 고정관념과는 달리, '현모양처'는 단순히 유교적·봉건적 가치관을 이어온 개념이 아니며 남성중심주의나 일본제국주의가 여성에게 강요한 성역할 이데올로기만도 아니었다.

물론 '현모양처'를 보급하기 위해 역사적 모범사례로서 아들교육에 열심이었던 조선시대의 유명한 부인이 거론되기도 했다. 그러나 한 집안의 며느리(자손 생산, 가사일, 시부모 봉양, 제사 준비를 하는)의 입장에서 어머니(자녀교육자)로, 아내(남편 내조자)로, 나아가 주부(가정책임자)로서 여성을 새로이 정의하고, 가정 내 여성의 지위를 확립하고자 한 것이 현모양처론이었다. '현모양처'는 유교적·전통적인 여성관이 아니라 근대적 여성관이었던 것이다.

또한 '현모양처'는 '남성' 혹은 일제의 가부장적 여성차별 이데올로기이고 여성은 그 피해자로 인식되어왔으며, 이러한 전제를 비판 없이 그대로 답습한 역사적 서술도 많았다. 따라서 '현모양처'가 주로 식민지 권력측이 조선 여성에게 강요한 통치이데올로기로 인식됨에 따라 여성 자신의 입장이나 주장이 간과되어왔으며 역사적으로 분석되지 않았던 것이다.

그러나 이 책은 19세기 말에서 20세기를 거쳐 오늘에 이르기까지 여성의 의식과 행동에 무엇보다도 큰 영향을 미치고 직접적으로 구속해온 '현모양처'라는 젠더규범을 형성해온 주체가 '여성 자신'이라는 인식을 전제로 하고 있음을 먼저 밝혀두고자 한다.

2. 책의 구성

1장에서는 조선총독부 유학생정책의 변천을 고찰한다. 1910년대에 총독부는 유학생 제도를 정비해 농공상(農工商) 관계 기술관료의 육성에 중점을 둔 반면, 유학생을 통해 다양한 사상이나 풍조가 조선에 흘러 들어오는 것을 꺼려 사비유학을 최대한으로 제한했다. 그러나 1920년대에는 일본유학을 제도적으로 자유화하여 친일세력을 육성하고자 했다. 총력전체제(總力戰體制) 아래서는 조선장학회(朝鮮奬學會)를 설립하여 유학생 통제·관리를 한층 더 강화해나갔다.

2장에서는 일본유학의 실태를 분석한다. 우선 조선총독부 자료 등을 이용해 유학생수의 추이를 성별, 유학한 지방별, 출신도별, 학교급별, 전공학과별, 관비유학으로 나누어 개관한다.

다음으로 각 대학 학적부와 일제시기 여자유학생의 구술조사 등을 통해 얻은 자료를 이용해 일본의 고등교육기관에 다닌 여자유학생의 전공학과와 출신가정 등을 분석한다.

그리고 관공립학교가 아닌 일본유학의 또다른 선택지였던 일본 미션스쿨의 여자유학에 대해 살펴본다. 당시 일본에서는 미션스쿨이 여자고등교육의 중요한 한 축을 담당하고 있어, 각 학교에는 조선을 비롯해 동아시아 각국에서 유학생이 모여들었다. '조선의 미션스쿨에서 일본의 미션스쿨로', 여자 일본유학생을 양성한 미션 루트를 고찰한다.

3장에서는 유학생의 일본유학 인식을 분석한다. 일본의 식민지 지배로 근대국가 창출을 위한 조선인의 주체적 노력은 근본적인 제약을 받았으나, 일본유학생들은 선진문화를 수입해 조선에 신문화를 일으키고 실력을 양성해 독립을 실현하고자 했다. 유학생들이 토오꾜오에서 발행한 『학지광(學之光)』에 실린 글을 분석해 1910년대의 일본유학생들이 일본유학을 어떻게 인식했는지 밝혀보고자 한다.

또한 유학생의 인식을 조선인의 메트로폴리스 지향과 연관시켜 검토하고자 한다. 사람들이 문화의 중심부를 동경해 그곳으로 향하는 것은 지극히 자연스러운 현상이라 할 수 있는데, 유학길에 오르기까지의 여자유학생의 동기를 구술조사를 통해 구체적으로 살펴본다.

4장에서는 여자유학생의 일본 경험을 고찰한다. 여자유학생의 구술, 글, 서신, 전기 등의 자료에서 여자유학생이 식민지 출신자로, 여성으로 일본에서 어떤 문제에 부딪치며 어떠한 의식에 도달했는가를 분석한다.

유학중의 경험을 기록한 자료가 아주 적기 때문에 식민지 출신 여성이 일본에서 무엇을 계기로 어떠한 과정을 통해 새로운 의식을 획득했는지를 자세히 분석하는 것은 쉽지 않다. 신여성 연구에 의해 발굴된 자료에 근거하여 초기 여자유학생(1910년대에서 1920년대 초의 유학생)의 선각자 의식 등을 검토한다. 또 조선인으로서 일본에서 생활하며 직시하지 않을 수 없었던 '식민지인 의식'을 1930, 40년대의 여자유학생의 구술을 통해 고찰한다.

5장에서는 여자유학생이 식민지인의 입장에서 경험한 일본인과의 교류(식민지적 조우)를 분석하기 위해, 여자유학생을 대상으로 다양한 원조사업을 실시한 야나기하라 키찌베에(柳原吉兵衛)에 대해 논의한다. 여자유학생에 대한 일본 민간인의 대응, 유학생을 둘러싼 일본의 사회문화적 환경의 구체적이고 중요한 예로서 야나기하라의 행동과 의식, 역할을 고찰한다.

야나기하라의 의식이나 행동을 분석하여 일본 민간인의 식민지통치에 미친 영향과 공헌, 다시 말해 일본제국을 지탱한 인적 기반을 밝힐 수 있고, 또 조선인 여자유학이 제국 내에서 어떤 의미를 부여받고 있었는지 구체적으로 알 수 있다.

6장에서는 여자유학생이 일본에서 어떠한 근대적 지식을 획득했는지를 가정학을 중심으로 분석한다. 많은 여자유학생들이 여자전문학교에서 배운 가정학은 당시 여성의 행동이나 사고에 큰 영향을 끼친 지식이었다고 생각하기 때문이다.

가정학이라는 지식의 내용·성격 분석과 함께 일본에서 가정학을 배운 여자유학생이 귀국한 뒤 조선사회에서 어떠한 역할을 했는지를 고찰한다. 특히 제국의 '내지'에서 지식과 자격을 얻은 전문가(특히 가사과 교사)가 된 그들이 그 지식과 자격으로 말미암아 결국 식민지 권력에 편입되어가는 과정을 구체적으로 살펴보고자 한다.

마지막으로 7장에서는 여자유학생의 귀국 후 역할로서 1920, 30년대 여성지식인들이 전개한 가정학적 젠더론·현모양처론을 분석한다. 먼저 이 여성지식인들이 1876년 개항 이후 등장한 한말의 새로운 젠더론을 어떻게 계승했는지 검토한다. 다음으로 여성의 가정 내 역할(어머니, 아내, 주부)을 무엇보다 중요하게 여겨 당시 일본 등지에서 들어온 여성해방론에 반발하면서 스스로의 젠더론을 '민족주의화' '과학화'하려고 했음을 밝힌다. 그리고 1920, 30년대의 현모양처론이 총력전체제 아래서는 '총후(銃後) · 부인' '군국의 어머니'라는 식민지지배 권력의 젠더전략(현모양처의 국가화) 속으로 회수되어갔음을 고찰한다.

3. 자료

구술자료

일제시기 여자유학생의 구술자료를 분석한다. 구술조사는 1996년부터 1997년에 걸쳐 여자유학생 64명을 대상으로 실시했다. 이들은 여자전문학교 출신자(20개교, 중퇴생 2명 포함)로, 그중에서도 니혼(日本)여자대학교, 토오꾜오(東京)여자고등사범학교, 나라여자고등사범학교, 짓센(實踐)여자전문학교, 테이꼬꾸(帝國)여자전문학교, 도시샤(同志社)여자전문학교, 쿄오또(京都)여자고등전문학교, 테이꼬꾸여자의학약학전문학교의 졸업자가 많다. 입학연도별로 분류하면 1920년대에 유학한 사람이 4명(이중 3명은 1930년대 졸업), 1930년대에 유학한 사람이 43명(이중 25명은 1940년대 졸업), 1940년대에 유학한 사람이 17명이다. 구술조사 대상자의 성명, 출생연도, 출신지, 가정배경, 입학교명, 학과, 입학연도, 졸업연도, 졸업한 뒤의 직업, 구술조사 날짜는 표(부표 〈표 1〉)로 작성해 제시했다.

구술조사는 일대일 면접으로 조사대상자의 양해를 얻어 녹음했으며, 우선 출생연도, 출신지, 유학한 학교명, 입학연도, 졸업연도, 전공 등을 확인한 뒤 출생부터 일본유학, 귀국한 다음에 이르기까지 연대순으로 자유로이 회상하는 방식을 택했다. 그런 다음 부모의 직업, 경제형편, 가족의 교육 정도, 부모의 자녀교육 태도 등 가정환경 부분을 추가로 질문했다. 또한 보통학교나 여자고등보통학교 때의 급우나 교사에 대한 추억, 유학동기, 유학시절의 기억(급우관계나 활동사항, 일본 경험, 학교나 교사에 대한 기억 등), 귀국한 뒤의 활동, 식민지지배에 대한 당시의 인식, 당시의 사회상황이나 개인적인 경험으로서 인상 깊은 기억 등을 하나하나 질문하면서 면접을 진행했다. 면접은 한 사람당 약 2~3시간에 걸쳐 실시되었고, 대개 한 번으로 마무리되었지만 추가조사를 한 경우도 3명 있었다.

구술조사에서 얻은 자료는 주로 3장과 4장에서 분석한다. 앞서 각 장의 과제에서 밝힌 바와 같이 여자유학생의 구술에 근거하여 일본유학의 동기와 식민지 출신 여성으로서의 유학중의 경험을 분석한다.

구술자료와 정부 공식기록, 그리고 일반 문헌자료의 장점과 문제점은 이미 많이 논의되어왔다. 특히 여성사에서는 여성이 남긴 문헌자료나 여성을 기록한 사료가 아주 적기 때문에 구술자료의 중요성이 강조되어왔다. 이 책에서 사용하는 여자유학생의 구술자료는 역사적 사건·사실을 밝히거나 그것을 뒷받침하기 위한 증언이라기보다는 개인의 경험이나 생각, 기억 들을 말한 것이다. 다시 말해 생존자의 구술에 의하지 않으면 우선 역사적 분석이 어려운 문제(유학동기 등)를 진술한 사적인 자료이기 때문에 오히려 더 큰 의미가 있다 하겠다.

구술조사 대상자인 64명은 결코 적은 수가 아니지만, 여자유학생의 출신배경, 의식 등을 대표할 수 있는 샘플도 물론 아니다. 조사대상자의 구술분석은 여자유학생의 의식과 행동을 일반화하기 위함이 아니라 구술에 의거해 구체적으로 그려내기 위함이다.

대학 조사자료

1996년과 1999년 두 번에 걸쳐 조사한 일본 대학의 소장자료를 분석한다. 학교조사는 조선총독부 학무국 『재내지조선학생상황조(在內地朝鮮學生狀況調)』(1920년), 조선교육회 장학부 『재내지조선학생조(在內地朝鮮學生調)』(1926~28), 그리고 일제시기 출판된 잡지나 신문 기사에 근거하여 당시 조선인 여학생이 재적했던 것으로 확인된 47개교를 대상으로 실시했다.

그러나 조선인 여학생이 재적했던 모든 전문학교와 대학을 다 조사한 것은 아니며, 또 조사를 한 학교에서도 창씨개명, 중국인과의 판별 곤란, 명부 결락 등으로 유학생 명단을 모두 파악하지 못한 경우도 있었다. 전체 32개교를 조사했으며, 14개교는 학교 당국의 협력을 얻지 못해 조사할 수 없었다. 나머지 한 학교로부터는 관계자료가 없다는 회답을 받았다.

대학조사는 방문조사나 서면조사로 실시했으며, 각 학교 설립 이래 1945년까지의 학적부 혹은 동창회 명부 등을 조사해 조선인 여학생(중퇴생 포함)의 이름을 파악했다. 그리고 가능한 한 입학연도, 졸업·중퇴 연도, 전공과목, 가정환경(부모의 직업 등), 출신학교, 졸업한 뒤의 상황 등을 조사했다. 또 재적명부 외에 당시 문부성이나 경찰의 지시로 작성된 자료도 조사했으나, 오오사까(大阪) 텐노지(天王寺) 경찰서장이

람바스여학원(세이와聖和 대학의 전신) 교장 앞으로 보낸 「조선인 유학생에 관한 건(朝鮮人留學生ニ關スル件)」이라는 세 통의 통달(通達, 1장 주 31 참조)밖에 찾지 못했다.

학교조사로 얻은 자료는 2장에서 분석하고, 조사 대학 리스트는 부표〈표 2〉로 제시했다.

편지

1923년부터 1944년까지 여자유학생이 재학중 혹은 졸업한 뒤에 야나기하라 키찌베에 앞으로 보낸 편지를 분석자료로 사용했다. 현재 모모야마(桃山)학원 사료실에 소장되어 있는 이 편지는 나라여자고등사범학교 학생 44명, 도시샤여자전문학교 학생 1명, 헤이안(平安)여학교 학생 1명, 쇼오와(昭和)여자약학전문학교 학생 1명, 쿄오또여자고등전문학교 학생 1명, 코오베(神戶)여학원전문학교 학생 2명, 토오꾜오여자고등사범학교 학생(졸업생 포함) 4명, 여자미술학교 졸업생 1명, 니혼여자체육전문학교 학생 1명, 학교 미상 1명인 합계 57명이 보낸 것으로, 그밖에 나라여자고등사범학교 학생 일동이 보낸 5통, 토오꾜오여자고등사범학교 학생 일동이 보낸 1통까지 합쳐 전체 1,190통이다.

주로 감사나 인사 편지이며, 야나기하라라는 일본인 민간 유력자이자 자신들의 지원자 앞으로 보낸 편지이기 때문에 여자유학생의 생각이나 체험이 있는 그대로 모두 담겨 있다고 보기 어려우나, 당시 여자유학생이 남긴 많지 않은 기록자료의 하나로서 귀중하다. 5장에서 이 편지를 분석하며, 그 리스트는 부표〈표 3〉으로 제시했다.

| 제1장 |

조선총독부의 유학생정책

1. 개화기·한말의 유학생정책

운요오호사건(雲揚號事件) 뒤 1876년 강화도조약을 체결해 근대세계·근대화의 거친 파도 속으로 휩쓸려 들어간 조선에서는 선진문명을 도입하기 위한 해외유학생의 파견이 시급한 국가적 과제였다. 1881년 도일(渡日)한 신사유람단(紳士遊覽團)의 단장 김홍집(金弘集)이 귀국해 황준헌(黃遵憲, 주일청국공사관 참찬관)의 『조선책략(朝鮮策略)』 중에서 조선의 외교정책론과 해외(청국·일본)유학생 파견론을 국왕에게 보고한 사실이 있었듯이, 1880년대 유학생정책은 일본의 메이지(明治)유신 뒤의 문명개화나 청국의 양무(洋務)운동을 모범으로 삼은 것이었다. 군비강화를 초기 개화정책의 중점 과제로 삼은 조선 정부는 유학생을 청일 양국에 파견해 육군사관학교와 병기제조시설에서 배우게

개화기의 조선인 일본유학생

제공: 모모야마학원 사료실(桃山學院史料室)

했다.

1894년 갑오개혁(甲午改革) 당시 "국중(國中)의 총준자제(總俊子弟)를 널리 파견해 외국의 학술과 기예를 전습케 한다."(홍범14조 제11조)며, 해외유학생의 파견을 내각의 기본정책으로 내걸었고, 이듬해에는 백수십 명의 대규모 관비(官費)유학생을 일본에 파견했다. 게이오의숙(慶應義塾)에서 위탁교육을 받아 일본어를 익히고 보통과를 졸업한 뒤 각 관공사립의 상급학교에 진학해 국정 전반에 걸친 지식과 실무를 습득하는 것을 목적으로 했다.

이렇게 본격적으로 관비유학생을 일본에 파견하게 된 배경에는 조선인 유학생을 유치하려 한 일본 정부의 적극적인 노력이 있었다. 조선의 정치·군사·경제 근대화에 적극적으로 영향을 미침으로써 한반도에서 세력을 확대하고자 했던 일본은 시찰단과 유학생을 일본에 파견하라고 조선 정부에 촉구했다. 조선공사 이노우에 카오루(井上馨)는

1894년 조선 정부에 내정개혁강령(內政改革綱領) 20조를 제안해 "각 과목을 연구하기 위해 일본으로 유학생을 파견해 인재를 양성할 필요가 있다."며 유학생 파견을 강력히 요청했던 것이다.

게이오의숙과 제휴한 관비유학생 제도는 1897년 재정상의 이유로 중단되었지만, 1899년에는 주일조선공사관(駐日朝鮮公使館)이 유학생 감독기관이 되어 잔류 유학생에 대한 지원을 재개했다. 그리고 관비유학생 파견도 다시 실시되었다. 그러나 유학생의 사상악화(일본에 망명한 개화파와의 접촉)를 염려한 조선 정부가 1903년 유학생의 귀국명령을 내리자 한말 유학생정책은 이로써 막을 내리게 되었다.[1]

1905년 제2차 한일협약(韓日協約)에 의해 조선이 '보호국'이 되자 통감부(統監府)가 유학생정책을 주도하게 되었다. 사비(私費)유학생이 급증함에 따라[2] 1907년에는 일본국유학생규정(日本國留學生規程)이 제정되었고, 토오꾜오에 한국유학생감독부가 설치되었다. 이 규정은 관비·사비를 불문하고 유학생 선발, 입학학교 선택, 재류(在留)기간, 유학생 행동에 관한 감독사항 등을 정한 것으로, 1908년에 학부소관일본국유학생규정(學部所管日本國留學生規程)으로 개정되었다.[3] 이에 따라 이수학과, 유학기간 등에 관한 규정은 관비유학생에게만 적용되었으나, 생활감독 사항은 전 학생을 대상으로 그대로 유지되었다. 이 규정은 합방된 뒤에도 조선총독부의 유학생정책 속에 존속되었다.

2. 조선교육령 시기(1910~1919)

조선총독부는 1911년 조선교육령(朝鮮敎育令)을 공포해 교육의 기본방침을 제시했다. 충량(忠良)한 신민을 양성하는 데 필요한 교육, 식민지의 정치경제적 상황과 조선인들의 의식에 상응하는 교육을 주창한 것이다. 그 결과 고등교육은 보통교육과 실업교육에 비해 경시되었다.

이 방침은 조선교육령에 앞서 같은 해 6월에 제정된 조선총독부유학생규정(朝鮮總督府留學生規程)과 유학생감독규정(留學生監督規程)에도 반영되어 있었다.[4] "관비유학생은 특히 내지 유학을 필요로 하는 학술기예를 이수하기 위해 조선총독이 지정하는 관립 혹은 공립학교, 전습소(傳習所) 또는 강습소(講習所)의 졸업생으로 교장 혹은 소장의 추천에 의해 품행 방정, 학력 우등, 신체 건전한 자에게 조선총독이 이를 명한다."(유학생감독규정 제1조)고 규정했듯이, 식민지통치에 필요한 조선인 중·하급관리 및 기술관을 양성하고자 특정 분야에 한해 소수 학생의 일본유학을 허가했다. 특히 총독부가 『조선교육요람(朝鮮敎育要覽)』(1915)에서 "유학생의 사조는 종래 정치·법률·경제 등의 학과를 이수하는 자가 많았으나 최근에는 현저하게 바뀌어 실업 관련 학과를 지망하는 자가 많아졌다는 점은 기뻐해야 할 현상"[5]이라고 지적했듯이 실업분야의 유학이 장려되었다.

사비유학의 경우도 허가제를 기본으로 했다. "사비로 내지에 유학하는 자는 미리 그 이수학과, 입학학교, 입학 및 출발 시기를 정한 다음 이력서를 첨부해 지방장관을 경유해서 조선총독에게 제출할 것"이라는 규정에 따라 유학수속을 밟고 도일해야 했고, 일본으로 건너간 뒤에도 재차 유학생감독의 허가 아래 입학수속을 밟아야 했다.

유학생은 '단속·감독해야 할 존재'로 인식되어[6] 유학생 감독기관의 감시를 받았으며 성적·품행·언동·사상에 관한 조사를 받았다. 특히 3·1독립운동 후에는 '재류조선인 학생 명부 조제에 관한 통첩(在留朝鮮人學生名簿調製ニ關スル通牒, 警保局長警保發 第56號, 1919年 5月 20日)'에

따라 일본 본토의 경찰이 유학생의 실태와 동정을 체계적으로 조사하게 되었다. 이러한 유학생 단속정책은 조선총독부의 『시정 25년사(施政二十五年史)』에 다음과 같이 기술되어 있다.

구한국 정부 이래 토오꾜오에 유학생 감독을 두어 보호 단속에 임했다. 병합 후에도 같은 방침을 취해 내(內)·선인(鮮人) 각 1명의 감독을 두어 일상업무 외에 매년 두 번 이상 유학생의 학업성적 및 품행을 조사해서 보고하게 했고, 또 토오꾜오유학생감독부 내에 기숙사를 부설해 가능한 한 많은 유학생을 수용해 감독지도의 실을 거두고자 했다.[7]

앞서 말한 바와 같이 중국, 미국, 러시아 등의 열강들이 한반도의 지배를 둘러싸고 각축을 벌인 개화기·한말에 일본은 경제적 진출과 군사적 개입뿐만 아니라 조선인의 일본유학에 대해서도 적극적이었는데, 이는 일본의 앞선 근대문물을 조선인에게 시찰시켜 배우게 함으로써 친일세력을 형성하고자 했기 때문이다. 이에 비해 1910년대 식민지 통치 아래서의 유학생정책은 중·하급관리의 육성대책에 불과했다.

그리고 3장에서 살펴보겠으나 1910년대 신문명의 수입을 목적으로 일본에 건너간 조선인 유학생은 새로운 지식과 문화를 받아들여 민족의 장래를 열어가고자 했다. 반면 『조선통치 3년간 성적(朝鮮統治三年間成績)』에서 유학생의 상황을, "도회(都會)의 폐풍(弊風)에 침윤(浸潤)해 경조(輕佻)로 흐르는 경향이 있다."[8]며 부정적으로 평가한 것에서 알 수 있듯이 총독부는 유학생을 통해 여러 사상과 풍조가 조선으로 유입되는 것을 우려해 유학생을 감시하고 유학을 억제했다.

유게 코따로오(弓削幸太郞, 조선총독부 교육관료)는 이 시기의 유학생정책을 다음과 같이 설명했다. 조선 학생이 일본유학중에 배일사상(排

日思想)에 물들 것을 우려해 유학억제 방침을 취했다는 것이다.

조선교육령하에 교육받은 자는 온건한 사상을 가진 자가 많은데 내지 (內地) 재학자 중에는 배일자(排日者)가 되는 경향을 가진 자가 적지 않았기 때문에 당시 유학생을 지도할 때 문부성 및 학교 담당자가 연락을 취해 최선을 다했지만 충분한 효과를 보지 못해 마침내 내지 유학은 가능한 한 장려하지 않는다는 방침을 세웠다.[9]

한편 통감부시대 조선의 교육개혁을 주도했던 시데하라 히로시(幣原坦)는 유학억제 노선에는 찬동하지만, 그 이유가 일본인측의 문제 때문이기도 하다며 다음과 같이 말했다. 일본인의 조선인 멸시나 악덕 행위가 유학생을 통해 조선에 알려지면 조선 민중의 대일감정이 악화될 염려가 있으므로, 유학생수가 증가함은 결국 조선의 정치안정에 해악이 된다고 피력한 것이다.

우리 동포(일본인―인용자, 이하 인용문 안의 괄호는 인용자의 것임)는 유학생을 다룰 때 조심하기는커녕 (…) 하숙집에서조차 학생을 깔보고 바가지를 씌우려고 하는 형편이라서 유학생들도 하숙집에서 관찰한 일본의 어두운 면을 본국에 선전하는 모양으로 (…) 우리 동포는 한층 더 유학생에게 약점을 보여주는 것어 된다.[10]

3. 제2차 조선교육령 시기(1920~1936)

3·1독립운동을 계기로 식민지지배의 기본방침은 이른바 무단통치

(武斷統治)에서 문화통치(文化統治)로 바뀌었고, 유학생정책도 수정되었다. 이는 사이또오 마꼬또(齊藤實) 총독의 '조선통치 기본안'의 친일인재 양성방침에 따른 것이었다. 즉 "조선 문제 해결의 요체는 친일 인물을 많이 확보하는 데 있는바, 따라서 이때 민간 유지 심복자(心腹者)에게 상당한 편의와 원조를 주어 수재교육의 이름 아래 이를 양성하도록 하는 것이 무엇보다 필요하다고 믿는다. 처음에는 소규모의 가정적인 기숙사를 설치해 모범적 학생을 수용해 진정으로 이들을 감화보도(輔導)하는 한편 일반 청년의 감화방법으로써 그 상담상대가 되어 모든 일을 돌보게 한다면 자연스럽게 그들의 사상을 완화하기에 이를 수 있다."[11]며 엄선된 조선인 엘리뜨를 교육해 친일 인물을 배출하는 방안을 밝힌 것이다.[12]

1920년에 조선총독부유학생규정이 재내지관비조선학생규정(在內地官費朝鮮學生規程)으로, 즉 총독의 관비유학생 파견 규정으로 대체되어 사비유학은 제도상 자유화되었다. 총독부는 이와같은 유학생정책의 변화에 대해 다음과 같이 요약하고 있다.

조선 학생의 내지 유학에 있어서 종래 특별히 규정을 마련해 이를 단속했으나, 타이쇼오(大正) 9년(1920) 11월 시세의 진운(進運)에 비추어 해당 규정을 폐지해 사비유학을 완전히 자유롭게 하고, 동시에 재내지관비조선학생규정을 공포해 관비학생의 편의를 더욱 도모하고, 조선인으로서 중등 정도 이상의 학교 졸업자, 학교 교원 및 현재 사비유학중인 자 중에서 성적이 우량한 자를 선발해 학비의 일부를 지급해 내지의 관공립 학교에서 학과를 학습시켜 (…)[13]

1919년에 '조선인의 여행 단속에 관한 건(朝鮮人ノ旅行取締ニ關スル

件)'이 공포되어 유학생을 비롯한 조선인의 도일(渡日)이 엄격히 제한되었으나, 1922년에는 일단 철폐되었다. 그러나 1924년 이후 유학생이 도항(渡航)할 때에는 입학증명서 혹은 재학증명서의 제출이 의무화되고, 나아가 1934년에는 재학증명서에 사진 첨부가 필요하게 되어 일본으로 건너간 뒤에 입학을 시도하는 일은 제도상 불가능하게 되었다.[14]

앞서 서술한 관비유학생 규정은 1922년에 재내지급비생규정(在內地給費規程)으로 바뀌어 관비생(官費生)을 급비생(給費生)이라고 했고, 1인당 연간 500엔(1921년 3월부터는 650엔으로 증액)까지 지급되던 학자금도 월 30엔 이내로 삭감되었다. 그리고 1930년 이후에는 급비생 신규 모집도 중지되었다.[15]

사비유학생과 관련된 사항을 보면 1921년 5월에 외국인특별입학규정(外國人特別入學規程)이 개정되었지만, 조선 등 식민지 출신 학생은 이전처럼 입학시험을 면제받았다.[16] 그러나 1929년 4월 '식민지 학생 취급에 관한 건(植民地學生取扱ニ關スル件)'에 의해 조선·타이완 출신 학생에게도 특별입학을 허가하지 않게 되었다.[17]

1920년에 유학생 관련 규정이 개정되어 이전의 유학생 감독조항은 폐지되었지만, 아베 히로시(阿部洋)가 지적했듯이[18] 유학생의 사상·행동의 규제·단속이 약화된 것은 아니었다. "조선인을 단속할 때 간과해서는 안될 것은 재류 선인(鮮人) 학생의 언동이다. 생각하건대 그들은 조선인 중 지식계급이자 또 장래 중견계급을 구성할 자로서 따라서 그 품고 있는 사상이 무엇인가는 우리의 조선 통치의 장래에 중대한 관계를 갖기 때문이다."[19]라는 경찰의 인식에서도 알 수 있듯이 장래 조선인 중견 인물이 될 일본유학생을 어떻게 감독할 것인가는 식민지통치를 위한 중요한 과제였던 것이다.

조선총독부는 1920년 동양협회(東洋協會)에 조선학생독학부(督學

部)를 설치해 1924년까지 유학생 감독을 위탁했다. 그리고 1925년부터는 "조선교육회는 우등(右等) 학생(조선인 일본유학생)의 성적의 좋고 나쁨이 조선 문화에 영향을 미칠 소지가 클 것으로 감안하여 대의원회의 결의에 의거하여 본연도(1925년도)부터 그 사업을 계승해"[20]라는 발표에서 알 수 있듯이, 조선사회에 영향을 미칠 유학생을 좀더 효율적으로 감독하기 위해 조선총독부 학무국 내의 조선교육회(1923년 4월 설립)가 그 업무를 담당하게 되었다. 나아가 1925년 9월부터는 조선교육회에 장학부라는 유학생 감독부서가 설치되어 유학생의 입학사무를 통일해서 정리하는 일을 맡았다. 학생이 각 학교에 제출한 입학원서가 장학부에 회부되었고, 이에 따라 유학생의 입학 동정(動靜)도 정확히 파악할 수 있게 되었다.[21]

한편 종래의 단속 위주의 유학생 감독·통제 방침 외에 '회유(懷柔)·보도(輔導)·감화(感化)'의 방법도 도입되었다. 앞서 지적했듯이 유학생은 장차 조선의 중견인물이 될 자로서 그들을 친일세력으로 육성하는 것이 식민지통치를 위한 새로운 과제로 인식되었기에, 좀더 유연한 대책이 마련된 것이다. 이른바 '불령선인(不逞鮮人)'에게는 엄중한 단속을,[22] '건전한' 학생에게는 취직알선을 하는 '회유·보도' 방침이 세워졌다.[23] 또 유학생의 '정신적 감화'를 목적으로 담화회(談話會)를 개최했다. 예를 들어 조선교육회 장학부는 1929년 1월 27일 토오꾜오의 여자유학생을 대상으로 여자담화회를 개최했는데, 그날의 모습을 다음과 같이 전했다.

모임은 핫또리(服部) 부장의 인사말로 시작해 마루야마 쯔루끼찌(丸山鶴吉)의 온정 넘치는 말씀이 있었으며, 특히 내선관계에서 조선의 인심이 지금 왠지 초조하고 불안한 상황에 있는 것은 결코 서로에게 좋지 않으니,

서로 지금 조금이라도 여유를 갖고 천천히 온화한 마음으로 교류했으면 한다고 말씀하셨다. 졸업한 뒤 조선에 돌아가는 사람은 처음으로 조선사회로 나아감에 있어서 이와같은 마음가짐으로 임하기 바라며, 또 남아서 계속 재학할 사람도 이 점에 상당한 주의를 기울이기 바란다는 말씀은 큰 감동을 주었던 것 같다.[24]

정리하면 이 시기에 일본유학은 제도적으로 자유로워져 종래의 억제노선이 약화되었다. 그러나 식민지지배에 협력할 조선인 중견인물의 양성시책에 의해 유학생 감독은 다양한 방법으로 더욱 강화되었다. 그리고 다음의 『동아일보』(1934년 6월 17일)의 보도에서[25] 총독부가 사상문제나 고학생 문제 등 계속 불거지는 '유학생 문제'의 대책으로 유학생수의 억제 방침을 견지했음을 알 수 있듯이, 종래의 억제 노선은 근본적으로 폐기되지 않았다.

그들(일본유학생)의 사상계통을 당국자가 조사한 바에 의하면 민족주의자보다 공산주의 방면이 훨씬 많아서 적색 검거사건이 있을 때마다 그중에는 조선 학생이 반드시 끼어 있으며 (…) 과거에는 고학도 할 수 잇었으나 그 본바닥 학생으로도 고학하기가 어렵게 된 현상이라 조선 학생은 물론 쉬운 일이 아니라 한다. 이 문제에 대해 총독부의 방침으로서 조선 사람은 조선에서 교육을 받는 것이 올타는 것을 원측으로 하야 될 수만 잇으면 그들의 현해탄 건느는 것을 방지할 의향이라 한다.

4. 황민화 정책 시기(1937~1945)

만주사변에서 중일전쟁으로 일본의 침략전쟁이 확대됨에 따라 동화주의라는 조선지배의 기본정책이 극단화되어, 미나미 지로오(南次郎) 총독이 부임한 뒤에는 조선인을 충량한 황국신민으로 만들려는 황민화정책이 잇따라 추진되었다. 그중에서도 총력전체제의 확립을 위해 황국신민의 동원과 통제가 중요한 과제가 되었다. 조선인 병사나 노동자의 동원책과 함께 조선인 지도자의 육성시책이 강조되었다. 다음과 같은 총독부 고시나 총독의 훈시에서 알 수 있듯이, 총독부는 총력전체제를 맞아 황민화된 조선인 지도자의 육성을 시급한 과제로 삼았던 것이다.

우리나라는 대아시아 흥융의 지도자로서 새 동양의 건설을 향해 모든 장애를 배제하고자 한다. (…) 반도는 이 대사업 수행의 전선에 가까운 병참기지로서 중요한 사명을 지니며 나아가 이 사명은 내선일체(內鮮一體)로 총력을 기울여야 비로소 달성될 것이다. (…) 그리하여 내선일체의 근원은 반도 민중 모두가 충량한 황국신민의 실질을 갖추는 데 있으니, 이를 실현시키는 일은 실로 반도 청년의 적극적인 실천의 힘에 의함이 크며, 그 국가에 대한 책무는 참으로 간단하지 않음이다.[26]

고등전문교육은 학문을 닦고 기술의 수달(秀達)을 연마함은 물론이지만, 그 근원은 황국신민으로서의 국민의 지도자를 육성함에 있음을 깊이 새겨야 할 것입니다.[27]

따라서 유학생정책도 새로운 국면을 맞이했다. 미나미 총독은 종래의 유학생정책이 소극적이고 불충분한 인재육성책이었다고 비판하며, 1941년 조선장학회를 창립했다. 그 설립경위는 다음과 같이 기록되어 있다.

토오꾜오를 비롯해 각지에 산재한 2만여 반도 출신 학도에 대해 아직도 적절한 시책이 강구되지 않고 있습니다. 말씀드릴 필요도 없이 반도인 학도는 장래 내지에 있는 동안은 반도인의 의표(儀表)가 되고, 조선에 돌아가서는 일반민중을 지도할 중요한 사명을 지닌 자로서 그 언동이 사회민중에 끼칠 영향은 대단히 큰 것입니다. 그러나 종래에는 그들 취학 자제의 사상 및 생활이 일부를 제외하고는 거의 그들이 하고 싶은 대로 방임되었기 때문에 내지인에게는 반도인관을 잘못 인식시키고, 나아가 내선일체의 이념에 역행하는 사례도 결코 적지 않았습니다. 그러므로 작년 여름 이래 그 대책을 연구중에 있었습니다만, 아시다시피 과반 노구찌 시따가우(野口遵)씨의 독지로 거액의 기금을 얻어 조선장학회를 창립해 그 기구를 정비했고, 앞으로 이들 학도를 적절하게 보호 지도해서 훗날 국가사회에 공헌할 쓸모있는 그릇의 양성에 힘쓰게 된 바입니다.[28]

조선장학회의 업무는 ① 입학의 적정을 기하는 진학지도 ② 재학생의 자질향상과 수학의 편의를 도모하는 지도보호 ③ 졸업자의 취업지도와 알선으로 나뉘어 있었다.[29] 입학에서 졸업 후까지의 면밀한 생활지도감독을 통해 철저한 황국신민 정신의 중견인물을 양성하는 것을 목적으로 했다. 조선장학회의 구체적인 시책으로 진학보증제가 채택되었는데, 이는 조선총독부에 의해 엄선·등록된 학생을 조선장학회가 보증해 입학에 협력하는 제도였다. 이로써 유학생을 처음부터 철저하게 파악·관리할 수 있게 되었다.

조선장학회는 설립되자마자 일본 중앙정부의 대재일조선인 협화사업(協和事業)[30]의 하부조직으로 흡수되었다. 1936년부터 재일조선인에 대한 일정의 '보호'와 통제 강화를 목적으로 협화사업이 착수되어, 1938년에는 후생성(厚生省), 내무성(內務省), 문부성(文部省), 탁무성(拓務省), 조선총독부를 주무기관으로 하는 중앙협화회가 설립되었고, 1940년까지 전국 각지에 지방협화회 단체가 결성되었다. 일본 거주 조선인에 대해서는 지방협화회의 하부 조직인 경찰 관할의 각 지회가 활동을 펼쳤고, 조선인 학생에 대해서는 관할 경찰서[31] 외에 조선장학회가 사업을 주관하게 되어 하나의 완성된 재일조선인 통제씨스템이 마련된 것이다.

조선장학회는 학교마다 연락원 설치, 학생 기숙사 경영, 학적이나 생활 상황 및 사상동향의 조사, 그리고 졸업자의 취업알선 등의 다양

1941년도 조선장학회 신입 유학생 일동

제공: 최혜숙(토오꾜오여자고등사범학교 문과 1940~43)

한 방법으로 유학생의 생활과 사상을 관리하고자 했다. 특히 유학생에게 일본정신을 주입하고자 각종 연성회(鍊成會)나 수양회 등을 주최했다.

그 일환으로 농촌부인 생활체험회가 조선인 여자유학생을 대상으로 계획되어, 1942년 8월 쿄오리쯔(共立)여자약학전문학교 재학생 2명, 메이지(明治)대학 여자부 전문부 법과 재학생 3명, 토오꾜오여자약학전문학교 재학생 2명, 전체 7명을 대상으로 실시되었음을 외무성의 외교사료관문서(外交史料館文書)[32]에서 확인할 수 있다. 여학생 7명은 마을의 중류가정에 분산되어 거주하면서 그 집 주부의 지도를 받으며 농촌부인의 생활을 체험하고, 일본 농촌의 가정예절에 관한 강습도 받았다. 이 체험회가 구체적으로 무엇을 목적으로 실시된 것인지는 알 수 없으나, 토오꾜오에 와 있는 조선인 여학생에게 일본 농촌을 견학시켜 귀국 후 출신지방에 돌아간 뒤에 어떤 형태로든 활동에 도움이 되게 하려는 의향이 있지 않았을까 생각된다.

그리고 조선장학회는 일본인 명망가 가정을 방문하는 것을 주선하거나 간담회를 열어 조선인 학생이 명망가의 영향을 받아 황국신민의 자세를 체득하도록 시도했다. 가령 "조선인 지도에 이해가 있는 적당한 가정에 묵게 해 이들(조선인)의 가정환경에서의 정조교육의 결함을 보충하고, 또한 내지식(內地式)의 생활을 통해 황국 일본의 참모습을 체득하도록 하기 위해 이 적격자들의 조사, 관계자와의 간담을 행한다."[33]는 것이다.

이상으로 조선총독부 유학생정책의 변천을 살펴보았다. 1910년대의 유학생 억제 노선이 1920년대부터 자유화 노선으로 바뀌고, 총독부는 일본유학을 통해 친일세력을 육성하려 했다. 그러나 유학생을 "민족 독립운동의 저수지"[34]로 간주했듯이, 유학생에 대한 경계는 1940년대에 한층 강화되어 유학생의 전면적인 관리체제가 도입되었다. 결국 조선총독부는 유학생은 조선 지배를 위해 반드시 필요한 인재지만 조선인 저항세력의 배태라고 보는 이중의 모순된 시선과 인식에서 벗어날 수 없었던 것이다.

제2장

일본유학의 실태

1. 일본유학생 개관

일본의 고등교육기관을 정점으로 하는 식민지 조선의 교육피라미드를 그림으로 제시하면 다음과 같다(〈그림 1〉)[*]. 1936년의 경우 초등교육과정 학생 1,000명에 대해 중등교육과정 학생이 54명, 고등교육과정 학생이 5명, 일본유학생이 3명의 비율로 존재했다. 단 일본유학생수는 전문학교와 대학(예과 포함)의 재학생만을 합한 것으로, 1940년대에 들어서면 조선의 고등교육기관(전문학교, 대학, 사범학교)의 학생수를 능가하게 된다. 1940년대에 중등교육과정 학생수가 증가해 상급학교의 진학희망자도 많아졌지만, 조선 내의 고등교육기관이 매우 부족했던

_____

[*] 〈그림 1〉은 이 책의 일본어판에는 없음.

탓에 일본으로 건너가 고등교육을 받는 조선인 학생수가 증가한 것이
다(〈표 1〉).

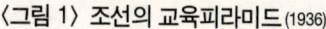

〈그림 1〉 조선의 교육피라미드(1936)

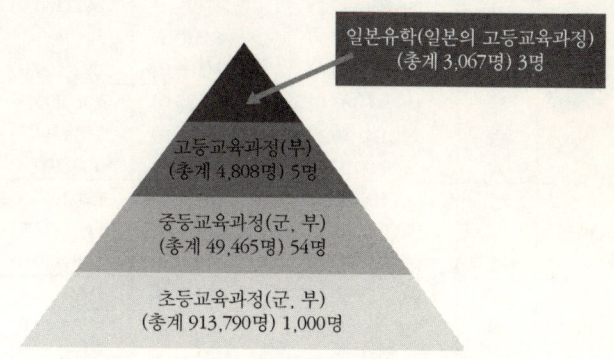

주 : 조선총독부 『조선제학교일람(朝鮮諸學校一覽)』(1936) ;
내무성 경찰국 편 『사회운동의 상황(社會運動の狀況)』(1936)에 의함.

그러나 조선 내 고등교육과정 학생수에서 사범학교 학생수를 제외
하면 일본유학생의 통계가 체계적으로 파악되기 시작한 1920년대부터
일본에서 고등교육을 받는 조선인 학생수가 조선에서 고등교육을 받
는 학생수보다 많았다. 예를 들어 1929년 조선의 하나뿐인 여자전문학
교(이화여자전문학교)에 138명이 재학해 있었지만,[1] 일본에서는 21개교
(토오꾜오에 16개교)의 여자전문학교에[2] 조선인 여학생 158명이 다니고
있었다.[3] 남학생의 경우 1929년 조선의 전문학교·대학(예과 포함)의 재
적 학생수가 1,411명이었던 것에 비해[4] 일본의 고등교육기관의 재적
학생수는 2,153명에 이르렀다.[5]

다음으로 전체 유학생수의 추이를 살펴보면(〈표 2〉 참조) 1910년에
420명이었던 유학생수는 1920년에 1,230명으로 급증했고, 1938년에 1만

연도	성별	초등교육과정	중등교육과정	고등교육과정	일본유학
1911	남	18,920(93.7)	2,352(85.7)		
	여	1,274(6.3)	394(14.3)		
	계	20,194(100.0)	2,746(100.0)		
1918	남	116,830(86.1)	7,367(91.6)	692(100.0)	
	여	18,851(13.9)	675(8.4)	-	
	계	135,681(100.0)	8,042(100.0)	692(100.0)	
1926	남	419,904(83.6)	18,232(85.0)	2,962(95.3)	1,716(95.1)
	여	82,120(16.4)	3,207(15.0)	147(4.7)	88(4.9)
	계	502,024(100.0)	21,439(100.0)	3,109(100.0)	1,804(100.0)
1936	남	715,109(78.3)	40,288(81.5)	4,207(87.5)	2,804(91.4)
	여	198,681(21.7)	9,177(18.5)	601(12.5)	263(8.6)
	계	913,790(100.0)	49,465(100.0)	4,808(100.0)	3,067(100.0)
1941	남	1,190,825(66.9)	66,210(79.3)	4,222(72.4)	7,111(93.9)
	여	588,900(33.1)	17,274(20.7)	1,609(27.6)	462(6.1)
	계	1,779,725(100.0)	83,484(100.0)	5,831(100.0)	7,573(100.0)

주: 1) 초등교육과정은 1911년을 제외하고 보통학교, 사립 각종학교, 간이학교 학생을 합한 수.
　　2) 중등교육과정은 고등보통학교, 중등학교 수준의 각종학교, 각종실업학교 학생을 합한 수.
　　3) 고등교육과정은 전문학교, 대학, 사범학교 학생을 합한 수.
　　4) 일본유학은 전문학교 이상의 일본유학생수.
　　5) 조선인 취학자수는 조선총독부 『학사통계(學事統計)』(1911)와 『조선제학교일람』(1918~41)에,
　　　　일본유학생수는 조선교육회 장학부 『재내지조선학생조(在內地朝鮮學生調)』(1926)와 내무성 경찰
　　　　국 편, 앞의 책에 의함.

명을 넘어섰으며, 1942년에는 3만명 가까이로 늘어났다. 이처럼 많은 유학생이 배출된 이유는 조선인의 향학열·면학열에 비해 고등교육기관을 비롯한 학교급별 학교수가 매우 부족했던 점이 무엇보다 크다.[6] 또한 1920년에 사비유학의 자유화로 유학생수가 급격히 증가했다.

　1930년대에 들어와 한때 유학생수가 조금 감소했으나 1933년부터 해마다 증가해, 1930년대 말에는 전체 재일조선인의 3%를 차지했다.[7] 앞 장에서 검토한 바과 같이 유학생수가 크게 증가하고 친일파를 육성할 필요가 커지자 조선총독부는 유학생 대책에 적극적으로 나서게 되

었다. 그리고 1930년대 말에 유학생을 포함한 재일조선인 대책이 강구되어 대책기관의 조직적인 정비도 이루어졌다.

유학생수의 추이를 성별, 유학한 지방별, 출신도별, 학교급별, 전공학과별, 관비유학으로 나누어 살펴보자.

우선 유학생의 성별 분포를 보자. 1910년에 전체 유학생의 8.1%(34명)였던 여자유학생수는 1920년에 11.8%(145명)로 증가했다. 그러나

〈표 2〉 성별 유학생수의 추이

연도	총학생수	남학생수	여학생수
1910	420	386(91.9)	34(8.1)
1920	1,230	1,085(88.2)	145(11.8)
1926	3,945	3,711(94.1)	234(5.9)
1927	3,861	3,652(94.2)	209(5.8)
1928	3,753	3,521(93.8)	232(6.2)
1929	4,433	4,181(94.3)	252(5.7)
1930	5,285	5,070(95.9)	215(4.1)
1931	5,062	4,762(94.1)	300(5.9)
1932	4,977	4,664(93.7)	313(6.3)
1933	5,369	5,017(93.4)	352(6.6)
1934	6,093	5,703(93.6)	390(6.4)
1935	7,292	6,798(93.2)	494(6.8)
1936	7,810	7,301(93.5)	509(6.5)
1937	9,914	9,144(92.2)	770(7.8)
1938	12,356	11,441(92.6)	915(7.4)
1939	16,304	15,112(92.7)	1,192(7.3)
1940	20,824	19,117(91.8)	1,707(8.2)
1941	26,727	24,520(91.7)	2,207(8.3)
1942	29,427	26,480(90.0)	2,947(10.0)

주: 1) 1910년은 외무성기록문서 『재본방청한양국유학생원수표(在本邦淸韓兩國留學生員數表)』(1910)에 의함.
　　 2) 1920년은 조선총독부 학무국 『재내지조선학생상황조(在內地朝鮮學生狀況調)』(1920)에 의함.
　　 3) 1926~28년은 조선교육회 장학부, 앞의 문서(1926, 27, 28)에 의함.
　　 4) 1929~42년은 내무성 경찰국 편, 앞의 책(1929~42)에 의함.

1920년대 중반부터 전체 유학생수가 급증했는데도 여학생의 비율은 10% 이하에 머물렀고, 1942년에 겨우 10%(2,947명)를 회복했다. 조선 여성이 근대교육을 받고 사회에 진출하게 되었지만, 남성에 비해 여성의 교육기회는 매우 적었던 것이다.

다음으로 유학한 지방별 분포를 살펴보면 1920년대에는 전체 학생의 약 70~80%가 토오꾜오의 학교에 재적해 있었다. 물론 학교가 토오꾜오에 많기도 했으나, 유학생의 토오꾜오 쏠림 현상에는 여자유학생의 구술에서도 알 수 있듯이(다음 장 참조), 조선인의 토오꾜오 선호·선망의식이 작용했다. 그러나 전체 유학생수가 급증함에 따라 지방 유학생의 비율도 늘어나, 1940년대에는 전체의 40% 이상을 차지했다(〈표 3〉).

〈표 3〉 유학한 지방별 유학생수의 추이

연도	총학생수	성별	토오꾜오학생수	지방학생수
1920	1,230		1,090 (88.6)	140 (11.4)
1926	3,945	남	2,938 (79.2)	773 (20.8)
		여	148 (63.2)	86 (36.8)
		계	3,086 (78.2)	859 (21.8)
1930	5,285	남	3,351 (66.1)	1,719 (33.9)
		여	132 (61.4)	83 (38.6)
		계	3,483 (65.9)	1,802 (34.1)
1935	7,292	남	4,316 (63.5)	2,482 (36.5)
		여	330 (66.8)	164 (33.2)
		계	4,646 (63.7)	2,646 (36.3)
1940	20,824	남	10,193 (53.3)	8,924 (46.7)
		여	1,125 (66.1)	582 (33.9)
		계	11,318 (54.4)	9,506 (45.6)
1942	29,427	남	14,812 (55.9)	11,668 (44.1)
		여	1,972 (66.9)	975 (33.1)
		계	16,784 (57.0)	12,643 (43.0)

주: 출처는 〈표 2〉와 같음.

유학생은 전라남도와 경상남도 출신자가 많았으나, 출신도별 유학생수는 대체로 각도별 인구분포에 비례했다. 다만 함경남도와 평안남도 출신의 유학생 비율은 도별 인구분포를 크게 웃돌았다.[8] 개국 이래 기독교 선교사의 활동이 활발했고, 주민들의 교육열과 신문화에 대한 개방의식도 높았던 이북지방에서 유학생이 상대적으로 많이 배출되었던 것이다(〈표 4〉).

학교급별 유학생수를 보면 1930년대까지는 고등교육기관에 재적했던 유학생이 전체의 40~50%를 차지했다. 그러나 1940년대에 와서는 그 비율이 30% 이하로 감소했다. 1930년대 말 조선 남녀 아동의 보통학교 취학률이 40% 이상에 이르렀고,[9] 중등교육을 희망하는 자도 해마다 늘어났으나, 중등교육기관의 보급은 이에 크게 못 미쳤다. 그 결

〈표 4〉 출신도별 유학생수의 추이

출신도	1926	1927	1928	1929	1930	1933
경기	425(10.8)	402(10.4)	440(11.7)	375(9.9)	389(10.3)	410(10.1)
충북	107(2.7)	94(2.4)	85(2.3)	96(2.5)	110(2.9)	90(2.3)
충남	156(4.0)	155(4.0)	160(4.3)	153(4.1)	135(3.6)	149(3.7)
전북	210(5.3)	207(5.4)	209(5.6)	182(4.8)	212(5.6)	194(4.8)
전남	504(12.7)	550(14.2)	496(13.2)	526(14.0)	518(13.7)	576(14.1)
경북	405(10.3)	396(10.3)	358(9.5)	389(10.3)	365(9.6)	445(10.9)
경남	534(13.5)	522(13.5)	518(13.7)	529(14.0)	582(15.2)	617(15.1)
강원	90(2.3)	103(2.7)	79(2.1)	90(2.5)	80(2.1)	104(2.6)
황해	184(4.7)	159(4.1)	142(3.8)	155(4.1)	163(4.3)	193(4.7)
평북	299(7.6)	308(8.0)	307(8.2)	345(9.2)	346(9.1)	336(8.2)
평남	450(11.4)	412(10.7)	398(10.6)	380(10.1)	370(9.8)	377(9.2)
함북	173(4.4)	156(4.0)	123(3.3)	118(3.1)	121(3.2)	112(2.7)
함남	408(10.3)	397(10.3)	438(11.7)	431(11.4)	402(10.6)	474(11.6)
총수	3,945(100.0)	3,861(100.0)	3,753(100.0)	3,769(100.0)	3,793(100.0)	4,077(100.0)

주: 조선교육회 장학부, 앞의 문서(1926~30, 33)에 의함. 따라서 1929, 30, 33년의 합계는 〈표 2〉, 〈표 3〉과는 다름.

과 일본에서 중등교육을 받는 조선인 학생수가 급증한 것으로 생각된
다. 그리고 1930년대 말부터 일본 거주 조선인 자제가 중등학교에 많
이 진학하기 시작한 점도 관련이 있다(〈표 5〉).

유학생(대학, 전문학교, 일부 전문학교 수준의 각종 학교를 포함)의 전공학과
를 살펴보자. 인문계를 공부하는 학생이 1930년에 전체의 약 20%를
차지하는 등 특히 많았던 시기도 있었으나, 전체적으로 보면 많은 학
생이 법과, 상·경제, 공업 관련 학과에 재적했다. 스끼하라 토오루(杉
原達)의 연구에 의하면 조선인 학생은 개인적인 상승 욕구나 조선인의

〈표 5〉 학교급별 유학생수의 추이

연도	총수	대학	전문학교	중등학교
1926	3,945	383(9.7)	1,421(36.0)	2,141(54.3)
1927	3,861	399(10.4)	1,352(35.0)	2,110(54.6)
1928	3,753	612(16.3)	1,321(35.2)	1,820(48.5)
1929	4,433	1,227(27.7)	1,084(24.5)	2,122(47.8)
1930	5,285	1,388(26.3)	590(11.2)	3,307(62.5)
1931	5,062	1,392(27.5)	532(10.5)	3,138(62.0)
1932	4,977	1,410(28.3)	608(12.2)	2,959(59.5)
1933	5,369	1,568(29.2)	571(10.6)	3,230(60.2)
1934	6,093	1,698(27.9)	711(11.7)	3,684(60.4)
1935	7,292	2,104(28.9)	1,058(14.5)	4,130(56.6)
1936	7,810	2,001(25.6)	1,066(13.7)	4,743(60.7)
1937	9,914	1,738(17.5)	1,983(20.0)	6,193(62.5)
1938	12,356	2,448(19.8)	2,183(17.7)	7,725(62.5)
1939	16,304	1,596(9.8)	3,934(24.1)	10,774(66.1)
1940	20,824	2,305(11.1)	3,624(17.4)	14,895(72.5)
1941	26,727	3,173(11.9)	4,400(16.5)	19,154(71.6)
1942	29,427	2,788(9.5)	4,595(15.6)	22,044(74.9)

주 : 1) 전문학교에는 학제에 따라 같은 수준으로 분류되는 구제(舊制)고등학교도 포함시킴.
　　 2) 중등학교에는 대학·전문학교를 제외한 각종 학교 등 모든 학교를 포함시킴.
　　 3) 대학에는 대학 예과도 포함시킴.
　　 4) 출처는 〈표 2〉와 같음.

권리옹호라는 민족적 목적을 갖고 법과에서 배우려 했다.[10] 다시 말해 입신출세나 경제적인 성공을 위해서만 아니라 민족의 독립이나 번영을 위하고 조선인의 권리를 옹호하고자 하는 사명감으로 전공학과를 선택한 것이다. 예를 들어 서양의 법정제도를 배우는 것을 당면과제로 인식해 법과를, 경제적 근대화와 근대과학기술의 도입을 급무로 인식해 상과나 공업 관련 학과를 선택했다고 생각된다(〈표 6〉).

마지막으로 사비유학생에 비해 소수에 불과했던 관비유학생을 살펴보기로 하자. 1911년에 44명이었던 관비유학생은 1910년대 중반에 감소하기도 했으나 후반부터 관비유학생의 신규 모집이 없어진 1930년까지 1924년도를 제외하면 그 수가 계속 늘어나 1920년대 후반에는 최고 81명이 있었다. 관비유학생은 대부분 농림업·잠업·수산업·공업·

〈표 6〉 전공학과별 유학생수의 추이

연도	전공학과													총수
	법	경제	상	문	리	공업	농림	수산	의학	사범	음악	미술	가정	
1920	308	–	63	42	6	34	12	–	34	14	5	7	–	525
	(58.6)	–	(12.0)	(8.0)	(1.1)	(6.5)	(2.3)	–	(6.5)	(2.7)	(1.0)	(1.3)	–	(100.0)
1926	607	205	447	320	61	514	115	10	149	243	33	36	–	2,740
	(22.1)	(7.5)	(16.3)	(11.7)	(2.2)	(18.8)	(4.2)	(0.4)	(5.4)	(8.9)	(1.2)	(1.3)	–	(100.0)
1927	448	213	474	369	106	547	157	13	146	182	45	50	–	2,750
	(16.3)	(7.7)	(17.2)	(13.4)	(3.9)	(19.9)	(5.7)	(0.6)	(5.3)	(6.6)	(1.6)	(1.8)	–	(100.0)
1928	531	183	571	441	117	656	190	17	208	167	44	48	–	3,173
	(16.7)	(5.8)	(18.0)	(13.9)	(3.7)	(20.6)	(6.0)	(0.5)	(6.6)	(5.3)	(1.4)	(1.5)	–	(100.0)
1930	667	290	215	433	80	58	141	7	103	95	14	42	30	2,175
	(30.7)	(13.3)	(9.9)	(19.9)	(3.7)	(2.7)	(6.5)	(0.3)	(4.7)	(4.4)	(0.6)	(1.9)	(1.4)	(100.0)
1933	590	168	140	125	11	61	60	4	80	55	7	23	44	1,368
	(43.1)	(12.3)	(10.2)	(9.1)	(0.8)	(4.5)	(4.4)	(0.4)	(5.8)	(4.0)	(0.5)	(1.7)	(3.2)	(100.0)

주 : 1) 1920년의 법과는 법·정경·사회를 모두 합한 것임.
　　 2) 1920~28년에는 가정과의 통계가 따로 제시되어 있지 않음.
　　 3) 1920년은 조선총독부 학무국, 앞의 문서에 의함. 그밖의 것은 〈표 4〉와 같음.

상업 등 실업분야와 의학에 몰려 있었다. 관비유학생 제도는 식민지 지배에 필요한 기술전문가를 양성하기 위한 것으로 법정, 인문계, 예술 분야로는 그다지 파견되지 않았던 것이다. 1920년대에 들어서는 중등교원이나 교육관료의 양성을 위한 교육분야 관비유학생이 증가했다(〈표 7〉).

〈표 7〉 관비유학생의 상황

연도	전공학과											총수
	정치법률	농림	잠업	수산	공업	상업	의학	교육	미술	음악	그외	
1911	2	13	4	1	8	4	7	2	–		3	44
1912	1	18	–	–	10	6	10	2	–	–	3	50
1913	–	14	4		12	3	11	2	–	–	1	47
1914	–	11		2	10	4	16	2	–		2	47
1915	–	4			7	2	10	2	–		1	26
1916	–	5		1	4	3	10	5	–		1	29
1917	–	4		1	2	1	4	4	–		1	17
1918	–	5		1	4	4	8	6	–		2	30
1919	–	6		2	6	10	11	9	–		3	47
1920	–	2		–	3	8	7	10	1	1	3	35
1921	2	1			3	6	7	9	3	1	1	33
1922	3	2	1		6	9	9	12	5	1	5	53
1923	–	3	1		7	8	10	15	5		7	58
1924	1	4	1		3	7	4	8	3		6	37
1925	–	7	2	–	7	7	12	14	7	–	20	78
1926	4	3	8	1	7	7	12	10	2	–	27	81
1927	6	7	12	1	10	6	13	–	3	–	20	78
1928	4	6	17	4	6	5	18	7	1	2	11	81
1929	3	10	13	5	4	3	18	9	1	3	8	77
1930	2	6	4	4	3	1	12	3		1	10	46
1931	2	2	–	1	1		5	1	–	–	3	15
1932	2	–					4		–	–	2	8
1933	1	1					–	–	–	–	–	2

주: 조선총독부『조선총독부통계연보(朝鮮總督府統計年報)』(1920~33)에 의함.

2. 여자유학생의 실태 : 여자전문학교를 중심으로

첫째, 여자유학생의 학교급별 추이를 살펴보자. 다음의 〈표 8〉에서 알 수 있듯이 1940년 이전에는 여자유학생의 약 50% 이상이 전문학교나 대학에 재적했으며, 그중에서도 1903년 전문학교령에 의해 설립·인가된 여자전문학교에 유학한 경우가 많아, 1920년대 후반부터 1930년대 중반에 걸쳐 전체 여자유학생의 40% 이상을 차지했다. 1929년에 처음으로 대학에 유학한 학생수가 통계상에 나타났지만,[*] 그뒤로 대학 재학생은 매우 적었고, 1930년대에는 전체의 2~7%에 그쳤으며, 1940년대에는 전체의 1% 미만으로 그 비율이 감소했다.

앞서 분석한 전체 유학생의 학교급별 추이와 마찬가지로 1940년대에 들어서는 중등학교에 재적하는 여자유학생이 약 80%까지 증가한 반면, 고등교육기관에서 배우는 여학생의 비율은 점차 줄어들었다(〈표 8〉).[11]

둘째, 여자 관비유학생을 살펴보면 1920년에는 4명으로 전체 관비유학생의 11.4%에 불과했으나, 1928년에는 전체의 34.6%(20명)를 차지했다. 여자 관비유학생도 남자 관비유학생과 마찬가지로 의학이나 실업분야에 주로 파견되었다(〈표 9〉).

셋째, 여자유학생이 재적한 학교를 살펴보자. 〈표 10〉은 일본 대학의 재적생 기록조사와 졸업생의 구술조사를 통해 확인된 여자유학생 842명이 재적했던 일본의 고등교육기관 40개교의 리스트이다. 이에

---

[*] 1927년 3월 이화여자전문학교를 졸업한 신의경(辛義敬)이 같은 해 4월 토오호꾸(東北)제국대학 법문학부 서양사 전공으로 입학했지만, 이 통계자료에는 반영되지 않았다.

<표 8> 학교급별 여자유학생수의 추이

연도	총수	대학	전문학교	중등학교
1926	234	–	88(37.6)	146(62.4)
1927	209	–	102(48.8)	107(51.2)
1928	232	–	121(52.2)	111(47.8)
1929	252	22(8.7)	136(54.0)	94(37.3)
1930	215	29(13.5)	106(49.3)	80(37.2)
1931	300	15(5.0)	126(42.0)	159(53.0)
1932	313	19(6.1)	103(32.9)	191(61.0)
1933	352	20(5.7)	124(35.2)	208(59.1)
1934	390	26(6.7)	165(42.3)	199(51.0)
1935	494	35(7.1)	252(51.0)	207(41.9)
1936	509	18(3.6)	245(48.1)	246(48.3)
1937	770	16(2.1)	317(41.2)	437(56.7)
1938	915	38(4.2)	396(43.3)	481(52.5)
1939	1,192	55(4.6)	410(34.4)	727(61.0)
1940	1,707	11(0.7)	434(25.4)	1,262(73.9)
1941	2,207	20(0.9)	442(20.0)	1,745(79.1)
1942	2,947	16(0.6)	490(16.6)	2,441(82.8)

주: 분류방법과 출처는 〈표 5〉와 같음.

<표 9> 여자 관비유학생의 상황

연도	전공학과								총수	남녀 총수
	교육	잠업	의학	치과	약학	미술	음악	체육		
1920	2	–	1	–	–	–	1	–	4	35
1926	2	1	6	1	–	1	–	1	12	81
1928	2	5	10	–	1	–	2	–	20	81

주: 1) 1920년은 조선총독부 학무국, 앞의 문서에 의함.
　　2) 1926, 28년은 조선교육회 장학부, 앞의 문서(1926, 28)에 의함.

의하면 여자유학생이 가장 많이 재적했던 학교는 토오꾜오 소재의 여
자미술학교였고, 그 다음이 테이꾜꾸여자전문학교였다. 그리고 여자
유학생은 대부분 사립 여자전문학교(혹은 전문학교 수준의 각종학교)에서
배웠는데, 사립 여자전문학교 중에는 도시샤여자전문학교를 비롯한

<표 10〉 여자유학생이 재적한 학교와 학생수(1912~44)

학교명	명수	학교명	명수
여자미술학교	107	오오사까(大阪)음악학교	6
테이꼬꾸여자전문학교	83	히로시마(廣島)여학원전문학교	5
도시샤여자전문학교*	82	람바스여학원보육전수부	4
니혼(日本)여자체육전문학교	80	히로시마여자전문학교	3
니혼여자대학교	69	토오호꾸제국대학	3
토오꾜오여자의학전문학교	61	바이까(梅花)여자전문학교	2
나라(奈良)여자고등사범학교	59	아오야마(靑山)여학원 영문전문과	2
토오꾜오여자고등사범학교	53	니혼체육회 체조부	1
테이꼬꾸여자의약학전문학교	47	쿄오리쯔(共立)여자전문학교	1
짓센(實踐)여자전문학교	28	쿄오리쯔여자약학전문학교	1
무사시노(武藏野)음악학교	22	토오꾜오여자약학전문학교	1
쿄오또(京都)여자고등전문학교	20	와요오(和洋)여자전문학교	1
니혼여자고등상업학교	20	여자경제전문학교	1
킨죠오(金城)여자전문학교	15	바이꼬오(梅光)여학교전문부	1
코오베(神戶)여자신학교	13	히로시마여학교보모사범과	1
토오꾜오여자대학	12	큐우슈우(九州)제국대학	1
코오베여학원전문학교	12	쿄오또부립여자전문학교	1
토오꾜오가정전문학교	9	토오꾜오여자체육음악학교	1
카쯔이(活水)여자전문학교	6	요꼬하마(橫浜)여자신학교	1
쯔다쥬꾸(津田塾)전문학교	6	오오사까여자전문학교	1
총계		842	

* 도시샤여자전문학교의 경우 필자가 1996년에 실시한 동창회 명부조사가 아니라 그후 학적부를 조사
한 사까구찌 나오끼(阪口直樹)의 연구(『전전 도시샤의 타이완 유학생(戰前同志社の台學留學生)』, 白帝社
2002)를 따름.

미션스쿨(10개교)이 많았다. 여자유학생이 일본의 미션스쿨에 유학한
것에 대해서는 뒤에 좀더 자세히 고찰하기로 한다.

넷째, 여자유학생의 전공과목을 보면, 〈표 10〉의 여자유학생 842명
중 전공과목의 조사가 가능했던 경우는 795명으로, 가정학계(가정과·가
사과·기예과를 포함한 31.1%)를 전공한 자가 가장 많았다. 이어서 예체능
계(28.3%), 영문학·일본문학 등 인문계(19.2%)를 전공한 자가 많았지만,

〈표 11〉 여자유학생의 전공학과별 분포

학과		명수(%)	학과		명수(%)
인문계	영문	61(7.7)	사회계	경제	21(2.6)
	국문	30(3.8)		사회	12(1.5)
	신학	14(1.8)		보육	7(0.9)
	그외	48(6.0)		도서	1(0.1)
	계	153(19.2)		계	41(5.2)
이과계	의학	103(13.0)	예체계	미술	107(13.5)
	이학	19(2.4)		체육	83(10.4)
	약학	7(0.9)		음악	35(4.4)
	계	129(16.2)		계	225(28.3)
가정학계		247 (31.1)	총계		795(100.0)

니혼여자대학교의
'유학생 환영 다과회'(1935년 5월 16일)

제공: 니혼여자대학교교육문화진흥앵풍회

도시샤여자전문학교 가정과 재학중의
조선인 학생(왼쪽에서 두번째와 세번재)

도시샤여자대학은 패전 전, 이 학교에서 배운 유
학생을 조사해서 『도시샤여자대학 125년(同志社
女子大學 125年)』에 수록했다.

제공: 도시샤여자대학 사료실

니혼여자대학교의
'유학생 환영 초대회'(1936년 5월 26일)

이 대학에는 식민지와 점령지출신의 유학생이 많
았고, 학교 당국도 이와같은 행사를 열어 유학생
교육에 대한 관심을 나타냈다.

제공: 니혼여자대학교교육문화진흥앵풍회

의학이나 이과를 전공한 자도 16.2%에 이르렀다(〈표 11〉).[12]

구술조사를 한 여자유학생(64명) 중에서 가정학을 전공한 자는 34명이었다. 그 동기를 보면 "가정학은 여자에게 좋고 도움이 되니까" "여자가 대학에서 할 수 있는 학문이 그외에 별로 없으니까" "선생님이나 부모님, 주위의 권유로"라는 대답이 많았다. 그외에 "무엇보다 가정학 공부가 조선 여성이나 조선사회에 필요하니까"라는 좀더 적극적인 동기로 가정학을 선택한 예도 있었다. 예를 들어 1929년에 토오꾜오여자고등사범학교 가사과를 졸업한 조기홍(趙圻烘)은 자서전에서 다음과 같이 밝혔다(가정학에 대해서는 6장에서 논의함).

> 당시 여학교에서는 장차 공부한 신여성들이 한국에 이바지하려면 가정학을 공부하여 무엇보다 생활개선에 힘써야 한다고 가르쳤다. (…) 아버님의 뜻과 학교의 이런 영향 때문에 나 역시 중국문학이나 일본문학이 아닌 가정학을 전공하게 되었다.[13]

다섯째, 여자유학생의 출신 가정의 사회경제적 배경을 분석하기 위해 부모의 직업을 살펴보기로 한다. 〈표 10〉의 여자유학생 842명 중 193명만 부모 직업을 알 수 있었는데, 농업이 35.8%로 가장 많았고, 뒤이어 상업이 24.4%였으나, 전체(193명)의 64.2%는 제2·3차 산업에 속하는 직업을 갖고 있었다(〈표 12〉). 1938년도 현재 전체 인구 약 2,200만 명 중에서 농업 종사자가 75.7%나 차지했고, 공(工)·상(商)·자유업자의 비율이 매우 낮았던 것에 비해[14] 여자유학생의 경우는 후자와 같은 직업을 가진 가정의 출신자가 많았다. 또 구술조사 대상자(64명) 중 부모가 자산가인 경우는 56명(87.5%)으로 그중 부모의 재산이 선대로부터 내려온 경우가 35명, 부모대에 와서 모은 경우가 21명이었다.

<표 12> 여자유학생의 부모 직업

구분	내용	명수	백분율
1차 산업에	지주	67	34.7
속하는 직업	자작농	2	1.0
	계	69	35.8
2·3차 산업에	상업	47	24.4
속하는 직업	관리	12	6.2
	무역업	11	5.7
	의사	11	5.7
	은행·회사원	11	5.7
	제조업	8	4.1
	광업	6	3.1
	교사	4	2.1
	목사	4	2.1
	금융업	2	1.0
	정미유통업	2	1.0
	변호사	2	1.0
	언론인	2	1.0
	건설업	1	0.5
	수산가공유통업	1	0.5
	계	124	64.2
총계		193	100.0

여자유학생 중에는 근대화가 초래한 새로운 경제활동으로 가산을 이룬 사회계층의 출신자가 적지 않았던 것이다.

여섯째, 여자유학생의 종교를 보면 구술조사 대상자 64명 중에서 가족의 종교가 기독교인 사람이 23.4%(15명)를 차지했다. 그외 가톨릭이 5명(7.9%), 천도교가 1명(1.6%), 불교가 1명(1.6%)이었다. 전체 인구 중의 크리스천(기독교와 가톨릭을 합한 것) 비율에 비해[15] 여자유학생의 크리스천 가정의 비율이 10배 정도 많았다. 19세기 중반부터 조선에서는 기독교가 서양문명을 전파하는 역할을 해왔으며, 특히 선교사들은 여학교를 설립해 여자교육 발전에 크게 공헌해왔다. 여자유학생의 경우

기독교를 비롯해 서양에서 들어온 새로운 문화와 문물에 접한 가정의 출신자가 많았다고 볼 수 있다.

마지막으로 근대교육의 기회가 매우 제한되어 있던 조선에서[16] 여자유학생의 부친이 초등교육 이상을 받은 경우가 구술조사 대상자(여기에서는 63명, 1명은 미상) 중에서 46.0%(어머니의 경우는 9.5%)였다. 그리고 여자유학생(64명) 중에서 51.6%(33명)는 형제 중에, 15.6%(10명)는 가까운 친척 가운데 일본유학생이 있었다.[17] 상당수의 여자유학생은 이미 근대교육을 받은 가족의 영향으로 좀더 자유로이 유학할 수 있었던 것이다. 그리고 처음부터 딸의 일본유학을 찬성한 부모는 64명 중에서 54명(84.4%)이었다.

3. 여자 미션스쿨의 조선인 유학생

조선과 일본의 여자 미션스쿨

개국 이래 미국인 기독교 선교사는 이화학당(1886년 개교)을 시작으로 각 교파별로 여학교를 차례차례 설립해 미션스쿨이 근대 조선 여성 교육의 발전에 선구적 역할을 했다. 합방된 뒤 공교육제도가 정비되어 감에 따라 1915년 이후 관공립학교(특히 초등교육 기관) 수가 늘어나자 사립학교의 비중은 상대적으로 낮아졌지만, 중등·고등 교육기관으로서 미션스쿨의 지위는 변함없었다. 1935년에 미션계 고등보통학교에 재학중인 남학생은 2,345명으로 전체의 36.9%였고, 여학생의 경우는 전체의 65.4%에 해당하는 2,459명이 미션계 여자고등보통학교에 재학해 있었다. 전문학교 재학생 중에서는 전체 재적자 2,150명 중에서 1,289명(60.0%)이 미션계 학교에 다니고 있었다.[18]

그러나 조선에서 미션계 여성고등교육기관의 발전은 일본에 비해 상당히 뒤처져 있었다. 1908년 이화학당(미국 북메소디스트 감리교회) 중등 과의 상급과정으로 고등과가 설치되었고, 이어서 1910년에 대학과(5개 년)가 신설되었다. 같은 해 이화학당의 프라이(Lulu E. Frey) 교장은 여자대학 신설 구상을 처음으로 밝혔으나, 다른 선교사와 조선인의 반대에 부딪혀 실현을 거두지 못했다. 1922년에 이르러서야 미국 메소디스트 감리교회(남북 양파) 선교사가 중심이 되어 이화학당 대학과를 확충한 각 교파 연합의 여자대학 설립안이 제안되었다. 그러나 장로교회의 협력을 얻을 수 없어 여자연합대학 설립안은 무산되었지만, 1925년에 '전문학교규칙'에 따라 인가받은 이화여자전문학교(Chosen Women's College)가 설립되었다.

한편 미국 북장로교회와 남장로교회는 1926년에 장로교회 여자대학을 설립하기로 합의했으나, 같은 해 장로교회 미션협의회(Council of Presbyterian Missions) 연회의에서 설립이 연기되었고,[19] 남북 장로교회 간 협의를 이루지 못한 채 1930년에 미국 북장로교회 중심의 평양유니온대학(숭실전문학교)에 여자부가 개설되었다.

결국 조선에서 미션계 여성고등교육기관은 1906년에 설립된 쎄브란스간호학교(미국 북장로교회 운영의 전문학교 수준의 각종 학교)를 합해도 세 학교에 불과했다.

이에 비해 일본의 미션스쿨은 일본 근대 공교육이 급속히 발달함에 따라 그와 경쟁할 수 있는 체제정비의 필요성이 대두되어 이른 시기부터 발전을 거듭했다. 또한 일본인도 미션스쿨 운영에 주체적으로 관여해 지역의 유력한 사립학교로 발전해갔다. 특히 재일 선교사는 여성고등교육기관의 설립을 일찍부터 구상해 실현시키고자 노력해왔다. 예를들어 1875년 미국전도회사(American Board of Commissioners for

Foreign Missions)가 설립한 여자기숙학교(1894년 코오베여학원으로 개칭)에서는 1885년부터 여자대학 설립안이 마련되었고, 1879년에 개설된 카쯔이여학교(미국 북메소디스트 감리교회)에서는 1887년 여자대학 전신으로 고등과를 설치했다.

그리고 1899년의 '고등여학교령(高等女學校令)'과 문부성 훈령 제12호 '일반교육을 종교 외에 특립시키는 건(一般ノ教育ヲ宗教外ニ特立セシムル件)'은 각 교파 여자대학의 설립구상을 실현에 옮기는 큰 계기가 되었다. 고등여학교령에 의해 전국 도부현(道府縣)에 고등여학교가 보급되면 미션스쿨의 위상이 크게 위축될 것이라는 위기의식이 재일 선교사 사이에서 널리 퍼졌다. 또한 문부성 훈령 제12호에 의해 미션스쿨이 종교교육을 포함한 본래의 교육의 자유를 지키려 한다면 '법령규정 내의 학교'로 인가를 받지 못해 각종학교(전문학교령의 인가를 받지 않았으나 같은 수준의 고등교육을 실시하는 학교)로 될 수밖에 없으며, 그 경우 졸업생의 상급학교 진학자격이 인정되지 않았다. 이러한 시대적 변화 속에서 많은 미션스쿨은 각종학교의 처지를 감내하면서도 고등과를 확충해 학생들의 고등교육 기회를 확대하여 대학교육까지 구비한 완결된 교육기관으로서의 지위를 새롭게 다지고자 했다. 1903년에 아오야마(靑山)여학원 영문전문과, 1909년에 코오베여학원 전문부(4년제)가 설치되었다. 1911년에 카쯔이여학교 고등과를 대신해 대학부(문과, 이과)가 설치되었고 1912년에는 도시샤여학교 전문학부가, 1914년에는 바이까(梅花)여학교 전문부가 설치되었다.

또 1910년에 영국의 에딘버러에서 열린 세계선교사협의회(World Missionary Conference)는 일본에서 여자연합대학이 설립되는 커다란 전기가 되었다. 이 협의회에서 일본에 남자연합대학 혹은 종합대학(University)을 한 군데 설립할 것과 여성고등교육을 위해 전국에 가능한 여자대학 2개교(토오꾜오에 1개교, 다른 지역에 1개교)를 설립할 것을 결의했다.[20] 이전까지는 각 교파별로 선교지역에 설치된 여학교를 발전시켜 고등교육을 실시해왔지만 이제 전국 규모의 크고 충실한 여자연합대학의 설립을 눈앞에 바라보게 된 것이다.[21]

1910년의 세계선교사협의회 결의안을 실천에 옮기기 위해 각국에서 연속위원회(Continuation Committee)가 구성되었다. 일본에서는 각 미션조직이 협력해 여자대학 1개교를 설립하는 방안이 1912년도 연속위원회 회의에서 채택되어[22] 토오꾜오여자대학이 1918년에 설립되었다.

물론 일본에서는 토오꾜오여자대학 이외에 많은 미션계 여성고등교육기관(혹은 일본인에 의해 설립된 기독교주의 학교)이 착실히 발전을 거듭해 1932년에는 전국에 23개교나 되었다.[23] 또 1940년 『고등제학교일람(高等諸學校一覽)』에 의하면 여성고등교육기관으로 관공립계가 6개교, 일반 사립계가 32개교(미션계 제외), 미션계가 10개교 있었다. 그러나 미션계의 경우 각종학교까지 포함하면 전체 여성고등교육기관의 35% 이상을 차지했다.

요컨대 일본에서 공교육 제도가 발달함에 따라 사립학교도 발전했고, 특히 국가가 주력하지 않았던 여성고등교육을 사립학교가 담당하면서 그중에서도 미션스쿨이 여성고등교육의 발전에 큰 역할을 했던 것이다. 따라서 조선을 비롯한 아시아 여러 나라에서 여자유학생을 받아들일 수 있는 기반이 더욱 공고히 구축되었다.[24]

여자 미션스쿨의 유학생 실태

일본의 주요 여자 미션스쿨에는 조선을 비롯해 동아시아에서 온 유학생이 적지 않았다. 다음의 〈표 13〉에서 알 수 있듯이, 특히 조선인

〈표 13〉 패전 전 일본 여자 미션스쿨의 동아시아 유학생

학교명(교과)	나라·지역명				총수
	조선	타이완	중국	만주	
토오꾜오여자대학(초교파연합)	12	5	6	22	45
도시샤여자전문학교(미국전도회사)	82	24	13		166
동여학교	22	16	9		
바이까여자전문학교(미국전도회사)	2		1		6
동여학교	3				
코오베여학원전문학교(미국전도회사)	12	3	5		21
동여학교	1				
코오베여자신학교(미국전도회사)	13				13
킨죠오여자전문학교(미국남장로교회)	15	1		2	54
동여학교	34			2	
람바즈여학원보육전수부(미국남메소디스트감리교회)	4	2	3		9
히로시마여학원전문학교*(미국남메소디스트감리교회)	5				44
동여학교	39				
카쯔이여자전문학교(미국북메소디스트감리교회)	6		2		48
동여학교	5		35		
아오야마여학원영문전문과**(미국북메소디스트감리교회)	2		5		16
동여학교	1		8		
총계	258	51	87	26	422

주: 1) 도시샤여자전문학교·도시샤여학교는 사까구찌 나오끼, 앞의 책에서, 킨죠오여자전문학교·킨죠
오여학교는 학적부에서, 그밖은 동창회 명부에서 작성함.
  2) 전문학교에는 여학교 졸업 뒤의 모든 상급과정을 포함시키고, 여학교에는 모든 중등과정을 포함
시킨 것임.
  3) 같은 재단의 여학교에서 전문학교로 진학해 이름이 중복되는 경우는 복수계산함.
  4) *은 조선인만 조사함. **에서 출신지가 타이완인지 중국인지 알 수 없는 경우 중국으로 처리함.

유학생이 60%를 차지했다. 〈표 13〉은 전술한 23개교의 여자 미션스
쿨 중 10개교에 국한된 통계이기는 하지만, 주요 미션조직의 교육기관
으로 정부인가까지 받은 비교적 규모가 큰 학교가 모두 망라된 통계(미
국 북장로교회 미션스쿨은 빠져 있으나, 토오꾜오여자대학이 실제로는 미국 북장로교
회의 선교사가 주축이 되어 운영되었다)이므로, 전체적인 경향을 파악할 수
있다. 이 표에서 보면 다른 학교에 비해 도시샤여자전문학교에 조선인

유학생뿐만 아니라 타이완과 중국유학생이 압도적으로 많았음을 알 수 있다.

이처럼 일본의 미션스쿨은 조선인 유학생의 교육에 공헌한바, 이는 고등교육을 위해 조선의 미션스쿨에서 일본의 미션스쿨로 진학하는 유학의 루트가 형성되어 있었음을 의미하는 것이기도 했다.[25] 당시 조선에서 활동하는 미국 북장로교회 선교사가 정신여학교 졸업생을 같은 교파 미션이 운영하는 일본의 여자학원 고등과(1920년에 토오꾜오여자대학으로 통합)로 유학 보낸 사실,[26] 이화학당 초기 졸업생의 경우 학당 내 고등교육과정이 설치되기 이전에 같은 교파의 일본 미션스쿨인 카쯔이여학교·카쯔이여자전문학교로 유학했다는 기록[27] 등에서 조선인 여자유학의 미션 루트를 짐작해볼 수 있는데, 미국 남장로교회의 사례에서 이 점을 더 명백히 확인할 수 있다.

미국 남장로교회 해외전도국(Executive Committee of Foreign Missions, Presbyterian Church, U. S.)은 19세기 말 중국, 일본, 조선 등 각국에 미션을 열고 여성교육기관도 개설했다. 예를 들어 1889년에 일본에 개설된 킨죠오여학교는 1903년 이래 고등과 혹은 전공과의 전문과정을 설치했으며, 1927년에는 킨죠오여자전문학교로 발전해 동아시아에서 미국 남장로 교파의 대표적인 교육기관이 되었다. 이에 비해 조선에서는 1902년에 전주여학교를 비롯해 광주의 수피아여학교(1908) 등 전체 5개교(2년 혹은 4년 과정의 각종학교)를 세웠지만, 앞서 언급했듯이 그 이상의 전문과정을 설치하지 않고 졸업생을 일본의 킨죠오여학교(1929년 이후 킨죠오여자전문학교 부속 고등여학부)나 킨죠오여자전문학교에 보냈던 것이다.

다음의 〈표 14〉는 킨죠오여학교와 킨죠오여자전문학교의 조선인 여자 학생 49명(이름이 중복되는 3명은 복수 계산함)의 출신교를 제시한 것이

<표 14> 킨죠오여학교·킨죠오여자전문학교의 출신교별 조선인 학생수

킨죠오여학교		킨죠오여자전문학교	
같은 교파 미션여학교로부터 편입	21	킨죠오여학교 졸업	3
다른 교파 미션여학교로부터 편입	6	다른 교파 미션여학교 졸업	10
공립보통학교 졸업	2	공립여자고등보통학교 졸업	2
불명	5		
총계	34	총계	15

다. 거의 대부분 미션스쿨 출신자인데, 특히 조선의 미국 남장로 교파의 미션 여학교 4년 과정을 졸업한 21명이 킨죠오여학교 5학년으로 편입했음을 알 수 있다. 조선의 미국 남장로 교파의 미션여학교는 졸업생의 상급학교 진학이 인정되지 않는 각종학교였기 때문에, 졸업생은 일단 킨죠오여학교 등에 편입해서 상급학교로 진학할 수 있는 자격을 취득해야 했던 것이다. 5학년 과정을 졸업한 뒤 바로 귀국했는지, 아니면 다른 전문학교로 진학했는지는 확인할 수 없었지만, 이중 일부가 킨죠오여자전문학교로 진학했다.

이와같이 '수피아에서 킨죠오로'라는 편입·진학의 루트가 만들어져 상급학교 진학을 희망하는 학생의 경우 킨죠오여학교는 비교적 선택하기 쉬운 진학코스였던 것으로 생각된다. 이 점은 수피아여학교 졸업생의 다음과 같은 구술에서도 알 수 있다. 조아라(曺亞羅, 1931년 수피아여학교 중등과 졸업)는 졸업 당시 루트(Florence E. Root) 교장이 "나고야의 킨죠오여학교에 가서 더 공부하고 다시 수피아로 돌아와서 가르쳤으면 좋겠다."는 제안을 했지만, 일본에 대한 적개심 때문에 일본행을 거절하고 지역의 교회학교 교사가 되었다고 한다. 그녀는 비록 '수피아에서 킨죠오로'의 길을 거부했지만, 미국 남장로교회의 재조선 선교사 사이에서는 킨죠오여학교·킨죠오여자전문학교가 조선인 여성 인재를 양성하는 하나의 거점이었음을 알 수 있다.

또 장경순(張敬順, 1934년 수피아여학교 중등과 졸업, 1936년 킨죠오여학교 졸업)은 "사회에서 일할 자격을 얻기 위해 상급학교에 진학하려 했으나, 미션스쿨 출신은 사범학교에 진학할 수 없어 같은 미션스쿨인 나고야의 킨죠오에 가는 것이 가장 손쉬웠다."고 말했다. 이미 학생들 사이에서도 다양한 이유에서 '수피아에서 킨죠오로'의 길이 정착되어 있었음을 엿볼 수 있다.

그런데 '수피아에서 킨죠오로'는 처음부터 선교사들이 의식적으로 만든 유학의 미션 루트였던 것인가. 킨죠오여학교·킨죠오여자전문학교에 조선인 학생이 상당수 유학했음에도 불구하고, 재일 선교사는 킨죠오여학교·킨죠오여자전문학교를 '백만인 나고야(名古屋)의 학교'로만 규정했지, 식민지 조선까지 포괄한 '메트로폴리스적인 학교'로는 의식하지 않았다. 그러나 미국 남장로교회 해외전도국은 동아시아 3국(중국, 조선, 일본)의 선교지 중에서 일본이 가장 중요하다고 인식했듯이[28] 국가별 선교 전략이 교육에도 반영되어 일본과 조선의 교육발전에 큰 격차를 낳았다고 생각할 수 있다. 그 결과 재조선 선교사는 여성 인재 양성을 위해 킨죠오여학교·킨죠오여자전문학교에 의존하게 되어 조선의 미션스쿨에서 일본의 미션스쿨로 가는 유학 루트가 생성되었다고 볼 수 있다.

제3장

유학생의 일본유학 인식

1. 자료에 대해

1920, 30년대를 거치며 일본의 지배체제가 강화되어가는 가운데, 특히 1931년의 만주사변은 확장일로에 선 일본제국의 강대함과 거대한 폭력성을 조선 민중에게 인식시켜 많은 조선 민중의 독립의지를 꺾기도 했다. "만주까지 집어삼켜 먹는 일본을 보면서 일본 사람의 세상이 쉽사리 끝나기는커녕 몇백년 갈지 모른다고 술렁거렸습니다."라는 내용의 여자유학생의 구술이 꽤 있었듯이 조선 민중의 독립의지와 노력은 확고했지만, 체제순응적 의식과 태도 또한 강력한 지배체제의 확장과 함께 확산되어갔다. 더욱이 일본의 근대 도시문화의 유입으로 메트로폴리스 지향의식이 퍼져 일본과 일본 문화를 동경하는 사람들이 늘어났고, 유학생들의 유학인식도 다양해져갔다.

3장에서는 1910년대 유학생의 일본유학 인식을 검토한 뒤 1930, 40년대 여자유학생의 인식을 분석해보고자 한다. 1910년대의 유학생 인식을 살펴보기 위해 동경조선유학생학우회 기관지 『학지광』[1]에 실린 남자유학생의 글을 분석하고, 1930, 40년대의 유학생 인식에 관해서는 여자유학생의 구술에 기초해 분석하고자 한다. 따라서 1910년대 유학관이 1930, 40년대 유학관으로 변화되어갔다고 직접적으로 논증하기는 어렵다. 1910년대 여자유학생의 유학관을 알 수 있는 자료를 파악하지는 못했으나, 4장에서 고찰할 1910년대 여자유학생의 의식에 기초해 추측해보면 여학생과 남학생 사이의 유학관에 큰 차이가 있었다고 보기 힘들다. 이 장에서는 유학인식의 남녀 차이나 공통성을 밝히기보다는 자료의 한계는 있으나 시대에 따라 유학관이 변화되어갔음을 구체적으로 밝혀보고자 한다.

그러나 1920년대 자료가 빠져 있기 때문에 1910년대 유학관이 어떻

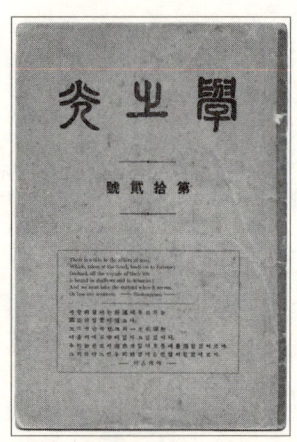

동경조선유학생학우회 기관지 『학지광』(제12호)의 표지

게 1920년대를 거쳐 1930, 40년대의 형태로 변화되어갔는지 분석하기는 어렵다. 유학생의 유학관을 분석하기 위해서는 사적으로 기술한 자료가 유용하고 중요하다고 생각하며, 그런 점에서 1930, 40년대 유학생의 유학관에 관해서는 구술조사를 통해 의미있는 자료를 획득할 수 있었다. 그러나 1920년대에 유학했던 여자유학생들은 이미 대부분 돌아가셨거나 고령으로 구술조사는 매우 한정된 몇명밖에 할 수 없었기 때문에(구술조사를 한 64명 중에서 1920년대 말에 유학한 사람은 4명), 1920년대의 분석을 따로 하지 못한 채 1930, 40년대를 다루는 결과가 되었다.

2. 1910년대 유학생의 인식

한말 일본으로 건너간 관비유학생은 신지식을 배워 견문을 넓히고 문명개화의 정수를 습득해 국가정치의 중진이 되는 것을 유학의 목적으로 삼았다. 그들은 근대적 국가와 사회체제를 형성해갈 주역으로서 자부심과 사명감을 가지고 있었던 것이다.[2]

합방으로 근대화를 위한 조선인의 주체적 노력이 근본적으로 제약을 받았으나, 지식인들은 국권 회복과 근대화라는 시대적 과제를 위해 노력했으며, 특히 일본유학생은 선두에 서서 스스로의 역할을 다하고자 했다.

여기서는 1910년대 유학생의 인식에 대해 ① 일본에서 무엇을 배워야 하는가 ② 왜 일본에 유학하는가 ③ 유학생의 역할은 무엇인가 하는 세 문제로 나누어 살펴보고자 한다. 이때 유학생이 어떠한 목적으로 실제 무엇을 배우려 했나를 구체적으로 분석하기보다는 일본유학에 대한 유학생들의 시각을 밝혀보고자 한다.

우선 유학생이 일본에서 배우려 했던 것은 메이지유신 전후 일본이 수입한 서구문명이었다. "법률도 죠코 정치도 죠타. 자연과학도 죠코 형이상학문(形而上學問)도 죠타. 실리주의(實利主義) 창도(唱道)도 잇서야 하겟고 종교개혁운동도 잇서야 하겟고 문예부흥도 되여야 하겟고 생활변경(生活變更)도 되여야 하겟도다. 이것이나 져것이나 조선문명에 새 공헌을 하고 조선민중의게 새복음 전하랴면 공부(工夫)라면 다하고 사조(思潮)라면 다 소개하는 것이 금일 오배(吾輩)의 하엽잇고져 하는 도모(圖謀)오 압흐로 나아가는 행진운동(行進運動)이 안이냐."[3]고 주장했듯이, 조선 땅에 새로운 문명을 꽃피워줄 학문이라면 어떤 것이라도 일본에서 배우려는 의식이 강했다. 그리고 서구의 근대문명을 직수입해온 일본 해외유학생의 역할을 본받아 일본에서 신지식을 배워야 한다며 다음과 같이 주장했다.

일본인이 명치유신(明治維新) 전후에 신생활(新生活)을 득(得)코져 할 때 상하인민(上下人民)이 기(其) 신지식(新智識) 신학문(新學文)을 수입할 시(時)에 얼마나 급급(汲汲)하였는가. 소문에 의하건대 일본 학생들이 구주(歐洲)에 유학할세 의의 과학의 학득(學得)이 문명운동(文明運動)에 절대 원동력인 줄을 각(覺)하고 근근(勤勤)히 각고(刻苦)에 얼마나 열심들이엇든지 (…) 이것시 과연 금일의 일본의 융성을 작출(作出)한 장본(張本)이라 할 바며 또한 일본의 문명운동에 기(其) 청년들이 얼마나 열성(熱盛)들이엿든 것을 짐작할 바 일러라. (…) 우리가 진실로 신생활을 갈구하고 신사업(新事業)을 주(做)하고쟈 하면 엇지 금일 우리의 현상(現狀)으로써야 감히 결과를 사(思)할가 보냐. 우리는 의당(宜當) 명치유신에 대공(大功)을 건(建)한 해외유학생의 행적을 효칙(效則)할지니 만일(萬一) 우리의 사명을 각(覺)한 자(者) 모름직히 그러할 것시요.[4]

64

그런데 서구의 근대문명을 배우려 한다면서 왜 일본에 유학하려고 했는가. 당시 일본에 수만 명의 유학생을 보낸 중국에서도 왜 구미가 아닌 일본에 유학하는가를 두고 많은 논쟁이 있었다. 일본은 문자나 풍속이 유사하고 멀지 않고 가까워 경제적으로 유리한 면이 있지만, 무엇보다 일본이 수입해 한번 실험을 거친 서양의 제도나 지식을 배우는 것이 서양에서 직접 배워오는 것보다 시행착오가 적다는 이른바 '후발(後發)경제이익'과 같은 논리로 일본유학의 이유가 설명되었다.[5] 즉 일본은 "구미가 만든 근대문명을 잘 소화한 샘플"[6]이기 때문에 일본에서 배우는 의미가 있다는 것이다.

조선인 유학생도 마찬가지였다. 다음 인용문의 "일본정신"이 구체적으로 무엇을 의미하는지는 명확하지 않지만, 유학생은 서양문명을 섭취해 근대화를 추진해온 일본의 경험이나 능력을 높이 평가했다.[7] 결국 그들은 직접 서양에서 근대문명을 수입하기보다는 일본을 경유한, 바꿔 말하면 일본에 의해 여과된 서양문명을 섭취하는 것에 더 큰 의미와 가치를 두었던 것이다.

일본의 문명을 한번 또 생각하자. 이 또한 50년 전의 일본의 건장아(健壯兒)가 다수(多數)히 서양에 유학하야 서구문물을 수입한 까닭임은 제군이 다 아르실 것이라. 그런데 우리가 이 50년 전 일본유학생 제씨(諸氏)의 게서는 한가지 더 배울 것이 잇다 하노라. 즉 그들은 학술기예(學術技藝)는 서양의 학술기예를 가지엇지마는 정신으로 말하면 일본의 정신을 가진 것이라. 당시의 일본지사(日本志士)는 일본정신에 서양학술을 가지고 동포를 위하엿으며, 국가를 위한 것이다. 그리하야 당시에 그들은 모든 사상이 신사상이되 일본의 정신을 골자로 삼은 신사상이요 당시의 일본의 제도는 서양을 모방한 신제도(新制度)이지마는 그 신제도는 일본인의 인정풍속(人情風俗)을 참작한 신제도라. 간단히 말하면 모든 사상과 만반제도(萬般制度)를 일본화한 것이라.[8]

이와같은 일본 평가는 일본에는 서구문명을 흡수·소화한 "산 학문"이 있다는 인식에서도 잘 나타난다. 다음의 글은 1920년대 말에 씌어진 것이지만 서구문물을 받아들여 동양 제일의 도시로 발전한 토오꾜오로 유학하는 것을 절찬한 유학생의 인식이 잘 나타나 있으므로 인용하기로 한다.

동경(東京)이란 곳이 오늘 동양에 잇서서는 제반 문물이 제일 발달된 도시요 각방면으로 다수(多數)한 학교와 다수한 학자를 가진 곳인 것은 여러분이 먼저 아실 것이거니와 사실에 잇서 학비만 허락한다면 우리 조선 학생으로서는 미국에 가는 것보다도 독일에 가는 것보다도 보편적으로 산 학문을 배워오기에는 동경만한 곳이 업슬 것을 단언합니다.[9]

유학생은 스스로를 '문명의 수입자'로 규정했다. 예를 들어 "동경 유학생이 장차 조선에 신문명을 수입할 유일한 기관이라 하야도 별로 과장하는 바가 업거늘"[10]이라고 주장했다. 그리고 그 역할에 의해 조선의 문화발전의 성패가 좌우된다고 인식했다.

일국일향(一國一鄕)의 문화의 정도(程度)가 타국타향(他國他鄕)을 불급(不及)할 시(時)에 비로소 유학이라는 현상(現象)이 생(生)하는 것이라, 이로 보건대 타국타향의 고등(高等)한 문화를 학습하야 고국구향(故國舊鄕)의 문화의 정도를 높히고저 함이 유학의 목적일 것이라, 유학의 목적이 진실로 여사(如斯)하다 하면 유학생은 문화수입의 매개자라. 우리가 매개를 잘하면 조선의 문화는 증진하고 우리가 매개를 잘못하면 조선의 문화가 감퇴(減退)할 것이라. 따라서 조선 민족의 장래의 복리(福利) 여하가 아등(我等)의 쌍견(雙肩)에 계(繫)함이 다(多)하니 아등(我等)의 책임을 엇지 적다 하리요? 조선 민족이 현대의 최고 문명에 순응하야 복리를 증진할 수 잇게 됨도 제군 유학생의게 달니고, 이와 반대로 조섬민족이 아조 열패(劣敗)하야 자멸(自滅)을 초(招)함도 제군 유학생의 일거일동(一擧一動)에 계(繫)한 줄을 제군은 몬저 깁히 각오(覺悟)하라.[11]

그러나 서구문명의 수입이 초래할 폐해와 수입의 방법을 둘러싸고는 의견이 갈려 있었다. 서구문명의 수입으로 조선의 고유문화가 해체된다 하여 급진적인 문명수입을 반대하는 의견과, 폐해를 두려워 말고 '근대화의 표본'을 하루바삐 수입해야 한다는 의견이 팽팽히 맞섰다. 이러한 두 의견을 대비시켜 논쟁을 불러일으키려는 편집자의 의도가 있었는지 알 수 없지만, 1915년 5월호와 6월호의 『학지광』에 연속으로 양쪽 의견이 게재되었다. 처음 것이 반대론이고, 다음 것이 찬성론이다.

현금(現今) 문명을 수입하야 제반 사업을 개척하며 혁신함은 우리의 목적이나 연(然)이나 제자(諸子, 조선인 일본유학생)가 조선의 정도(程度)를 부지(不知)하고 단도직입적으로 파괴를 시(施)할진대 도리혀 조선 사정(事情)의 배척(排斥)을 수(受)하야 쟁란(爭亂)을 기(起)하기 이(易)하며 우(又) 제자(諸子)가 조선의 인사(人事) 구습(舊習)을 다 비시(卑視)하고 곽청신축적(廓淸新築的)으로 건설을 도(圖)할진대 이속만풍(夷俗蠻風)의 동화(同化)를 여(與)하야 정신까지 멸(滅)하기 이(易)할이니. 차(此)가

실로 위험한 조건이라 엇지 금일 세계적 지식(智識)을 수(修)하는 제자(諸子)의 각오(覺悟)할 바이 안일이오.[12]

근경(近頃)에는 사회개량(社會改良)에 노력하는 이의게 '제 것 보존'과 '남의 것 수입'의 이주견(二主見)이 잇겟다 하얏소. (…) 양주견(兩主見)이 현사회에 동일(同一)히 절대적으로 필요하다던지, 이 주의(主義)의 실행(實行)이 언제든지 사회진보에 반수(伴隨)한다 하는 것은 장제(長提)치 안이하겟소. 요(要)하면 순서의 선후가 귀중한 문제일 터이오. (…) 나는 감히 '남의 것 수입'이 제일순서(第一順序)로 잇슬 것이라 하오. 위치의 교환뿐만 안이라 속보적(速步的)으로 실행이 잇서야겟다 하오. (…) 신(新)을 아러야, 구(舊)됨을 알 것이오, 타(他)를 알어야, 아(我)의 여하(如何)함을 잘 알는 것과 갓치, '남의 것 수입'은 문명을 증진하는 표본을 만드는 것과 갓흔 동시에, 자타(自他) 문명의 정도(程度)를 비교하는 척도라 하오. '남의 것 수입'이라 함은 남의 단(短)한 것을 수입함이 안이오, 남의 장(長)한 것—문명을 수입함이니, 수입에 반드시 해(害)가 반수(伴隨)한다 함도 공론(空論)에 주(走)함이 안일가 하며, 극렬(劇烈)한 직접 수입의 결과에 용비(冗費)와 사치(奢侈)며 풍속문란(風俗紊亂)의 폐(弊)까지 발생치 안이함은 안이나, 사업의 급긴(急緊) 문제에는 소부(小部)의 하자(瑕疵)를 패념(掛念)할 수 업슬 것이오. 사업 진보의 시간문제에도 역(亦) 하자를 피(避)치 못할 것이니, 수입을 만저 장려하여얏, 자존자만(自尊自慢)하는 보수(保守)가 적게 되고 향상진보(向上進步)하는 경향이 강할 것이며, 더욱 관중(貫重)한 문제가 되는 것은 제 것만 가지고 향상 발전하는 것보다, 남의 것을 비교하야 향상 발전하는 시간이 배속(倍速)할 것이라 함이니. 인간의게는 모방성(模倣性)의 속(速)한 발작(發作)이 잇슴으로.[13]

또한 문명의 수입자라는 아이덴티티는 여자유학생의 경우 '여성선각자' 의식으로 나타났는데, 이 점에 대해서는 다음 장에서 검토한다.

이상과 같은 1910년대 유학생의 인식은 근대 조선 민족주의 우파의 정치사상으로서 다양한 사회운동을 불러일으킨 실력양성론(實力養成論)[14]으로 뿌리를 내렸다. '조선 민족의 독립 역량의 부족'이라는 판단에 근거해 민족의 실력을 양성한 뒤라야 비로소 독립이 가능한다는 실력양성론은 일본유학생들 사이에 널리 수용되었다.[15]

요컨대 조선총독부의 유학생정책과는 달리 유학생은 선진문명을 수입해 조선에 신문화를 일으켜 독립을 달성하기 위한 실력을 키우고자 했다. 근대 조선 지식인에게 일본유학은 식민지 지배가 빼앗아간 근대화의 추진주체로서의 역할을 스스로에게 부과한 고도의 자발적 행위였던 것이다. 이러한 주체적 노력은 식민지 지배체제 아래서 근본적으로 제약을 받았고, 유학생들 중에서는 일본의 지배체제에 적극적으로 협력하는 자도 나타났음은 물론이다.

3. 새로운 일본유학 인식의 형성 : 1930, 40년대 여자유학생을 중심으로

상급학교의 진학 지향

일본의 고등교육 기관을 정점으로 하는 조선의 교육피라미드는 사람들의 의식과 행동에 큰 영향을 미쳤다. 즉 교육피라미드로 강력한 성취의식과 상승지향의 학력주의가 조선사회에 파급된 것이다.

여학생의 상급학교 진학율이 어느 정도였나를 몇가지 예로 살펴보면, 1920년 이후 중등과정을 졸업한 여학생의 20% 이상이 상급학교로 진학했고(《표 15》), 1924년 여자고등보통학교 7개교의 졸업생 222명 중

<표 15> 여학생의 상급학교 진학율

연도	학교급	졸업자수	상급학교 진학자수	진학율
1927	중등과정	395	107	27.1
1930	중등과정	551	142	25.7
1933	초등과정	2,107	748	35.5
	중등과정	1,253	255	20.4
	전문과정	93	–	–
1936	초등과정	12,110	2,827	23.3
	중등과정	1,098	246	22.4
	전문과정	100	3	3.0

주: 1) 초등과정은 관공사립 보통학교(4년제·6년제) 졸업생.
   2) 중등과정에서 1927, 30년은 공사립 여자고등보통학교 및 각종 실업학교 졸업생을
      합한 것임. 1933, 36년은 공사립 여자고등보통학교, 각종 실업학교 졸업생 외에 일
      본인 고등여학교의 조선인 졸업생도 합한 것임.
   3) 전문과정은 전문학교와 사범학교 졸업생.
   4) 1927, 30년은 조선총독부『학사참고자료(學事參考資料)』(1937)에, 1933, 36년은 조
      선총독부「관공사립학교졸업자상황(官公私立學校卒業者狀況)」,『조사월보(調査月報)』
      (제4권 11호, 1933 ; 제7권 1호, 1936)에 의함.

에서 상급학교(사범학교 포함)로 진학한 자는 135명(60.8%)이었으며, 그
중 일본으로 유학간 학생은 22명(전체의 9.9%)이었다.[16]

여자유학생(이하 유학생) A씨(니혼여자체육전문학교 1937~40)는 상급학교
진학지향과 그것이 일본유학으로 이어지는 과정을 다음과 같이 말했
다. A씨는 1921년 함흥에서 태어나 1937년에 영생(永生)여자고등보통
학교를 졸업했다. 경제적으로 넉넉하지 못한 가정에서 태어났지만 경
성에서 장사를 해 경제적 여유가 있는 언니부부의 도움(매월 30엔 송금)
으로 일본에 유학할 수 있었다. 졸업한 뒤 모교로 돌아와 체육교사로
근무했다.

태어난 집안은 대지주 아니라 보통 서민이죠. 여자 셋이 살았어요. 공부

는 많이 시킬 필요없는 시대였어요. 공부에 대해 어머니나 할머니나 관심 없었어요. 나 혼자 열심히 공부했어요. 국민학교 때부터 열심히 했어요. 특별히 가정에서 나를 어디까지 보내겠다고 한 것은 없어요. 그렇게 넉넉하지 못했어요. (…) 성적이 좋으면 심상과 졸업하고 자연즉 사범학교 가는 거죠. 선생님들이 나를 거기로 가라 했어요. 그렇지만 거기로 가면 코스가 뻔하다. 국민학교 선생 된다. 그게 싫어요. 여학교를 택해서 갔죠. (…) 처음 여학교에 들어갈 때는 여기가 끝이다고 생각했는데 (…) 2학년 때 체전 (니혼여자체육전문학교) 졸업하신 이기덕 선생님이 오셨어요. (…) 그때까지 배구부가 없었어요. 배구부를 창설했어요. 내가 멤버로 들어갔어요. (…) 체전 얘기를 안하는 날이 없어요. 계속 매일 하세요. 자꾸 듣다 보니 결정적인 영향이에요. 피알을 많이 했어요. 거기는 전수과(專修科)하고 본과 (本科)가 있는데, 한국 사람은 전수과로 많이 가요. 전수과 2년을 하면 교사자격증이 나와. 사범학교에 가서 2~3년 해도 국민학교 선생이 되는데, 일본 가서 2년 하고 오면 여학교 선생이 되는 거가 돼요. 그때부터 가고 싶다고 생각했어요. 그때부터 마음이 있으니깐 다른 생각은 하나도 없더라고. (…) 더 공부하지 않으면 그때 불타는 마음을 끌 수가 없어.

A씨에게 고향 마을에서 토오꾜오로 가는 길을 의식하게 해준 이는 이미 그 길을 걸어온 여교사였다. 보통학교 때부터 상급학교에 진학하고 싶어한 A씨에게 최상급학교에 갈 수 있는 길이 보이자, 그 길을 열망하게 된 것은 너무나 당연한 일이었다.

한편 1920년에 황해도 장연(長淵)에서 태어난 유학생 B씨(테이꼬꾸여 자전문학교 가사과 1937~40)의 경우는 자수성가한 부모님 슬하에서 '공부 해야 한다'는 가르침에 따라 보통학교를 졸업한 뒤 마을을 떠나 경성 의 진명여자고등보통학교로 진학했다. 아버지가 일본유학을 반대하며 조선의 여자전문학교로 진학할 것을 권고해서 B씨도 처음에는 아버지 생각에 동의했다. 그러나 B씨는 토오꾜오로 유학가는 학우에 비해 자신이 "뒤떨어진다"고 느껴 아버지의 반대를 무릅쓰고 유학을 결심했다. 교육피라미드의 정점(일본유학)까지 올라가지 못한 채 도중에서 낙오하는 자신을 용납할 수 없어 방향을 변경해 일본유학을 단행한 것이다.

(장연이라는 곳은) 자녀를 키워서 서울로 보내. 학문을 가르쳐야만 한다는 게 주민들 모두 생각하고 있었던 목표였던 것 같고, 여자도 동등하게 공부를 시켜야 한다는 게 공공연하게 되어 있었고, 그렇게 부자는 아니었지만, 민도가 좀 높았던 것 같아요. (…) (저희 집도) 어디까지든 공부를 시켜야 한다고 생각하고 계셨고, 아버지는 더 찬성하셨어요. 당신이 공부를 못했기 때문에, 남자나 여자나 공부만 잘하면 끝까지 시켰어요. 기독교가 널리 유입되어 중류 가정이라면 당시 딸들도 모두 경성으로 보냈습니다. 공부하는 사람이 정말 많았어요. 아이들을 키워서 경성에 보내 학문을 시킨다는 것이 주민들 모두의 목표였던 것 같습니다. 여자도 똑같이 공부해야한다는 생각이 당연시되고 있었습니다. 저희 집도 남자든 여자든 공부만잘하면 끝까지 공부를 시켜주었습니다. (…) 국민학교 6학년 되면서 과외공부를 하는데, 부모들이 시켰어요. 서울로 공부하러 가는 사람은 부모들이 시켰어요. (…) 아버지에게서는 근검절약이라는 거, 공부를 열심히 해야 인정받는다는 거, 그 두가지를 배웠어요. (…) 유학갈라고 생각한 것은 진명을 졸업할 당시 4학년 때인데, 일본으로 갔으면 좋겠다고 생각했는데, 아버지가 일본으로 가면 바람든다고. 여자가 일본 가는 걸 안 좋아하셨어요. 해서 일본 갈 생각을 감히 못하고 (…) 당시 숙명여대가 처음 생겨서 아주 괜찮은 대학으로 발족을 했어요. 그래서 숙명여대 합격증이 나왔어

요. 받았는데, 친한 친구들을 보니깐 전부 일본서 합격증을 받았더라고. 저만 떨어진 거 아니에요. 이미 시기는 늦었거든요. 일본도 입학원서가 대개 마감되고, 곰곰이 생각하니깐 나만 뒤떨어지는구나 하는 생각이 들어서, 나도 가야겠다는 생각이 들었어요. 그래서 아버지하고 상의를 안하고 담임 선생님께 졸라서 조사를 해보니깐, 제국여자전문학교가 학교 교사 면허증을 주는데 (…).

상승지향을 유도하는 교육피라미드는 근대 교육제도의 핵심적인 장치이다. 이 장치의 중요성은 그것이 사람들에게 새로운 모범적인 삶의 방식과 목표를 제공했다는 데 있다. 이 점은 유학생 C씨(토오꾜오여자고등사범학교 문과 1941~44)의 다음과 같은 구술에서도 알 수 있는데, 무역업에 종사하는 아버지가 딸의 교육에 열심이었던 덕분에 C씨는 마을에서 경성으로, 토오꾜오로 항상 위를 향해서 달려갔으며 그 난관을 돌파하기 위해 모든 노력을 기울였다.

1921년에 태어났어. 압록강변에 살았는데, 거기서 국민학교 나왔어. 우리 아버지가 "기집 아이들은 다 서울에서 공부해야 한다."고 기숙사에 처넣어. 아버지는 돈을 보내줘. 우리 아버지는 "너희들은 서울서 자라야 한다. 서울서 끝나면 전문학교는 일본으로 가야 된다."는 것이 아버지의 박힌 사상이야. (…) 아버지는 이북에 있으면서 서울에 가서 공부해야 된다 하면서 딸 셋을 전부 서울로 보냈어요. 그리고 전문학교는 일본 가서 해야 된다, 그게 주의야. 일본이 선진국이라고 생각하니깐. 한국에는 이화여전이 있었고, 조금밖에 없고 약했거든. 일본에는 제대(제국대학)가 있고, 전문학교도 많고, 동경여고사하고 나라여고사는 동양에서 제일 좋은 학교야. 그런 데를 가고 싶어서 나는 이화고녀 기숙사 방에서 새벽에 나가서 예배실로 가서, "나는 동경여고사를 꼭 붙고 싶다."고 기도하는 거야. 꼭 가고 싶다고. 밤새 공부하고, 새벽마다 기도하고, 그렇게 가고 싶은 거야.

사회진출을 위한 일본유학

일제시기에 교사, 의사, 약제사, 신문·잡지 기자, 예술가 등이 여성의 새로운 직업으로 등장했다. 다음의 〈표 16〉에서 알 수 있듯이 구술조사를 한 64명의 여자유학생 중 50명(78.1%)이 사회진출을 희망해 유학했다. 그중에서도 교사를 희망한 경우가 가장 많았다.

〈표 16〉 여자유학생의 유학목표

	목표	명수	백분율
없음		14	21.9
있음	교사	34	
	의사	7	
	약학 계통	5	
	양재 계통	1	78.1
	장사	1	
	사회사업	1	
	성악가	1	
총계		64	100.0

사회진출을 희망하게 된 이유가 여성으로서 새로운 자각을 가져서였던 사람이 14명(21.9%)이었다. 여성들이 봉건적인 가족제도에 희생되어 억압당하는 부당성에 눈떠 종래의 여성의 역할에서 벗어나 사회로 진출하고자 일본으로 유학했다는 것이다. 그중에서도 일본의 지배로 낙후된 민족의 현실과 함께 여성의 현실을 개선하는 데 조금이라도 보탬이 되고 싶어서 유학했다고 응답한 사람은 7명이었다.

우리 아버지가 선견지명이 있어서, 또 교육도 받은 분이라 "앞으로 여자도 절대로 자립해서 살 수 있는 자격을 따야 된다."고 하셨어. 일본 가서 다른 건 그만두고 의학이나 약학을 하라고. 내가 몸이 약하니, 약학을 하라고 선도해주셨지. (…) 고등학교 교육을 받으면서 앞으로 여자들이 해야 할 일이 많다는 것을 느꼈다고요. 그래서 사회에 나가서 활동을 하는 것도. 우리 어머니 보니깐 평생 부엌에서 사시는 거야. 큰 살림이고 대가니깐 식모가 있어도, 그저 앞치마 두르고 부엌에서. 아침, 점심, 저녁에 사랑방에 손님이 그칠 날이 없는 거야. 그저 살림에 젖어 있는 거야. 그걸 보고 나는 저렇게는 살고 싶지 않다. 그래서 나가서 활동을 하면 저렇게 살지 않아도 되고, 유사시에 남편이 죽거나 해도 이혼은 생각지 않고 혼자서 살 수 있는 직업이다 해서 한 거야. 여학교 3학년 정도인가, 그때가 되어서 장래 진로를 생각하는데, 전문학교에 가야 될 텐데, 집은 넉넉하고 아버지는 공부하라고 하고, 진로를 내가 택해야겠다. 그렇다면 내가 살림에서 벗어나야겠다고. (…) 왜 여자가 공부를 해도 한평생 궂은 물에 손을 담그고, 남편 시중이나 들고 애나 키우고 살아야 하나, 보람이 없다. 저런 생활에서 탈피해서 건전한 생활을 하기 위해서는 내가 사회에 나가도록 해야겠다고 생각했어요(유학생 D씨의 구술, 테이꼬꾸여자의학약학전문학교 약학과, 1936~40).

주변에서 보니깐, 우리 어머니나 우리 올케나 보니깐 그 참 봉건 가정에서 여자들이 사는 건 노예 같더라고. 내 생각에 저렇게 고생을 하고 우리 올케는 그만 과로해서 죽더라고요, 폐병 걸려서. 시집가는 게 그렇게 싫더라고. 무조건 공부하고 싶고, 또 최귀란 선생 보고 주월경 선생, 두 선생님이 나라(나라여자고등사범학교)의 선배고, 여학교 때 보면 두 선생이 천사 같아서 "나도 저렇게 되어야지." 하는 게 크게 작용해서. 주변의 여성들을 보고 굉장히 반발하고 동정도 하고 회의가 느껴지고 여자라고 저렇게 인간성을 완전히 무시당하고 노예하고 다를 게 없다고요. (…) 저래서는 안되겠다고 생각을 어슴프레 느꼈죠. 그래서 학교라도 가보자 하는 생각이죠(유학생 E씨의 구술, 나라여자고등사범학교 가사과 1939~42).

이상 두 사람의 구술에서도 알 수 있듯이, 일본유학은 경제적으로 자립해 사회에서 활동하는 여성으로서의 자격을 얻는 길로 인식되었다. 예를 들어 1876년 개국 이래 여성의 의학교육에 관한 정부의 특별한 방침은 없었으나, 의료 분야에서 활동한 여성선교사의 영향으로 의사는 여성의 전문직업으로 일찍부터 인식되었다.[17] 또 의사가 되기 위해 처음에는 미국에 유학했으나, 합방된 뒤에는 일본으로 많이 유학했다. 앞 장의 여자유학생의 학과별 통계에서도 알 수 있듯이 의학과는 가정학과에 이어 재적수가 가장 많은 학과였다.

유학생 F씨(테이꼬꾸여자의학약학전문학교 의학과 1935~40)는 선조 대대로 지주인 집에서 태어났다. 한말 영국유학생이었던 아버지는 합방 전에는 통역 등을 담당한 중앙관료였으며, 합방 뒤에는 서양인과의 합작 광산회사에 근무했다. "딸이 일곱인데, 그중에서 의사가 나와야 하지 않느냐."는 부모님의 바람대로 F씨는 의사가 되기 위해 일본유학을 떠났다. 이에 대해 "우리 때는 황국신민으로 우리를 할라고 시켰잖아. 느끼고 자시고가 없어요. 우리 때는 시키는 대로 하는 거지. 지금 와서 대한민국이 되니깐 일본놈이 어떻게 했다 저쨌다 하지만, 그때에는 그런 생각을 감히 못했지. 우리는 '나 공부만 하면 됐지' 하는 거지." 하고 말했다.

한편 중등교사 양성기관이 설립되지 않았던 당시, 여성에게 있어 일본유학은 여학교 교사가 될 수 있는 진로로서 환영받았다. 예를 들어

유학생 G씨(테이꼬꾸여자전문학교 가사과 1939~41)는 강원도 홍천의 지주집에서 태어나 인근의 보통학교를 졸업한 뒤 경성의 동덕여자고등보통학교로 진학했으며, 교육에 열심이었던 부모님과 일본유학에서 돌아온 형제들의 권유로 여학교 교사가 될 것을 목표로 일본유학을 떠났는데, 다음과 같이 말했다.

특별한 이유는 아무것도 없고, 일본이니깐 공부를 하면 좋지 않느냐 해서, 부모가 자진해서 보냈어요. 부모님은 자식은 딸이라도 제대로 교육을 시켜야 한다고 생각하셨어요. (…) 큰오빠, 둘째오빠가 가서 했고, 딸도 계속해서 한 거지. 딸도 시켜야 된다 해서. 특별히 뭐가 되라는 말씀은 없었지만, 동덕(동덕여자고등보통학교) 정도 나오면 (일본유학 갔다오면) 다 선생이 된다는 것은 알거든. 그것에 준수한 거지. 내가 배운 것을 활용을 해서 애들을 가르치고, 이 다음에 사회에 이바지하게 한다. 그런 생각을 항상 하고 있거든. 학교 가면 선생이 된다는 거, 선생이 최고지 뭐. 선생이 된다는 생각이 있었지. (…) 일본이나 가야만, 학교의 교사 노릇도 하고, 그런 것이 환히 되어 있고. 여학교 정도 나와서는 잘 안된다는 정도를 아니깐 진행을 시킨 거지. 일본 여자들만 다니는 데가 우리 학교(동덕여자고등보통학교) 옆에 있었어요. 거기(테이꼬꾸여자전문학교) 졸업하면 선생이 될 수 있으니깐 무턱대고 다니는 거죠. (…) 한국 사람이 일본말을 잘하지 못하잖아요. 그럼 밤낮 "조센징노 쿠세니(조선 사람 주제에)"하면서 쿠세가 밤낮 들어가요. 하여간 조선 사람은 교육을 받아도 그것을 실천할 수 있는 사람이 아니다라고 평을 많이 했죠. 우리는 뭔지 모르고 따라만 가는 거지. 거기서 우리가 그 사람들한테 덤비겠어요. 어떡하겠어요. 그런 경우 수두룩 하니깐, 그 사람들이 하라는 대로 준수하다 온 거죠 뭐. (…) 아버지가 공부 많이 하라고 해서. 그러니깐 아버지가 너는 이 집안의 맏딸이니깐, 나를 데려가 집어넣었는데, 아버지는 니가 현재로 동덕만 나왔으니깐, 일본 가서 공부를 하고 오면 더 실력이 있을 거 아니냐 해서. 교사가 되는 거지. 옛날에는 선생이 되는 것이 최고여서 그런 길을 택해서 부모가 시킨 거야. 나 자신도 선생이 되겠다는 생각이 많았죠.

1917년에 함흥에서 태어나 아버지보다는 어머니의 이해로 여학교와 일본유학을 마칠 수 있었다는 유학생 H씨(여자미술학교 자수과 1936~39)도 일본유학의 동기로 교사 자격의 취득이 컸다며, 다음과 같이 말했다.

선생님이 상급학교 갈 사람 써내라고 해요. 친구한테 물어보니깐 이장춘, 최봉녀 선생의 사촌동생인데. 상급학교 갈 사람 적어내라고 하니깐 수근수근 서로 얘기하잖아. 어디로 갈까, 어쩔까. 그러다 장춘이가 얘기하잖아요. "애, 저기로 가라. 우리 언니도 거기로 갔는데." 그 소리를 듣고 힌트를 얻고 결정한 거예요. 자기 언니가 부유한 가정은 아닌데, 미술학교로 갔는데, 3년짜리에다 고등학교 선생 자격증을 주고, 취직도 잘되고. 자기 언니도 토지를 팔아서 가서 학비를 해서 공부하고 나와서 선생을 해서 책임지고 남동생을 공부시킨다는 약속을 하고 갔다고 그래. 수예, 재봉도 재미있으니깐. 그 소리를 듣고 간단히 결정하고, 집에 가서 의논도 없이 "나 간다." 하니깐 어디 가냐고 묻지도 않고 가라고. (…) 난 선생이 될라고 했으니깐 거기로 갔어요. 3년제에다 선생 자격증이 있으니깐 매력이 있는 거죠. 내 조건에 맞는 거지. 졸업하고 2년 취직하고 그리고 결혼했어요.

좀더 앞선 곳으로, 중심부로
식민지지배로 조선은 일본제국 '내지(內地)'의 '외지(外地)'가 되었으며, 내지는 일본제국의 권력과 문화의 총본산인 메트로폴리스가 되었다. 때문에 "동경(東京)은 동방의 '런던'이오 신아세아(新亞細亞) 문화의 총본산이라는 의미에서 여(余)는 애착을 가진다. 여일(余一) 동경역에만 도착하면 가슴이 넓어짐을 느끼며 어쩐지 기운이 용소슴침을 느끼군 한다."[18]고, 한 지식인의 심정이 기행문 속에 토로되어 있는 것처럼, 지식인 중에서는 문화의 중심부인 토오꾜오에 특별한 애정을 느낀 사람도 적지 않았다. 그리고 일본에서 6년 만에 조선으로 돌아온 한 지식인이 다음과 같이 세태풍자를 했듯이, '조선=외부=주변' '일본=내부=중심'이라는 의식이 여러 형태로 조선인에게 각인되어갔다.

나는 향촌에 돌아와서 촌로(村老)에게 반갑게 인사햇다. 촌로는 "아 그래, 자네 내지(內地)에 들어가 잇다더니 언제 왔나?" 나는 그 말에 다시 대답할 용기가 업섯다. 촌로뿐 안이라 우리 시골서는 관공리(官公吏)야 물론이지만은 보통 시정인(市井人)도 의례히 내지(內地)를 일본의 대명사로 쓴다. (…) 나는 수년 전에 부산(釜山)에서 이런 일을 당햇다. 경성(京城)서 부산으로 남행(南行)하는 기차를 '上り(상행)'라고 하는 것을 보고서 "엇재 그러냐"고 부산인사(釜山人士)더러 물으닛가 "하이고 일본 신문기자가 그것도 이적지 몰럿나? 아이가 아이가 (…) 동경 가는 차잉게 그럿치이." 하는 핀잔을 시퍼럿케 먹엇다. 그분은 나를 풍자(諷刺)하는 구조(口調)이엿다. 나는 그만 무언무답(無言無答)이엇다.[19]

사람들은 더 앞선 중심부, 식민지 본국에서 교육받는 것을 희망하고 꿈꾸게 되었다. 이에 대해 유학생 I씨는 "이왕이면 서울 가는 것보다 일본 가는 게 좋지. 더 넓은 데서 배워오면 좋겠다 싶어서. (…) 유학 가면 공부를 더 배운다는 인식이 있었거든. 더 좀 배워보자는 마음이지. 그래도 졸업하고 시집가서 이렇게 하고 살지만, 안 배운 사람보다 배운 사람이 뭐라도 나을 거라고 생각해. (…) 목적은 별로 없었어. 좀 더 일본서 넓은 데서 배워본다는 마음으로"라고 말했다. 평양의 상인 가에서 태어난 I씨는 미션스쿨인 정의여자고등보통학교를 1935년에 졸업해 선생님의 추천으로 역시 미션스쿨인 도시샤여자전문학교 가정 과(1935~38)에 유학했다.

그리고 평양에서 정미소를 경영하는 가정의 네 형제 중 막내로 태어나 유일하게 고등교육을 받은 유학생 J씨(니혼여자대학교 가정학부 1938~41)도 일본유학에 오르기까지의 생각을 다음과 같이 말했다. J씨는 일본이 조선을 지배하고 있기 때문에 일본이 조선보다 훨씬 앞서 있을 테고 학교도 당연히 우수할 것이다, 그렇다면 일본에 가고 말겠다고 생각했다 한다. 조선에서 일본으로의 유학은 낙후된 곳에서 더 앞선 곳으로, 저변에서 중심부로 가는 행위로 인식되고 있었던 것이다.

나는 공부하겠다는 생각이 간절해서 (…) 나는 공부할 거다, 하여야만 된다는 열의가 많았지. (…) 나는 어렸을 때는 사범 가서 국민학교 선생 하겠다고 생각했거든. 여학교를 사립에 가니깐, 오히려 사범 갈 생각은 없어지고, 왜냐하면 공립학교는 많이 들여보내주고 사립학교는 많이 들여보내주지 않았다 말이야. 그에 대한 감정이 나쁜 거야. 내가 뭐 하러 사범 가나, 국민학교 선생 안한다 말이다. 그러니깐 일본으로 가야겠다고 생각했어요. 이화대학 같은 데를 왜 안 가냐 하면, 역시 식민지시대는 사립대학을 좀 누르니깐 그 학교가 발전을 못하더라고. 우리 학교에서 낙제한 아이도 가고 수준이 낮았어요. 그래서 이화대학은 안 간다. 일본유학을 간다고 생각해서 몇 아이들끼리, 가자 가자고 친구 간에 의논이 되고 해서, 아버지에게 "나 일본 가겠소" 하니깐 아버지가 걱정이 된 거죠. (…) 나이센잇따이(내선일체)라고 해서, 그 교육을 안 받는다고 하지만, 받았죠. 그러니깐 우리는 그저 가면 일본으로 가는 거지. 미국 같은 것은 생각 밖이었어요. (…) 일본 사람하고 우리가 접해서 사니깐 일본이라는 데는 가까운 데죠. 우리보다 별것도 아닌 거고 같이 가서 공부할 수도 있는 거고. 어렵게 생각을 안 했어요. (…) 걔들이 우리를 지배했으니깐 우리보다 낫겠지 생각하고. 또 모든 물자니 시설이니 일본보다는 다 뒤떨어졌죠. 그 사람들 지배하에 우리가 있으니깐, 우리가 일본말 해야 되고, 창시를 해야 되고, 그 나라가 우리보다 물론 앞섰고. 또 우리 교육받은 게, 그저 메이지유신이 어떻게 돼서 이렇게 훌륭하게 되고, 러시아를 치고, 중국을 치고, 러시아를 이겼다고. 그러니깐 훌륭한 나라죠. 만날 일본 사람한테 먹힌 나라니깐, 일본이 우리나라보다 훨씬 낫다고. 거기 가서 배워야겠다고 생각을 했어요.

'동경'의 일본유학

더욱 앞선 중심부로 가고 싶다는 생각은 토오꾜오에 대한 동경(憧憬)으로 고조된다. 특히 근대적 산업이나 근대적 기술·지식을 경제적 기반으로 하는 일부 사회계층에서는 일본유학이 유행이 되었다.

유학생 K씨(테이꾜꾸여자전문학교 가사과 1940~41)의 집안은 대대로 지주였던 지방 유력자의 가문인데, 아버지가 정미소 경영에 성공해 경제적으로 더욱 부유해진 집안 출신이었다. 다음의 구술에서 일본유학을 동경한 당시의 분위기가 잘 드러난다.

졸업할 무렵 되니 친구들이 가니깐 간 거나 마찬가지지. 공부할라고 간 것보다도. 많이는 안 갔지만, 친구들이 어디 간다, 어디 간다 그래요. 나도 뭐 집에 사정이 갈 만하지 갈 생각을 해야겠다고. (…) 유학은 아코가래(동경憧憬)지. (여학교)기숙사 생활이니깐, 모이면 동경유학 가는 얘기. 4학년에 올라가 (일본으로) 수학여행을 가니깐, 선배 언니가 치요다(千代田女子專門學校) 다니는데, 찾아왔는데 "와 멋있다. 평양에 있을 때 촌스러웠는데 신여성되니깐 멋있다."고 그랬다고. 우리 오빠도 일본대학인가 중앙대학인가 다니고 있었고, 5촌도 일본에서 공부하고 있었고, 동경 가는 걸 아코가레 했었어.

아버지가 장사에 성공해 부를 이룬 유학생 L씨(니혼여자대학교 가정학부 1941~44)는 지방 유력자의 딸로 함남(咸南)고등여학교(일본인 학교)에 다니면서 다른 조선인 여학생들의 주목을 받았다. L씨의 구술에서도 일본유학이 화젯거리였고 유행이었음을 알 수 있다.

어려서부터 나를 최고 공부시킨다고 그러셨기 때문에, 자연히 귀에 붙어서. 어려서부터 일본유학 물론 나 시킨대요. 조그마할 때부터 그랬어요. 내가 일본여자대학 간다고 하니깐, 반에 쫙 소문이 날 거 아니에요. 생각지도 않은 애들도 모두 일본유학을 따라했다고요. 내가 확실하게 가기 때문에 다른 애들도 많이 왔다는 걸 내가 알아요. 내가 선두에 서서 요지부동으로 가는 거고, 다른 애들은 부모가 반대해 못하게 하고 이랬잖아. 갈 엄두를 안 냈던 아이들이 제법 유학 오게 됐어요. (…) 부모님은 날 직업 갖게 할 생각은 없었고, 시집 잘 가면 좋다는 거겠죠. 교양을 갖추라 이거지. 견문을 넓히고 분위기를 맞추고, 분위기에 젖어오라는 거지. 그때 다 일본이 유행이 되었더랬어요. 일본으로 더 잘 갔지. 서울로 오는 사람도 많았지만, 이왕이면 일본 가지 하고.

문화의 중심지, 토오꾜오에 대한 막연한 동경심은 구체적으로 어떻게 형성되는 것인가. 이에 대해 유학생 M씨(와요오여자전문학교 가사과

1942~45)의 구술은 시사하는 바가 크다. M씨는 대대로 지주인 집안에서 태어났으며, 아버지가 토오꾜오와 독일에 유학했고 일본 주재 독일 대사관에 근무한 적이 있었다.

그때 당시에는 그 학교(보통학교)에서 (여학교 가는) 여자가 유사 이래 처음이에요. 그 학년에 교장 딸하고 나하고 둘뿐이었거든요. (…) 내가 동경(東京)으로 가고 싶어한 이유는 여러가지 있겠는데, 막연히 아꼬가레루(동경하다), 동경을 했다고 보겠는데, 첫째 이유는 우리 학교 가까이에 일본 사람 소학교가 있었어요. 개네들은 세라복 입고 아주 단정하게 란도세루(어깨에 매는 학교가방) 가죽으로 전부 통일되었어요. 그렇게 입고 다니고. 그런데 우리는 구질구질하게 코 흘리고 바지 입고 가난한 사람, 부자 사람, 빨간 댕기 드리고, 촌스러운 것을 싫어했어요. 구질구질했어요. 일본으로 가서 교육을 받아야 저렇게 멋있지 않겠는가, 세라복을 입고 싶은 것도 있었고. 또 한 가지는 내가 직접적으로 체험은 안했는데, 일본 아이들이 우리를 굉장히 업신여겼잖아요. 간접적으로 받거든요. (…) 한번은 장터에 갔어요. 지나가게 됐는데, 하얀 두루마기를 입은 할아버지 옷에 빨간 물을 다 칠하더라고. 일본 아이들이. 경찰에서 시키는 거에요. 염색해서 입어라 이거지. (…) 그걸 보고 내가 어린 마음에 무섭고 흥분했어. 남의 옷에다가 저렇게, 막 도망가고, 한국 사람이 그랬지. 시키니깐 돈 받아먹고. (…) 또 그러고 시골에 있다 보니깐, 내가 조금 까다로웠다고 해요. 아낙네들 쪽찌는 거, 단정히 해서 땋지 않고 아무렇게나 하는 거 아주 싫어했어요. 땅에 코 푸는 것도 그렇고. 촌스럽게 그냥 행동하는 거 못마땅했어요. 어린 마음에 공부를 훌륭하게 해갖고 와서 선생이 돼야지 생각했어요. (…) 그러니깐 일본 가서 공부하는 것을 최선이라고 생각한 거야. 일본의 소학교 아이들을 보고 대접받고, 사람 대접받고. 우리 집안이 공부를 안하면 사람이 아니다는 것이 우리집의 분위기였어요.

M씨가 갖고 있던 토오꾜오의 이미지는 '쎄일러복을 입고 단정한 복장'을 한 일본 아이들에 의해 만들어졌다. 그러나 그녀가 토오꾜오를 동경한 것은 이러한 이미지 때문만은 아니었다. 이 이미지와 정반대편에 있는 '구질구질 콧물 흘리고 촌스러운' 조선의 아이들과, 길거리나 시장에서 박해받는 조선인, 자신은 어쩔 수 없이 그러한 조선인이라는 자각에서 비롯된 것이다. 즉 '일본인처럼 훌륭해지고 싶다면' '사람으로 제대로 대우받고 싶다면' 조선을 떠나 토오꾜오로 갈 수밖에 없다는 의식이 자라났기에 토오꾜오를 동경했던 것이다. 문화의 중심부를 향한 사람들의 열망은 어떤 의미에서는 당연한 것이겠지만, 식민지 사람들의 메트로폴리스 동경은 자기를 부정할 수밖에 없는 굴절된 것이었다고 하겠다.

'너무도 당연한' 일본유학

나아가 일본유학을 당연히 여기는 인식이 퍼져 있었다. 예를 들어 "우리 셋째 삼촌이 나 여학교 때 (일본유학) 갔어. 나도 그때 일본 가겠다고 생각했지. 가겠다 오겠다 어쩔 거 있나. 으레 가는 건 줄 알았지."라는 유학생 N씨(니혼여자대학교 가정학부 1926~30)의 구술처럼, 특히 가족이나 친척이 이미 일본유학을 한 경우 유학을 당연한 것으로 생각했다.

"재주가 있으니, 또 재력도 있으니, 우리보다 못한 집 애들도 가는데 가야 되지 않느냐, 의당히 간다고 생각했죠."라는 유학생 O씨(테이꾜꾸여자의학약학전문학교 약학과 1939~42)의 구술에서 알 수 있듯이, 특히 경제력이 있고 공부도 잘하는 경우에는 일본유학을 너무도 당연히 여기고 있었다.

이처럼 일본유학은 '대단한 이유도 필요없는' 당연한 것으로 되어 갔다. 유학생 P씨(도시샤여자전문학교 가정과 1936~39)가 "아버지가 일본 가서 했으니깐, 나도 일본 가서 했으면 좋겠다고. 경도(京都)가 조용하고 좋다고. 생활하는 거나 우리는 일본을 따라가지 못하지. 그때 일본 가라고 해서. 그때 우리는 가는 걸로 알지. 우리 아버지 교육은 철저하니깐. 일본 가는 거 어렵게 생각 안하고, 그렇게 가는 건가 보다 하는 정도지." 하고 말하듯이, 유학생 Q씨(요꼬하마여자신학교 1937~40)도 "결국에는 분위기야. (…) 그때는 내선일체니 해서 일본은 한국하고 하나다, 아무래도 어려서부터 그런 교육을 하도 받으니깐 내 집 드나들듯이, 여기서 공부하나 거기서 공부하나 그저 거기가 거기다는 식으로 많이 생각을 했어. 그렇게 멀다고 생각을 안하고 그랬지. (…) 일본유학 가는 건 그저 다들 으레 거기 유학하는 걸로 (…) 그때는 일본이 자기 나라같이 생각을 했으니깐, 민족은 달라도 일본제국으로 행세를 했을 때니깐, 자연스럽게 간 거 같애."라고 말하듯이 토오꾜오로 가는 길이 있기 때문에, 또는 그곳으로 갈 수 있도록, 아니 갈 수밖에 없도록 만들어져 있고 가야 좋은 것으로 되어 있었기에 사람들이 간 것이다. 또한 "내 집 드나들듯이" "(일본이) 그렇게 멀다고 생각을 안하고"라는 Q씨의 구술에서 나타나듯이, 일본의 식민지지배의 심화와 함께 식민지 본국의 문화에 대한 거리감이 없어져서 사람들은 당연한 듯이 '자연스럽게' 토오꾜오로 '들어간' 것이다.

내선일체라는 식민지지배의 기본방침은 바로 조선인이 식민지 본국의 문화를 '멀고 낯설게' 느끼지 않고, 그 문화의 일부로 흡수될 수 있도록 해 식민지의 본국에 대한 문화적 의존성을 확대해가고자 한 것이다. 이러한 문화적 의존성은 일본어 상용, 신사참배 등의 직접적인 문화적 지배장치보다 오히려 중심부를 향한 사람들의 동경과 선망에 의해 심화되어간다. 일본유학에 대한 이상과 같은 새로운 인식을 통해 조선사회에 식민지 본국에 대한 '문화적 선의(善意)'[20]가 확산되어갔음을 확인할 수 있다.

요컨대 일본유학은 일부 사회계층이나 집단이 공유하는 문화적 행위로 되어갔던 것이다. 교육피라미드의 계단을 밟아 위로, 위로 올라가고자 하는 열망, 사회진출과 상승에 필요한 자격획득의 욕구, 토오꾜오라는 문화중심지에 대한 동경이 서로 얽혀서 일본유학은 마치 너무도 당연한 것처럼 간주되기에 이른 것이다. 이는 앞 절에서 분석한 1910년대의 유학생과 같이, 일본은 아시아의 동종 문화가 여과해 발전시킨 서양문명을 섭취할 수 있는 절호의 장소라는 이유에서가 아니라 그냥 너무도 당연하게 더욱 앞선 중심부 일본으로 사람들은 가고자 했던 것이다.

반면 2장에서 소개한 조아라(1931년, 수피아여학교 중등과 졸업)의 경우처럼 조선의 마을에서 식민지 본국의 메트로폴리스로 향하는 길은 식민지지배가 만들어낸 길이므로 가서는 안되는, 거부해야 하는 길로 인식해 일본유학을 기피한 예도 있었음을 간과해서는 안될 것이다.

| 제4장 |

여자유학생의 일본 경험

식민지 출신 여성의 자기인식을 중심으로

1. 여성선각자 의식

유학중의 경험을 글로 남긴 경우가 매우 적어 이를 상세히 분석하기는 어렵다. 이 절에서는 1910년대 중반부터 1920년대 초기에 걸쳐 동경조선유학생학우회 기관지 『학지광』과 조선여자유학생친목회 기관지 『여자계(女子界)』[1]에 발표된 글을 중심으로 여자유학생의 선각자 의식을 살펴보고자 한다.

1913년 4월 여자미술학교 서양화부에 선과생(選科生)으로 입학한 나혜석(羅蕙錫)[2]은 이듬해 12월 『학지광』에 「이상적 부인」이라는 자신의 최초의 논설을 발표해 1890년대 이후 보급되어온 현모양처론을 강하게 비판했다.

개국한 뒤 인구의 반을 차지하는 여성을 근대국가의 일원으로 통합

해나가고자 새로운 젠더론(여성의 성역할론)이 1890년대의 계몽운동, 20세기 초의 애국자강운동(愛國自强運動)을 통해 확산되었다. 여성을 자손 생산, 가사 처리, 시부모 봉양, 제사 준비를 하는 일가의 며느리로 보는 종래의 입장에서 탈피해, 어머니(자녀교육자), 아내(남편 내조자), 나아가 주부(가정책임자)로 새롭게 규정했고, 여성교육도 현모양처주의에 입각해 이루어지게 되었다(7장 참조).

이러한 사회적 배경 위에서 일본의 여학교를 모델로 세워진 진명여학교에서 교육을 받은 나혜석은 토오꾜오에 유학한 지 채 2년도 안되어 여성은 현모나 양처라는 본분에만 속박되지 말고 개성을 자각한 선각자가 되어야 한다며, 다음과 같이 주장했다.

관습에 의하야 도덕상(道德上) 부인, 즉 자기의 세속적 본분만 완수(完守)험을 이상이라 말헐 수 웁도다. 일보를 갱진(更進)하야 차(此) 이상(以上)의 진비(進備)가 웁스면, 안이될 줄노 생각헌 바요, 단(單)히 양처현모(良妻賢母)라 하야 이상을 정(定)험도, 필취(必取)헐 바이 안인가 허노라. 다만 차(此)를 주장허는 자는 현재 교육가의 상매적(商賣的) 일호책(一好策)이 안인가 허노라. 남자는 부(夫)요 부(父)라. 양부현부(良夫賢父)의 교육법은 아즉도 듯지 못하얏스니, 다만 여자에 한하야 부속물(附屬物)된 교육주의(敎育主義)라. 정신수양상으로 언(言)허드래도, 실로 자미(滋味)웁는 말이라. 또 부인의 온양유순(溫良柔順)으로만 이상(理想)이라 험도, 필취(必取)헐 바가 안인가 허노니, 운(云)허면 여자를 노예 맨들기 위하야, 차(此) 주의(主義)로 부덕(婦德)의 장려(獎勵)가 필요허엿섯도다. 연(然)헌 중(中) 금일의 부인은 장장시간(長長時間)에 남자를 위하야만 진무(盡務)케 허는 주의(主義)로 양성(養成)헌 결과, 온양유순(溫良柔順)에 과도(過度)하야 기(其) 이상(理想)은 태(殆)히 이비(理非)의 식별(識別)

88

까지 부지(不知)허는 경우에 지(至)험이라. 연(然)허면 여하히 허야 각자적(適)헌 여자가 될가. 무론(無論) 지식(知識) 기예(技藝)가 필요타 허겟도다. 하사(何事)에 당(當)허던지 상식(常識)으로 좌우를 처리헐 실력이 잇지 안이허면 안이 되겟도다. 일정헌 목적으로 유의의(有意義)하게, 자기 개성을 발휘코저 허는 자각을 가진 부인으로서, 현대를 이해헌 사상, 지식상 급(及) 품성에 대하야, 기(其) 시대의 선각자가 되여 실력과 권력으로, 사교(社交) 우(又)는 신비상(神秘上) 내적(內的) 광명(光明)의 이상적(理想的) 부인이 되지 안이허면 불가헌 줄노 생각허는 바라.[3]

나혜석은 연이어 『학지광』 지면을 통해 토오꾜오에 유학하고 있는 여성들에게 이제부터 여자다워야 한다는 규범이나 태도에서 벗어나 "사람다운 여자"가 되어야 한다고 주장하며,[4] "언니! 어셔 공부해가지고 사업함세다."[5]라고 호소했다.

유학중에 나혜석이 어떤 신지식에 접했고, 누구의 영향을 받았으며, 여성으로서 어떠한 경험을 해, 위와같은 의식에 도달했는지 구체적으로 알 길은 없다. 「이상적 부인」의 상단에 『인형의 집』의 노라(Nora) 등 문학 속의 여성이나, 『톰 아저씨의 오두막집』을 쓴 미국 여류작가 해리엇 비처 스토(Harriet E. Beecher Stowe), 히라쯔까 라이쬬오(平塚らいてう)*, 요사노 아끼꼬(與謝野晶子)** 등의 이름이 열거된 것을 보

---

* 히라쯔까 라이쬬오(1886~1971): 토오꾜오 출생. 1906년 니혼여자대학교 가정학부 졸업. 1911년 잡지 『세이또오(靑鞜)』 발간. 창간호의 「원시여성은 태양이었다」 선언으로 유명. 그뒤 엘렌케이의 영향을 받아 모성주의로 나아감. 정조, 낙태, 모성 보호논쟁에서 연애, 결혼, 출산의 자유를 주장. 패전 후에는 평화운동의 선두에 섬. 1953년 부인단체연합회장에 선출됨.
** 요사노 아끼꼬(1878~1942): 오오사까후(大阪府) 사까이시(堺市) 출생. 1901년

면 나혜석이 일본에서 남녀동권(同權), 여성의 사회진출과 역할 등에 관한 신사조의 영향을 받았음은 말할 나위도 없다.

나혜석은 여자미술학교를 졸업하기 직전인 1918년 3월 『여자계』(제2호)에 「경희」라는 소설을 발표하여 선각자상을 구체적으로 제시했다. 주인공 경희는 일본유학생으로 양재에 능하고 과학적인 가사 처리 지식을 풍부하게 갖추고 있는 점으로 보아 토오꾜오에서 가정학을 배우고 있는 것으로 상정할 수 있다. 나혜석은 소설에서 여름방학 때 조선으로 돌아와 가사나 독서로 바쁜 나날을 보내는 경희의 다음과 같은 두가지 경험을 다룬다.

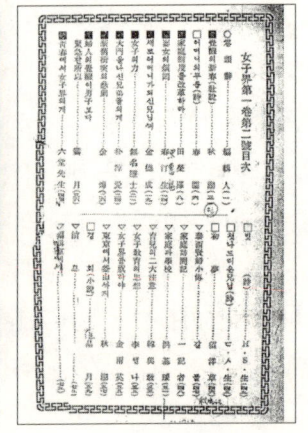

나혜석(왼쪽)과 소설 「경희」가 실린 『여자계』(제2호)의 목차 페이지(오른쪽).

시집 『흐트러진 머리(みだれ髪)』를 발표해 낭만과 문학에 새바람을 일으킴. 러일전쟁 때 반전시 「그대 죽지 말아주옵소서(君死にたまふことなかれ)」 발표. 사회문제와 여성문제 평론가로도 활약. 히라쯔까 라이쬬오와의 모성논쟁으로 유명.

하나는 소위 구여성의 비참한 처지와 구가정의 후진성, 그리고 신여성에 대한 불신과 의문의 눈초리 등과 같은, 경희가 매일같이 경험하는 모순들이다. 경희는 신·구 여성 모두가 직면한 문제들을 경험하면서 "내가 가질 가정은 결코 그런 가정이 아니다. 나뿐 아니라 내 자손 내 친구 내 문인(門人)들의 맨들 가정도 결코 이러케 불행하게 하지 안난다. 오냐 내가 꼭 한다."[6]며 의식을 새롭게 한다.

또 하나는 결혼문제이다. 유학을 중단하고 부잣집 아들과 결혼할 것을 강요하는 아버지에게 경희는 다음과 같이 항변한다. 경희는 노예와 별 다를 바 없는 여성들의 삶을 강요하는 것을 거부하고자 한 것이다.

그거슨 넷날 말이야요. 지금은 계집애도 사람이라 해요. 사람인 이상에는 못할 거시 업다고 해요. 사내와 갓히 돈도 버를 수 잇고, 사내와 갓히 벼슬도 할 수 잇셔요. 사내 하는 거슨 무어시든지 하는 세상이야요. (…) 먹고만 살다 죽으면 그거슨 사람이 아니라 금수(禽獸)이지요. 버리밥이라도 제 노력(努力)으로 제 밥을 제가 먹는 거시 사람인 줄 압니다. 조상(祖上)이 버러논 밥 그거슬 그대로 밧은 남편의 그 밥을 또 그대로 엇어 먹고 잇난 거슨 우리집 개나 일반(一般)이지요.[7]

그러나 경희는 불안에 떨며 장래 선택을 고민한 뒤에 여자이기 앞서 사람이라는 자각을 더욱 확고히해 다음과 같이 외친다.

경희도 사람일다. 그 다음에는 여자다. 그러면 여자라는 것보다 먼저 사람일다. 또 조선사회의 여자보다 먼저 우주 안 전인류(全人類)의 여성일다. 이철원(李鐵原) 김(金) 부인의 딸보다 먼저 하나님의 딸일다. 여하튼 두말할 거시 업시 사람의 형상(形狀)일다. 그 형상은 잠깐 들씨운 가죽뿐 아니라 내장의 구조도 확실히 금수(禽獸)가 아니라 사람일다. 오냐, 사람일다. 사람으로 보이지 안는 험(險)한 길을 찾지 안으면 누구더러 차지라 하리![8]

이렇듯 나혜석은 경희를 통해 자신의 의사대로 결혼할 뿐만 아니라 낡은 가족제도 속에 안주하지 않고 가정을 새로이 개량하고 나아가서는 그 신사상을 사회에 전파하고자 하는 여성 선각자상을 제시했다. 물론 나혜석의 의식 속에는 가정 내의 역할보다 사회활동에 더 힘을 쏟는 여성상도 있었기 때문에, 유학기간 내내 이 두가지 여성상이 나혜석의 내면에서 충돌했음을 상상하기 어렵지 않다. 졸업을 앞두고 발표한 소설에서 나혜석은 여성 선각자상으로 자신의 의사제일주의, 구습·구사상 타파, 사회적 역할 이 세가지를 제시했다고 하겠다.

이상과 같은 나혜석의 인식은 다른 여자유학생의 공감을 불러일으켰다. 예를 들어 박순애(朴淳愛, 학교 미상)는 「대문을 나선 형제들에게」라는 글을 1918년 3월 『여자계』에 투고했는데, "근일(近日) 조선 여자계(女子界)에도 이 문명의 광선(光線)을 보고 눈을 뜨고 자리에서 일어나 대문을 나서게 된 사람도 잇게 되엿소. 자유가 무엇이니 이상이 엇더니 하야 이제부터는 여자도 사람의 대우를 밧으야 될 줄 아는 사람도 간혹 잇게 되엿습니다."[9]라며 여자유학생의 근황을 소개한 뒤 나혜석에게 응답이라도 하듯이 다음과 같이 서술했다.

우리는 무엇보다도 사람다온 이상이 잇셔야겟소이다. 우리 책임을 자각하야겟소이다. 교육을 밧으면 밧기 전보다 부모에게 대한 효성도 더 극진하야겟고, 여자에게 당(當)한 직무도 더 잘 감당하야겟슴네다. 더구나 우리 몬져 교육을 밧은 여자는 아직 몽(夢) 중(中)에 잇는 여자를 각성식혀

92

야 될, 벗지 못할 중(重)한 짐이 우리 쌍견(双肩)에 잇지 안어요?[10]

현덕신(玄德信, 토오꾜오여자의학전문학교)도 1918년 9월 『여자계』에 기고한 「졸업생 형제에게 드리는 말씀」이라는 글에서 "형님들은 우리 반도에 신문명을 수입하야 옥야(沃野) 삼천리(三千里)에 신광채(新光彩)를 발하게 하고, 불상한 동포의게 회생약(回生藥)을 먹여 신천지의 신복락(新福樂)을 맛보고 누리게 하리라는 어엽브고 건장한 뜻을 품고, 닉은 고향, 정다운 부모, 따뜻한 가정을 떠나서 물결 험한 현해탄을 담대(膽大)히 근너, 언어가 달느고 인정습속(人情習俗)이 갓지 아니한 만리이역(萬里異域)에 오셔서 (…) 여러분의 졸업이야말노 우리 반도에 유사 이래로 초유한 귀한 사실이오며 캄캄하든 우리 여자계(女子界)의 번쩍하는 귀한 광명이외다."[11]라며 여자유학생을 높이 평가한 뒤 선각자정신을 다음과 같이 고무했다.

여러분이 나가셔서 불완전한 사회를 완전하게 하시고 유치한 사상을 계발도 하셔야 되겟습니다. 여러분이 무슨 양책(良策)을 쓰시든지 그들노 하야금 그 자리에서 떠나서 전진(前進)케 하실 중추(中樞)의 인물이오, 구주(救主)가 되셔야 하겟습니다. 따라서 크게 활동하시지 아느면 안되겟습니다. 형님들이 뎌들도 사람된 자각을 가지게 하시고 그 직분과 책임도 알게 하시고 뎌들의게 무어시 가장 급무(急務)인지도 가라쳐주십쇼. 여러분은 아실 거시오. 깨달으셔슬 거시외다.[12]

이렇듯 여자이기 앞서 사람이라는 자각, 여성의 본분의식 그리고 사회적 책임의식은 피지배민족의 여성지식인으로서 초기의 여자유학생이 획득한 주체인식이며 여자유학생 사이에 공유된 주체경험이었다고 할 수 있다. 그리고 이러한 주체경험은 여자유학생들의 단체활동으로 수렴되어갔다.

여자유학생의 첫 단체로서 1915년에 결성된 조선여자유학생친목회는 단체의 목적을 "재경 조선 여자 상호간의 친목을 꾀함과 동시에 지식 계발 및 선내(鮮內) 여자를 유도 감화시키려 함."[13]에 두었듯이 여자유학생은 신지식을 배워 조선 여성에게 전달하고 선도해나가려 했다. 이 조직은 1920년에 조선여자학흥회(朝鮮女子學興會)로 개편되어 "조선 여자의 교육보급을 꾀하고 널리 지식의 향상을 도모하는 데에 있다."[14]는 취지를 표방했고, 같은 해에 여자유학생 강연단을 조선에 파견하는 등 여자유학생의 선각자의식은 면면히 계승되고 있었다.

그러나 여자유학생에 따라서는 여성의 본분을 다른 무엇보다 강조하는 등 주안점이 반드시 똑같았던 것은 아니었다. 예를 들어 전유덕(田有德, 토오꾜오여자전문학교)은「신여자의 자각」이라는 글을 기고해 이상적인 가정을 만드는 것이야말로 여성의 의무이며, 교육받은 신여성이 그러한 확고한 신념을 가지고 솔선하면 사람들은 여성교육의 중요성을 더 이해하게 될 것이므로 여성교육이 더욱 진흥하고 여자계도 발전한다고 논했다.

세상이 모다 문명 문명 하고 또 사회가 우리에게 모든 권리를 다준다닛가 우리는 오해하엿슷습니다. 오해한 실례를 하나 말할 터이니 드러보십시오. 제일은 우리 여자의 천직, 즉 의무를 안하려 하는 것이외다. (…) 일가(一家)의 주부가 되실 여러분은 모조(某條)록 모든 수단과 또는 이전에 배운 심리학과 수신을 응용하며 실행하야 그 완고하신 부모를 섬기며, 지성으로 보양(保養)하야 집안을 화목(和睦)식혀, 그 완고하신 이에게나마 잘 신용을 엇어보시오. 그리하면 참 그것이야말노 이상적 가정이 되리다. 그러케 되면 아모리 구식이오 완고하신 어룬들이라도 "학생이란 이러한 것이로고나. 우리 집에 가두고 일만 식히든 딸도 공부를 식혀야겟다" 하실 것이외다. 그러면 이것이 모든 고을과 왼나라까지 전파가 되야 실행된다 하면, 이리하야, 즉 우리의 의무를 다하는 동시에 여자교육을 진흥식히게 할 것이오. 그러치 못하면 점점 우리 여자계(女子界)는 길이 막힐 것은 사실이외다.[15]

특히 1920, 30년대에 여자이기 앞서 사람이라는 자각과 권리를 우선시하는 여성해방사상과 여성의 가정 내 역할을 우선시하는 현모양처주의가 충돌했다. 나혜석과 같이 현모양처를 부정하는 듯이 보인 여성지식인은[16] 비난을 받아 결국 사회에서 매장되어간 반면, 현모양처라는 젠더규범의 보급에 노력한 여성지식인은 이 책의 6, 7장에서 분석되듯이 식민지 권력에 흡수되어갔다.

그러나 1940년대에 "여기(토오꾜오)까지 와서 공부할 때에 우리들은 여기 학생들의 교양이라든지 쾌활한 언행을 배워, 이것을 조선에 가서 널리 이용하고 지도하지 않으면 안될 줄 압니다. 이렇게 해나가면 자연히 조선의 가정도 우리가 뜻하는 이상적으로 재건할 수도 있으리라고 생각합니다. 실은 우리가 동경(東京) 와서 유학하는 근본 의의가 여기에 있지 않은가 생각합니다."[17]라고 지적했듯이, 기본적으로 여자유학생은 1920, 30년대 실력양성론의 토양 위에서 나혜석의 경희와 같이 폭넓은 지식을 가지고 조선으로 돌아와 여성을 지도하고 가정개량에 도움이 되고자 하는 사명감과 포부를 갖고 있었다.

다음으로 선각자의식의 구체적인 한 형태라 할 수 있는 교육자의식을 살펴보고자 한다.

2. 교육자의식

3장에서 분석했듯이 많은 여자유학생은 교사가 되고자 일본의 여자전문학교에 유학했다. 여기에는 "일본에 가자. 공부를 훌륭하게 해갖고 와서 선생이 되야지 생각했어요. 그때 당시는 국민학교 선생이 제일 훌륭한 걸로 알았어요. 국민학교 선생이 되고. 우리보다 더 앞선 것을 볼 때 나도 저걸 배워야겠다."(유학생 M씨 구술, 와요오여자전문학교 가사과 1942~45)는 구술과 같이 뒤처진 조선의 어린이들을 가르쳐 조금이라도 나은 쪽으로 인도하고 싶다는 소박한 교육자의식이 작용했다.

유학중에 훌륭한 교육자가 되기로 결심을 굳건히 하고, 이를 목표로 생활하기도 했다. 예를 들어 나라여자고등사범학교 가사과(1930~34)에 유학한 주월경(朱月瓊)이 야나기하라 키찌베에에게 보낸 편지(1930년 8월 4일)에서 "학습하고 수양하고 공부해서 가까운 장래에 조선 여자교육을 위해 활약하고 싶습니다."라고 밝힌 졸업한 뒤의 포부나, 다음의 「졸업한 뒤의 목적」이라는 제목의 여자유학생 글(『부녀신문(婦女新聞)』의 일본인 기고문에서 재인용)에서 엿볼 수 있는 뜨거운 교육 열정에서 이러한 의식을 살펴볼 수 있다.

우리나라는 지금도 교육기관이 없는 곳이 많습니다. 그곳에 가서 저는 학교를 세우고 싶다고 생각합니다. 정말로 교육이라는 것이 국가에 있어 얼마나 필요한 것인지를 잘 생각해서 제 자신을 교육계에 희생하고 싶다고 생각합니다. 그리고 제2국민(차세대 국민)인 저희 남동생과 여동생들을 가르칠 것입니다.[18]

또한 니혼여자대학교 사회사업학부 여공보전과(女工保全科, 1922~26)를 졸업한 뒤 귀국해 사회주의 여성운동을 이끌었고, 『시대일보』『중외일보』『동아일보』의 기자로 언론활동에도 매진한 황신덕(黃信德)이 "여성을 대상으로 하는 단체활동을 하면서 절실히 느낀 것이 몇가지 있었다. 그중 하나는 여성 자신의 기초적 소양이 빈약하다기보다는 전무에 가깝다는 사실을 안 것이다. (…) 바꿔 말하자면 여성운동을 제대로 하기에는 기초가 될 여성 자신의 실력이 없다는 것을 깨달았다. 따라서 시급히 해야 할 사업은 여성교육이었다."[19]는 결론을 얻어 1940년 10월 경성가정여숙(京城家政女塾)을 개설해 교육사업을 시작했듯이, 학교설립은 여성지식인들의 중요한 사업과제가 되기도 했다.

한편 일제시기 조선인 교사에게는 모순된 역할이 부여되어 있었다. 그것은 조선인의 실력향상을 도모하면서도 식민지지배에 부합한 교육을 해야 하는 모순이고, 합리성이나 과학정신에 입각한 신지식뿐만 아니라 황국신민의 일본정신도 가르쳐야 하는 모순이었다. 또한 다음의 유학생 N씨(니혼여자대학교 가정학부 1926~30)의 구술과 같이, 유학중 현모양처라는 젠더규범과 충돌하는 여성으로서 새로운 자각을 획득했다 해도 교사로서 교실에서 그러한 의식을 자유롭게 학생들에게 고취시키기는 어려웠다.

현모양처 교육이지. 내가 가르친 학생들 다 현모양처야. 자기는 희생이 되더라도 다 아들딸 잘 키웠지. 학교에서 사회에 나가 활동하는 여성이 되라는 교육 못해. 학교에서 그런 거 하다간 다 눈치 코치 봐야데. 일본 선생들 못된 거, 식민지 교육은 어떻고 저떻고 하는 거 그것도 보기 싫고. (…) 아 내가 현모양처 교육을 시킨다는데 저희가 나를 어떡할 거야. 일본 밑이 아니었으면, 난 뭔가 못해서 안타까와 죽겠는데 여성운동하지. 남자한테 지면 안된다고. 남자 별것 아니다 말이야. 공부해서 뭐든지 되라고 말이야. 그렇게 가르치지.

그러나 조선 어린이에게 황국신민의 충성심을 가르쳐야 하는 조선인 교사의 역할에서 아무 모순도 느끼지 못한 예도 있었음을 지적해 두고자 한다. 여자상업학교(1941~44)에 유학한 카나우미(金海)영애(창씨개명한 이름)의 경우가 그러하다.

카나우미의 담임 교사였던 타떼노 노부유끼(立野信之)는 그녀의 유학생활을 「꽃을 든 소녀(花を持てる乙女)」라는 제목으로 『신여성(新女性)』[20] 1944년 1월호에서 4월호까지 4회에 걸쳐 수기 형식으로 기술했다. 그리고 같은 해 6월호에는 졸업 뒤 귀국한 카나우미와 경성을 방문한 타떼노의 대담이 「그후의 꽃을 든 소녀(その後の花を持てる乙女)」라는 제목으로 실렸다. 이 수기는 카나우미가 쓴 글과 구술에 근거해 작

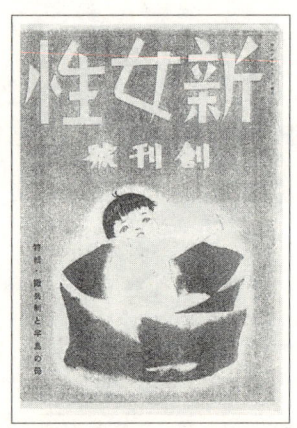

1942년 녹기연맹 기관지 『녹기(綠旗)』의 자매지로 창간된 『신여성』의 표지

성되었다고 하나, 비록 그렇더라도 그녀의 생각이 모두 반영되었는지는 알 수 없다. 황민화운동의 선봉에 선 단체(녹기연맹)의 기관지에 실린 글인만큼 국가시책에 충실한 황민화의 모범사례를 소개하기 위한 것으로, 카나우미가 본디 품고 있던 다양한 모순적인 생각들을 애초에 잘라냈을 가능성도 있다. 그러나 아무리 하계단련장에 참가해 쓴 감상문이라 하더라도 카나우미는 스스로를 일본인으로 인식해 다음과 같이 기술했다.

자신이 일본인인 이상 내지 생활을 공부해야 한다고 생각하고는 있지만, 그것조차 가끔 애매해져서 곤란한 적이 있었다. 그렇지만 오늘 선생님으로부터 자신의 몸은 천황폐하로부터 맡은 것이라고 듣고 정신이 번쩍 들었다. 꿈에서 깬 듯한 기분이었다. (…) 자신은 지금까지 여러분들의 친절에 대해 무엇으로 감사하면 되는지 몰라서 안타까웠지만, 이제는 이것도 확실해졌다. 자신은 좋은 일본인이 되는 것으로 은혜의 만 분의 일이라도 갚아야겠다.[21]

여기서 든 예는 카나우미가 지녔던 생각의 한 면을 나타내는 것일 뿐만 아니라 나아가 적지 않은 지식인이 전쟁협력에 분주했던 총력전체제 아래 한 부류의 조선인의 의식을 드러내는 것으로도 볼 수 있을 것이다.

이 수기에 의하면 카나우미는 일본어를 거의 모르는 채 유학했으나, 선생님이나 동급생 그리고 하숙한 동급생 가족의 따뜻한 지원과 지도를 받아 여러가지 개인적인 불행과 어학능력 부족, 경제적 곤란과 같은 장애를 극복하고 일본어와 학과공부는 물론 내지의 생활과 풍습에도 적응했으며, 한발 나아가 일본 정신까지도 이해하고 교화되어갔다고 한다. 방학중 고향에 돌아와 이웃 마을에 생긴 탁아소에서 마을의 아이들과 여성들에게 국어(일본어)를 가르치던 어느 여성지도원의 활약에 감명을 받은 카나우미는 졸업 뒤 고향의 국어강습회에서 가르치게 되었다. 그녀는 은사였던 타떼노에게 다음과 같이 말했다.

저는 정말 마을의 아이들을 잘 지도해주고 싶습니다. 그래서 이제 국민학교 선생님이 되고 싶다고 생각합니다. 이제부터 아이들은 한 명도 남김없이 군인이 되지 않으면 안되기 때문에 제가 지금까지 여학교에서 배운것을 모두 살려서 아이들에게 가르쳐주고 싶다고 생각하고 있습니다.[22]

일본제국의 지배이념을 조선 아이들에게 전달해 그 이념을 위해 목숨을 받칠 수 있는 군인으로 키우고 싶다는 신념의 카나우미는 '자신을 지배하는 권력을 위해 목숨을 바친다'는 파라독스를 직시하지 못했던 것이다.

제국적 가치의 전달자로서 교육자의 역할은 여자유학생과 야나기하라의 만남에서 더 선명하게 드러난다. 야나기하라에 대해서는 다음 장에서 구체적으로 밝히겠지만 "한 명이라도 많이 그리고 더 잘 일본정신을 파악한 조선의 교육자를 양성해 이 훌륭한 교사들을 통해 2천만 새 동포들에게 호소하려고 하는 것입니다."라며 야나기하라는 고등교육을 받은 조선 지식인이 조선 민중에게 일본의 지배이데올로기를 전파하는 것이야말로 식민지지배의 안정과 발전을 꾀하는 요체로 인식했다. 특히 차세대의 어머니이자 교육자가 될 여성이야말로 내선융화(內鮮融和)를 위해 큰 역할을 수행할 수 있을 것으로 간주해, 주로 나라여자고등사범학교에 유학한 조선 여성의 지원조직을 만들어 여러 활동을 통해 그들에게 기독교정신, 황국정신, 그리고 여성지도자의식을 심으려 했던 것이다.

3. 식민지인의식

이 절에서는 주로 1930, 40년대에 유학했던 여성의 구술을 중심으로 여자유학생이 식민지 본국으로 건너와 조선인이라는 의식을 더 첨예하게 느끼며 민족적 주체 문제에 직면해가는 과정을 고찰하고자 한다. 우선 두 사람의 구술부터 살펴보자.

1917년 황해도 해주 부농가에서 태어난 유학생 R씨는 아버지의 반대를 무릅쓰고 영어영문학을 공부하기 위해 쓰다쥬꾸전문학교에 유학한 언니 두 명(각각 11살, 6살 연상)의 영향을 받아 니혼여자대학교 가정학부(1936~40)에 유학했다. R씨도 언니들처럼 문학지망생이었으나 실용적인 학문을 하라는 오빠의 권유로 가정학을 택했다. R씨는 다음과 같이 말했다.

일본에서 역시 자기가 조선 사람이라는 것이, 항상 그걸 느끼는 것이 어려웠죠. 아무리 특별대우나 차별대우를 안한다고 해도, 항상 나는 조선 사람이다 하는 뭐라 할까, 자기를 비하하는 마음 때문에 굉장히 괴로움을 많이 느꼈어요. 그러니깐 그 사람(일본 학생)에게 책 안 잡히기 위해서 뭐든지 더 열심히 했던 것 같아요. 공부도 그렇고. 생활하는 데 있어서도 솔선해서 하고. 그런 것 지금도 안 잊어버리네요. 어떡하든지 걔(일본 학생)들보다 내가 앞서서 해야만 내 이 마음을 가라앉힐 수 있다는. 그렇지 자부심보다는 열등감이 많았죠. 그러니깐 어떻게해서든지 일본애들을 이기기 위해서는 공부도 잘하고, 걔들보다 뭐든지 잘하는 거. 거기에 머리를 많이 썼죠. (…)

일본 애들은 예의 바르고 친절하고 상냥하고 아주 좋았어요. 그애들의 그런 점이 아주 좋아 본받고 싶었죠. 여름방학에 조선에 돌아가면 거칠고 무례해서 환멸을 느꼈죠. 그래서 조선 사람이라는 게 더 싫어졌죠.

1923년 경성에서 태어난 유학생 S씨는 은행원이었던 아버지가 여성이 전문직을 가지고 경제적으로 자립하는 것이 중요하다고 가르친 덕분에 경성여자고등보통학교를 거쳐 토오꾜오여자고등사범학교 가사과(1938~42)에 유학했다. 그는 유학중 조선인으로서 어떻게 스스로를 의식했는지 다음과 같이 말했다.

(일본에) 가면 아무래도 일본 속의 조선 사람이니깐, 여러가지 긍지도 있고, 자존심도 있고, 자연히 필요 이상으로 꼿꼿이 굴 때도 있고. 그렇지 아무래도. 저네들은 식민지라는 게 별로 머릿속에 안 박혀 있지만, 나는 잊어버릴 수가 없잖아요. 꼿꼿할 수밖에 없죠. 하지만 열등감은 안 느껴요. 뭐가 답답해서 열등감을 느껴요.

이렇듯이 여자유학생은 스스로 조선인임을 강하게 의식하며 생활했다. 일본제국의 피지배지역(외지), 더욱이 사회문화적 발전이 뒤처진 피지배층에서 제국의 중심부(메트로폴리스)로 온 식민지인이라는 출신의식과 사회문화적 신분의식에 사로잡혀 있었다.

이러한 의식은 앞서 제시한 두 사람의 예에서 알 수 있듯이 구체적으로 열등감이나, 민족의 긍지를 잃지 않고 자부심을 지키려고 애쓰는 의식으로 표출되기도 했다. 또 "우리 두 사람(조선인 학생)은 다른 사람과 달라 (…) 항상 편안한 마음이 되지 못하고"(최경진崔烱珍이 야나기하라에게 보낸 1926년 9월 14일자 편지)라며 심경을 토로했듯이 그것은 소외·

우울 등의 심리상태로 나타나기도 했다.

또한 여자유학생은 식민지인으로서 일본인보다는 낮은 사회문화적 신분이지만, 일본의 최하층민으로 편입되어 생활하고 있던 다른 조선인과 자신을 동일시하지 않는, 다시 말해 계급적으로 타 조선인과 자신을 구별짓고자 했다. 길거리에서 더러운 조선옷을 입은 동포를 볼 때마다 '열등감'이나 '수치심'을 느끼거나 마음이 위축되었고, 일본인들에게 그들과 같은 조선 사람으로 인식되거나 같은 대우를 받고 싶지 않았다고 한다.

오오사까의 재일조선인(1929년)

제공: 모모야마학원 사료실

다음으로 여자유학생의 식민지인 의식이 첨예해지는 구체적 계기를 다음 세 사람의 구술에서 살펴보자. 우선 학교나 길거리에서 조선인으로 차별받아본 그들은 민족적 처지를 실감할 수밖에 없었다.

항상 교장이 '조센징' '조센징' 그래요. 실기 시간에 조그마한 일이라도 뭘 잘못했다고 그러면은 우리가 잘못한 거는 차별하는 것이 뚜렷이 나타나게. 말을 해도 그냥 같이 같은 입장에서 말을 하는 게 아니고, 기를 팍 꺾어 놓고 말을 하거든요. '조센징'이라고 하는 게. 뭘 잘못하면 아무개 ○○○가 아니고 '조센징'이야. 이름이 없어요. "조센징, 똑바로 못해." '조센징' 그것이 차별인 것입니다. 이 말을 들으며 굴욕을 느끼죠(유학생 A씨 구술, 니혼여자체육전문학교 1937~40).

하여간 조센징, 조센징이라고. 그게 최고 욕이지. 조센징은 더럽다는 얘기를 학생들 있는 데서 얘기하죠. (…) 수업시간에 조센징이 더럽다든지, 너무 예의가 없다든지는 보통 예사로 수업시간에도 예사로 하고. 저들의 속국인데 지 마음대로 하는 거지. 우리는 또 준수해야 되고, 그런 상태이지 뭐. (…) 하여간 거기서 한국 사람은 저이의 쿠세(버릇)가 있다고 노골적으로 얘기해줘요. 그러면 고치기도 하고. 담임선생이 고치라고 얘기해줘요. 어떻든지 해서 한국을 저이 나라로 만들라고 하니깐. 저이도 속상하지 우리가 말 안 들으면 안되니깐(유학생 G씨 구술, 테이꼬꾸여자전문학교 가사과 1939~41).

주일이면 한국교회에 나가요. 후시미(伏見)한국교회에 갈 때는 될 수 있는 대로 한복을 많이 입고 갔어요. 후시미교회 갈 때에 내가 한복을 입고 가면, 조그마한 애들이 나와서 뛰어놀다가 한국 사람인 줄 알지 않아요. 자기네끼리 "저기 센징(조선 사람) 온다." 하면서 와서 탁 부딪치고 웃으면서 또 놀다가 와서 탁 부딪치고 나를 조롱하는 거죠. 그럴 때마다 마음으로는 눈물이 난다고요. 이렇게 조그만 아이도, 너희가 센징이라고 수모를 한다,

나라 없는 설움이 그렇지. 할 수 없지. 당해야지 뭐(유학생 T씨 구술, 도시샤 여자전문학교 가정과 1935~38).

또 하나는 그들이 일본인과 같은 생활을 하며 민족차별을 받는 일이 설사 없더라도 일본인과 똑같은 감성·사고방식을 결코 가질 수 없다는, 결국은 조선 사람일 수밖에 없다는 자각이다.

> 개네들(일본인 학교 친구)이 "사이상와 니혼진또 오나지쟈나이노(최씨는 일본 사람하고 똑같잖아)."라고. 내 말, 일본말도 일본 사람하고 똑같고, 발음도 그렇고 성격이 똑같고, 생각하는 것도 똑같고, 너는 일본 사람하고 똑같다 그런 얘기죠. (…) 토오꾜오에는 전차밖에 없잖아요. 전차를 타고 가니깐 궁성 앞을 지나가면 모두가 최경례(最敬禮)를 하는 거예요. 내가 깜짝 놀라서 절을 안하고 있으니깐, 그때 망국의 서러움을 알았어요. 나도 내 나라가 있었는데 어떻게 여기 와서 공부를 하게 되었나. 한국에서는 운명으로 받아들였는데, 여기와 보니깐, 우리나라도 왕궁이 있었는데, 내 나라 있었는데 (…) (유학생 U씨 구술, 토오꾜오여자고등사범학교 문과 1940~43)[23]

한편 식민지인의식은 일본인 생활에 동조·동화해가고자 하는 멘탈리티나 행동양식으로 나타나기도 했다. 여자유학생은 일본인의 생활규칙, 습관, 감각, 행동양식을 모범으로 학교나 기숙사, 지역사회에서 모든 행동에 주의를 기울였다.

> 내가 조선 사람이니깐, 저 사람들(일본 사람)한테 조금이래도 좀 얕보이게 하는 짓을 안하느라고 애썼으니깐. 또 그때도 저이보다 오히려 같이 행동을 하고 하니깐, 조금도 차이날 게 뭐 있냐 말이야. 예의범절도 다 그대

로 하고 하니깐(유학생 V씨 구술, 니혼여자대학교 가정학부 1931~35).

입학해서 기숙사에 가니깐 선배가 3학년인데 그러대. 그때는 귤이 흔했
잖아. 조선서는 귀했지만. 귤을 쪄서 먹는데, 왜정시대 (속)귤껍질은 얇아
서 그냥 먹는다고. 훑어서 귤껍질을 배껴내대요. 선배들이 뭐라고 하냐 하
면 "귤껍질 먹지 말고 뺏아 내라, 내라."고. 그게 다 천대받을까봐. 계속 그
래. 귤 먹을 적에 선배들이 가르쳐주대요. 이렇게 하라고. 껍질까지 먹지
말라고. 걔네들(일본 사람)은 껍질 안 먹거든. 한국 아이들은 흉보이지 않을
라고, 먹지 말라 먹지 말라 그러잖아. 안 먹었지. 맛있어서 목으로 꿀떡꿀
떡 자꾸만 넘어가는데, 먹지 말라니, 안 먹을라고 애썼지. 또 목욕탕 들어
갈 때 우리는 수건 가리고 들어갔는데, 선배들이 "수건 가리지 말고 들어가
들어가." 그러더라고. 할 수 없이, 얼마나 창피해. 저이 하는 대로, 선배들
이 가르쳐줘서 했지. 이런 예는 많아요. 선배들이 기숙사에서 외출할 때나
들어올 때 현관에서 이렇게 하라든지, 여러가지 예법 가르쳐주고, 다 그렇
게 따라하라고(유학생 I씨 구술, 도시샤여자전문학교 가정과 1935~38).

이 구술들에서 알 수 있듯이 여자유학생은 생활의 아주 미세한 부분
까지 일본인의 행동방식을 익히고 지키며 상식을 갖춰 행동하고자 했
다. 말하자면 '무엇이든 일본 사람과 똑같이 하는 대로 한다'는 마음가
짐으로 생활하고자 했던 것이다.
또 다음 두 사람의 구술에서 알 수 있듯이 일본 사람 앞에서 실수해
밉보이지 않도록 모든 행동을 조심하며, 일본 사람에게 꿀리지 않도록
매사에 더 열심히 솔선수범하려 했다.

자연으로 언제나 마음에 내가 조선 사람이니깐, 내가 저들(일본 사람)한

106

테 우습게 뵈서는 안된다, 모든 행동에 자숙하게 되는 거죠. 저절로 되는 거지(유학생 J씨 구술, 니혼여자대학교 가정학부 1938~41).

내가 그만큼 조선 사람이라는 거 때문에 책잡힐 만한 일을 하기 싫어서 더 열심히 했으니깐. (…) 나는 늘 식민지 사람이라는 의식을 가지고 있었거든요. 그랬으니깐 일본 애들이 그러는 게 싫었던 것 같애요. (…) 열등의식은 난 안 느껴서. 다른 걸로 좀 카바를 해나가니깐. 더 열심히 한다든가, 더 잘한다든가 하는 것을 보여줌으로 해서 카바를 해나가니깐 열등의식은 없었고(유학생 B씨 구술, 테이꼬꾸여자전문학교 가사과 1937~40년).

그리고 다음의 예에서 알 수 있듯이 조선 사람끼리 서로 주의를 주면서 또 때로는 조선말을 쓰거나 조선옷을 입는 것을 자제하면서까지 일본의 생활·문화에 동조하려 했다.

일본 가서 재네들(일본 사람)은 우리 적이다. 그러니깐 나는 실수하면 안된다. 그 맘 가지고 살았어요. (…) 자연히 조선 사람이라는 열등감이 조금 들었죠. 그런 생각이 들었으니깐 실수 안하려고 노력했죠. 저들에게 책잡히지 않으려고. (…) 한국 학생들끼리 1년에 한 번씩 모이고, 신입생 환영회도 있었어요. 그때는 절대 그 사람들(일본 사람)한테 실수하는 일하지 말라고 그러죠. 그러고서 그 사람들이 우리끼리 만나도 한국말을 하면 그 사람들이 기분이 나쁘니깐 절대로 한국말 하지 말고 일본말 하자고 선배들이 그러대요. (…) 하여튼 일본 사람 기분 상할까봐 한국말을 안 쓰고 한복도 안 입고 그랬어요. (…) 그 사람과 똑같이 행동한다는 거지(유학생 W씨 구술, 니혼여자대학교 가정학부 제삼류第三類〔사회사업학부〕 1936~39).

마지막으로 다음의 구술에서 알 수 있듯이 극단적인 경우에는 조선 사람임을 숨기고 일본인인 척하는 과잉 동조·동화현상도 있었다.

맨날 어디를 다녀도 일본 사람인 척하고 다녔죠. 고녀(신의주고등여학교) 다닐 때도 그렇고 일본에서 공부했을 때도 그렇고. 일본말 쓰고 일본 사람인 척하고 다니는 것을 즐겼죠. 한국 사람 표 안 낼라고. (해방 뒤) 그런데 나리따 공항에 내려서 입국심사할 때 "나는 한국 사람입니다." 그 말을 할라니깐 얼마나 기뻤는지 몰라요. 내가 한국 사람이라고 말을 할라고 할 때 너무 기뻤어요. 그래서 약전(테이꼬꾸여자의학약학전문학교) (일본인) 동창들을 만나 그 얘기를 했어요. 공항에서 "나는 한국 사람이다."라고 말을 하는 게 그렇게 좋았다고. 걔들이 그래요. "아 그러느냐. 우리들은 모르고 지냈다. 너희들이 그렇게 갈망했는지 몰랐다."고. 같이 살면서 같은 척하고 살면서도 그렇게 해방되고도, 해방됐다고 하는 것도, 사실 우리 같은 사람이야 그전보다 못살게 됐지 않습니까. 같이 살았으니깐. 그래서 해방된 기쁨을 그리 많이 못 느꼈는데, 일본땅에 가서 연락선을 타고 다닐 때도. 공항에서 "나는 한국 사람입니다."라고 말할 수 있는 거(유학생 X씨 구술, 테이꼬꾸여자의학약학전문학교 약학과 1941~44).

나 어디 가도 한국 사람이라는 것을 부끄럽게 생각 안하고, 1학년 때까지는 한복을 입고 다녔습니다. 한복을 일부러 입으려고 한 것도 아니지만, 그것 때문에 남의 눈치 본 것 없어. 내가 한국 사람이라는 걸 감추고 싶은 생각은 없었어요. (…) 그런데도 그때 벌써 자기가 한국 사람이라는 것을 숨기기 위해서 일본 이름으로 불러요. 자기 마음대로 만들어서. 가네다, 이시다라 해서. 언제든지 같이 놀러 가든지, 식당에 가든지 극장에 가서 표를 사든지 할 때 보면은 꼭 일본 사람 행세를 하고, 한국 사람임을 감추려고 하는 사람들이 있었어. 그리고 심한 사람은 춘천여고에 취직해서 가서 보니깐, 먼저 와 있던 선생의 사진을 보니깐 하오리 하까마를 입었더라고. 한국 여자가 일본옷을. 한국 여자임을 알고 거기에 취직을 해서 갔는데, 왜 일본옷을 입고 가르쳐, 학교 선생을 하는데. 나는 또 반대로 치마 저고리를 입고 몇달을 다니는데, 애들이 뒤에서 "리 센세이(이 선생님)는 어떻게 해서 일부러 치마 저고리를 입는다."는 소리가 들리더라고. 그래서 원피스로 바꿨지. (…) 그때는 한국 사람임을 숨기려 하는 그게 상식이었어요. 그런 사람이 그런 말을 안하고 자기 세뇌를 안해도 으레 그런 것이 있으니깐 그러는구나 그랬지. 그걸 가지고 특별히 이상하게 보지 않고. 대개 한국 사람이라는 게 일본애들이 무시한다 그게 있으니깐, 젊은 마음에 자기도 숨기려고 한다, 저러는구나 정도 생각했지(유학생 H씨 구술, 여자미술학교 자수과 1936~39).

도시샤여자전문학교 재학중의 조선인 학생(1937년, 기숙사)
사진에서 보듯이 학교나 기숙사에서 조선옷을 입은 예도 적지 않았다.

제공: 박정희(朴貞姬, 도시샤여자전문학교 가정과 1936~39)

요컨대 어떤 형태로든 식민지인의 의식에서 벗어날 수 없었던 여자유학생은 '일본 사람의 매너'에 집착했던 것이다. 앞서 언급했듯이 식민지지배에 의해 식민지인이라는 출신의식과 사회문화적 신분의식이 생겨나고 그 의식은 식민지 본국에서 더욱 첨예해진다. 나아가 '일본 사람의 매너'를 수용함으로써 사회문화적 신분을 상승시키고 싶다는 멘탈리티가 형성된다. 식민지인의식과 경험은 식민지지배에 대한 저항의 모티브가 되는 동시에 지배문화에 대한 동조·동화의 계기가 되기도 하는 것이다.

물론 여러 다른 환경과 경험이 있었기에 여자유학생이 획일적으로 지배문화에 동조·동화해갔다고 보기 어렵다. 또 조선 식생활의 이해가 없는 기숙사 운영(토오쿄오여자고등사범학교의 예)이나, 조선인 학생을 일본인 학생과 분리해서 수용하는 기숙사 운영(니혼여자체육전문학교의 예)에 항의하거나, 조선인에 대한 차별 발언을 하는 학교 동료에게 주의를 주는 등 일본인과 일본의 지배 문화에 반발하거나 거부감을 표시한 경우도 종종 있었다.

마지막으로 식민지인의 딜레마에 대한 여자유학생의 상반되는 두 입장을, 김성철(金聖哲)과 최보경(崔寶卿)의 예를 들어 고찰해보고자 한다. 김성철의 경우 유학 당시 야나기하라에게 보낸 편지를 자료로 분석하나 최보경에 대한 분석은 1996년의 구술조사 자료를 이용하기 때문에 두 분석자료는 종류도 다르고 시간 차이도 있다. 그러나 두 자료 모두 본인의 생각이나 경험을 직접 표현한 것임은 물론이다.

4. 식민지인의 딜레마 : 상반되는 입장, 김성철과 최보경

김성철은 1927년 4월 나라여자고등사범학교 문과에 입학해 1931년
에 졸업하기까지 야나기하라에게 누구보다 많은 편지(105통)를 보냈고
졸업한 뒤에도 야나기하라와 친밀히 교류했다. 풍부한 지식의 소유자
이자 기독교 신자로 정신수양에도 열심이었던 그녀는 훌륭한 교사가
되겠다는 포부와 각오도 뚜렷했기 때문에 야나기하라의 가장 촉망받
는 학생이었다. 그리고 김성철은 1928년 2월에 설립된 근우회 쿄오또
지회[24]의 간사로 한때 활동한 것으로 보아 여성문제에 대해서도 남다
른 관심이 있었다.

한편 최보경은 쯔다쥬꾸전문학교 영문학과(1933~37)에 유학했는데,
2학년 때 아사노 쥰이찌(淺野純一, 일본기독교대학 교수)의 성서 강의를
들은 것이 계기가 되어 기독교 신자가 되었다. 이후 학내 YWCA 활동
에 활발히 참가했고 야나이하라 타다오(矢內原忠雄)*의 영향도 받았
다. 최보경은 영문학과 기독교를 통해 서양문화에 심취했고 쯔다쥬꾸
의 서양식 생활도 만끽했다.

쯔다에는 완전히 일본 고유의 문화와는 많이 떨어지고, 교수들이 전부
외국유학을 한 분들이라서 생각들이 많이 서구화되어가지고, 또 읽는 것이
영어고 기독교고. 고루한 일본사회라는 것은 보지 못하고. 아주 자유롭고
편안하고, 민족주의, 일본제국주의 그런 건 하나도 느끼지 않고 완전히 자

---

* 야나이하라 타다오(1893~1961): 애히매현(愛媛縣) 출생. 토오꾜오제국대학 법과
대학 졸업. 토오꾜오제국대학 교수(경제학부, 식민정책 강좌 담당).

유로웠던 것 같아. 별세계야. 그러니까 군국주의 일본에서 자유롭게 살아가는 방법은 계속 토오꾜오에 살면서 조선에 돌아가지 않는 것이라고 생각했지.

최보경은 졸업한 뒤 조선에 돌아가 교사가 되어 일본에서 배운 기독교 정신과 서구 자유사상이 아닌 황국신민의 일본정신을 가르쳐야 하는 식민지 지식인의 현실에 직면했다. 최보경은 졸업을 앞두고 조선인 교육자의 모순적 역할을 고민하게 되었고, 평소 존경해온 야나이하라가 졸업예배에서 '한 사람의 힘과 다수의 힘'이라는 제목으로 강연하게 되자 강연이 끝난 뒤에 면담을 요청해 다음과 같이 상담했다.

난 말이야, 조국에 가서 학교 선생 할 건데, 나 어떻게 재(조선 학생)들 공부시키고 아이들 대할 것인가? 나 일본정신을 못 가르치겠다. 일본은 지금 나이센잇따이(내선일체)이다 뭐다 하는데, 나 그건 부르짖지 못하겠다. 어떡하면 좋겠느냐? 참 가서 영어선생 할지 어떨지 교단에 서겠는데, 나 이들 앞에 나서서, 나 어떻게 해야 할지 모르겠다고 질문했지. 그런데 왜 그런고 하니, 일본정책에 내가 호응을 해서 일본, 어느 학교에 가든 그 사람들이 교육시키는 정책으로 가르쳐야겠는데, 양심으로 나 그거 받아들일 수 없다. (…) 교육이라는 걸 양심으로 해야겠는데, 일본정신, 걔들이 부르짖는 일제 하의 정신으로 내가 교육시킬 수 없고, 그렇다고 해서 가서 내 멋대로 할 수도 없는 거고. 그래서 상담한 거지.[25]

김성철과 최보경은 졸업한 뒤 귀국해 둘 다 교사가 되었다. 김성철은 1932년 경성의 배화여자고등보통학교를 거쳐 1933년부터 1936년까지 전남 광주의 수피아여학교에서 근무했다. 최보경은 1937년부터

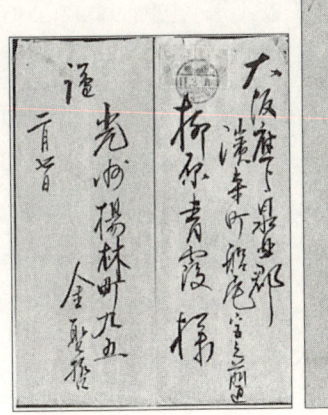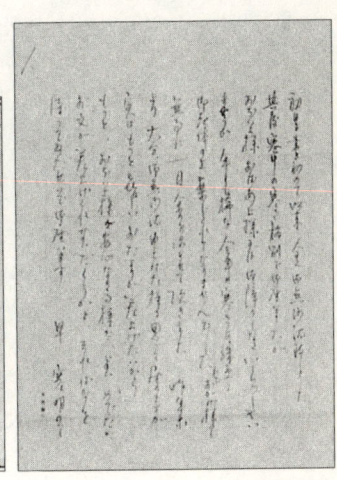

김성철이 야나기하라에게 보낸 1936년 2월 7일자 편지

제공: 모모야마학원 사료실

첫 부임지인 수피아여학교에서 근무를 시작했다. 그러나 한 학기가 끝난 지 얼마 되지 않았을 무렵 신사참배 문제로 학교가 폐쇄되었고, 다른 교사들은 대부분 신사참배를 한다는 조건으로 다른 학교에 복직되었으나 최보경은 끝까지 굽히지 않고 신사참배에 반대해 강제로 퇴직당했다.

　김성철이 수피아여학교에 근무했을 때에도 신사참배 문제가 발생했는데, 그녀는 야나기하라에게 편지를 보내 그의 가르침 덕분에 기독교 정신과 일본 국체(國體)사상 사이에 어떠한 모순도 느끼지 않고 기독교 신앙에 충실할 수 있다고 밝혔다.

　　연말부터 선내(鮮內) 장로파 각 학교에서 신사참배 문제로 매우 고민했었습니다. 수피아에서도 지난 2주 내내 점점 문제에 직면해왔기 때문에 상당히 긴장들 하고 있는 참입니다. 저는 덕분에 일본에서 배워 신사의 의의를 파악하고 있고 신앙문제와 아무런 상반되는 데가 없음을 알고 있기에 제 개인적으로는 크게 고통도 없이, 또 연말에 테이지로오(貞次郞, 야나기하라의 장남) 선생님의 지도를 받았고, 그외 방면에서 말씀도 들어 제 생각을 확고히하고 있습니다만, 일본의 국체(國體)와 신사(神社)를 정확히 이해하지 못하는 사람들은 우상숭배라는 견해를 갖고, 학교 당국으로서도 만약 신사참배라는 교육행정상의 이러한 신사참배를 거부할 것 같으면, 학교의 존폐문제에도 걸리기 때문에 정말이지 진퇴양난의 몇주를 보냈습니다만, 올바른 예지를 가지고 신 앞에 죄 없음을 알고 있는 수명의 동료도 있었고 (…) (김성철이 야나기하라에게 보낸 1936년 2월 7일자 편지)

한편 최보경은 아사노 교수에게 신사참배 문제의 조언을 구하는 편지를 썼는데, 신사참배는 기독교정신에 위배되는 우상숭배 행위라는 내용의 답장을 받았고, 결국 신사참배를 거부해 학교에서 쫓겨난 것이다.

식민지 조선인으로서 직면할 수밖에 없는 문제를 직시해 저항한 최보경과, 아무런 문제도 느끼지 못한 김성철의 상반된 입장은 어떻게 해 성립된 것일까. 앞서 서술했듯이 식민지인이라는 주체 문제를 어떻게 인식하고, 무엇에 동조 · 동화하며, 무엇을 거절하고 저항했는지, 누구를 만나서 어떤 영향을 받았는지 그리고 무엇을 배웠는지 등 많은 요소들이 관련된다.

제5장

제국의 전도사 야나기하라 키찌베에와
여자유학생의 식민지적 조우

1. 야나기하라의 발자취와 분석시각

일제시기에 유학·노동·이주를 이유로 많은 조선인이 일본으로 건너갔다. 선진지식이나 학력을 좇아간 유학생, 일자리를 찾아간 노동자의 일본 유입은, 특히 제1차 세계대전 뒤 급증했다. 조선인의 인구이동이 늘자 조선총독부의 유학생정책, 일본의 지방당국과 중앙정부의 일본 거주 조선인 대책 등이 새롭게 강구되었지만, 일본 민간인 중에서도 식민지정책에 동조해 대조선인 사업에 협력하는 인물들이 등장했다. 이는 일본 본토 내 식민지 출신자의 증가(내지 내 '외지사회' 형성)라는 제국의 변화에 주목해 이에 적극적으로 대응해가려는 제국의 새로운 일꾼들이 성장한 것으로, 그중에서도 야나기하라 키찌베에(柳原吉兵衛)는 독특한 발자취를 남긴 인물이다.[1]

야나기하라는 1858년 갑옷상을 하는 오오사까후(大阪府) 사까이시 (堺市)의 부호상인의 집에서 태어났다. 1878년에 가업을 이어받은 그는 이듬해 창설된 사까이상법집회소(堺商法集會所) 의원이 되어 지역의 다른 유력자들과 함께 청소년들에게 영어, 부기, 산수를 가르치는 강습소를 만드는 등 지역발전을 위해 활약하는 소장 실업가로 알려지기 시작했다.

야나기하라는 의류판매업을 새로 시작했으나 실패로 끝나자, 이를 계기로 1891년에 성공회 성테모테교회에서 세례를 받는다. 그리고 가업(家業)을 염색업으로 바꾸고, 1896년 사까이시에 야마또가와염공소 (大和川染工所, 이하 염색공장으로 약칭)를 창업한다. 염색공장은 오오사까 방적주식회사(大阪紡績株式會社)의 하청공장으로 육군 군복의 가공에 관계해 러일전쟁 때 큰 이익을 얻었다. 그뒤 일본 면(綿)의 해외수출이 조선·중국·동남아시아 시장으로 확대되자 민간업체의 염색·표백 수요가 쇄도해 칸사이(關西) 지역의 대표적인 염색공장으로 성장했다.

신흥 실업가로 대두한 야나기하라는 근대적 노무관리를 도입하는 등 새로운 공장경영을 시도했다. 또한 사까이시를 공업도시로 발전시키기 위해 1910년대에 야마또가와(大和川) 강변의 공업지대 건설사업을 주도했다.

야나기하라는 사까이실업고아원이 설립(1892)될 무렵부터 사회사업에도 관심을 기울이기 시작했다. 1907년에는 염색공장의 노사협조단체인 극기단(克己團)을 결성해 고용노동자와 지역주민을 대상으로 구제사업을 시작했다. 1914년 4월 오오사까후 지사인 오오꾸보 토시다께(大久保利武)가 결성해 지사를 비롯한 고등관·명예직 관료·실업가·자선사업가들이 모인 구제사업연구회에도 참가했고, 1924년에는 오오사까후 방면위원(方面委員)으로 임명되었다.

이와같이 야나기하라는 기업을 일으키고 공공사업과 사회사업에 관여했으며, 크리스천으로서 모범적 생활을 영위했다. 그는 경제적·사회적·정신적 영향력을 폭넓게 가진 지역사회의 명망가이자 유력자였다.

나아가 야나기하라는 지역사회를 넘어 식민지까지 시야에 두고 활동을 넓혀갔고, 제국의 장래를 위한 자신의 할 일을 모색해갔다. 그는 1906년 5월 방적업계의 사설(私設) 경제시찰단의 일원으로 처음으로 조선과 만주를 방문했다. 러일전쟁의 승리로 일본제국의 세력권이 확대되자 그에 따른 새로운 시장개척을 위한 경제시찰이었다. 야나기하라는 시찰기간 동안 일본인의 조선인에 대한 태도와 무례한 행동거지를 목격하고 큰 충격을 받아 제국신민이 된 일본인의 할 바가 무엇인가를 깊이 생각하게 되었다.

일본의 보호국이 된 조선 사람에 대해 우리 동포가 설령 (조선 사람이) 아랫사람이나 노동자라 할지라도 이런 식으로는 지도될 리가 없다. 그들 (조선 사람)을 심복시켜 지도한다는 것은 폭력으로는 할 수 있는 일이 아니다.[2]

또한 야나기하라는 1910년 한 조선인을 교화·지도하면서 대조선인 사업의 필요성을 절감하게 되었다. 야나기하라는 사까이시 나미마쯔쬬오(並松町)의 골목에서 엿을 팔던 김상철(金相哲)을 집으로 데려가 5년 동안 같이 생활했다. 염색공장 직공으로 취직시켜 자립할 수 있게 했고, 배일(排日)감정을 버리고 친일성향으로 돌아서게 했다. 이 과정에서 야나기하라는 지금까지 공장노동자나 지역주민을 직접 만나 감화시키고자 노력해온 것처럼 내선융화를 위해서도 일본 민간인의 역

이왕가어경사기념회 회장 야나기하라가 숙명여자고등보통학교에서 최우등 졸업생을 표창하고 있다(1922).

제공: 모모야마학원 사료실

할이 필요하며, 조선인과 직접 접촉·교류하는 방법이 중요하다는 확고한 신념을 갖게 되었다.

야나기하라는 이상과 같은 경험과 시도를 바탕으로 1920년대에 와서는 조선인을 대상으로 조직적인 활동을 펼치기 시작했다. 1920년 4월 왕세자 이은(李垠)과 나시모또미야 마사꼬(梨本宮方子)의 결혼을 기념해 지역유지들을 모아 이왕가어경사기념회(李王家御慶事記念會, 이하 기념회)를 만들어 회장에 취임했다. 기념회는 조선의 여자고등보통학교와 고등여학교 우등 졸업생의 표창을 주된 사업으로 시작했으나, 1923년 4월부터는 조선인 여자 일본유학생에 대한 원조사업도 시작했다.[3] 그리고 1923년 11월에는 오오사까 관민협동의 조선인 대책기관으

로 설립된 내선협화회(內鮮協和會)의 유일한 민간인 이사로 임명되었다.[4]

요컨대 야나기하라는 1945년 3월에 임종하기까지 내선융화라는 식민지정책이 뿌리내릴 수 있도록 노력함으로써 일본 민간인의 입장에서 식민지통치에 공헌하고자 했다. 그는 식민지 조선과 식민지 본국 일본을 무대로 조선 여성의 고등교육을 지원하는 조직을 설립했고, 오오사까 지역에 거주하는 조선인의 '보호·구제'사업에도 앞장섰다. 이에 필요한 활동자금을 공장경영에서 얻은 이윤에서 상당부분 충당했다. 열성을 다해 조직적으로 대응하고자 노력했던 야나기하라와 같은 인물은 이전에는 볼 수 없었던 새로운 형의 일본제국의 일꾼이라 할 수 있다.

야나기하라는 제국적 가치를 식민지인에게 적극적·조직적으로 전파하고 심어주려는 콜로니얼 미셔너리(Colonial Missionary)와 같은 존재라 할 수 있다. 단 그는 종교사업을 주된 목적으로 하지 않았고 활동무대도 주로 식민지 본국에 두었던 점에서 콜러니얼 미셔너리라는 본래의 개념에는 그대로 해당되지 않는다. 그러나 천황제 일본제국의 유지·확장이라는 사명감, 식민지인의 지도·교화라는 동기, 활동의 자발성과 헌신성, 정열 등의 점에서 미루어볼 때 야나기하라는 콜로니얼 미셔너리와 본질적으로 같은 존재이다.

히카시 혼칸지(東本願寺), 니시 혼칸지(西本願寺) 등의 불교나 천리교 등과 같은 민간 종교단체가 일본제국의 지배체제에 기여한 역사적 사실을 간과해서는 안되나, 기독교 선교를 전면에 내세운 서양 제국주의의 식민지 지배수법을 채택하지 않았던 일본제국은 식민지에 제국적 가치를 전파하는 인적 기반을 어떻게 구축할 수 있었을까. 이 문제를 생각할 경우 야나기하라는 일본제국이 확장·발전해감에 따라 생겨난 일본제국 이데올로기의 보급자이자 실천가로서 매우 흥미로운 인물임에 틀림없다.

이 장에서는 여자유학생과 깊이 교류한 일본 민간인, 야나기하라의 의식·행동을 본인이 남긴 자료에 근거해 분석하고자 한다. 다시 말해 야나기하라의 의식과 활동을 통해 여자유학생의 식민지적 조우, 여자유학생을 둘러싼 일본의 사회문화적 환경의 한 측면을 밝혀보고자 한다. 나아가 야나기하라의 의식과 행동을 분석하는 것은 일본제국 내부의 사회문화적 변화를 고찰하는 것이기도 하다. 이는 수탈자·억압자의 이미지에서 벗어나 '자애로운 아버지' 얼굴의 일본인이 식민지 본국의 '내부 식민지'라 할 수 있는 '외지 사회'에 모습을 드러내고, 조선인 대책의 최일선에서 활동한다는 제국의 변모를 밝히는 중요한 작업이라 하겠다.

2. 새로운 형의 사회명망가, 야나기하라

신흥 기업가 야나기하라

야나기하라가 창업한 염색공장은 러일전쟁 이후 표백·염색가공 부문에서 사까이시 최고 기업으로 두각을 나타내 1926년에는 종업원 336명, 생산액 199만엔의 공장으로 성장했다.[5] 지역 신문에 '직공구제'나 노사협조가 잘되는 모범공장으로 소개되는 등,[6] 명실상부한 지역의 대표적인 기업이 된 것이다. 그러나 이 공장 노동자의 처우 전반에 관한 실태는 구체적으로 알 수 없고, 또 이 공장 노동자의 약 10%를 차지한 조선인 노동자들이[7] 당시 다른 공장의 경우처럼 임금이나 처우 면에서 차별을 받았는지는 분명하지 않다.

그러나 타이쇼오(大正) 시기(1912~25)에 사회적 관심이 고조된 근대적 노무관리와 노사협조주의,[8] 그리고 기독교의 인류애 정신에 따라 야나기하라는 종래의 단순한 온정주의에서 벗어나 합리적인 노무관리를 도입하고 노동자 처우개선에 노력했다. 신흥기업가로서 갖추고자 했던 그의 근대적인 면모를, 비록 단편적이기는 하나 살펴보기로 하자.

우선 염색공장의 극기단의 운영자금을 한달에 몇차례 평일에 설정된 규정 외 노동(극기시간이라 부름) 수당에서 충당한 것으로 보아 야나기하라의 공장에서는 노동시간이 엄수되었음을 알 수 있다. 극기단이 결성되었을 때부터 월 2회였던 휴일이 당시로는 드물게 매주 일요일로 바뀐 점도 노동자 처우개선의 한 예라고 할 수 있다.

그리고 '모범노동자' 양성을 위해 노동자 교육을 실시했다. 직공강화회(職工講話會)를 열어 노동자의 건전한 직분의식을 고무하고 과학지식과 교양, 취미를 가진 노동자상을 장려했으며 오락의 장도 마련했다. 극기단의 기관지 『향상(向上)』의 지면을 통해서도 수양, 절제, 절약, 공제 등의 사회적 가치를 호소했다. 당시 자본가·경영자들은 모범적인 노동자를 양성하기 위해 노동과정뿐만 아니라 노동자들의 생활까지 고려한 여러가지 노동자 관리대책을 모색했는데, 이것이 바로 그 예라고 하겠다. 또 노동자 스스로가 모범적인 직공이 되고자 경쟁하는 씨스템을 적극 도입했다는 지적도 있듯이,[9] 야나기하라의 염색공장에서도 극기단 단원이 중심이 되어 금주·금연 서약운동과 직공과 주민을 위한 구제활동을 펼쳤으며, 출근 전에 공장예배에 참가하도록 권장하기도 했다.

다음으로 야나기하라의 오오사까공업회 활동을 살펴보면 1919년 2월 오오사까공업회는 "노동조합을 공인해 자본가와 원만한 협조를 유지하고 조합을 유액(誘掖) 지도하려는 방침"을 정해 같은 해 5월에는 노동조합법 제정을 적극적으로 요구한다는 입장을 밝혔다. 이것은 노사협조적 조합설립을 지향한 것으로 당시의 경영자 단체로는 상당히 진보적인 입장이었다. 야나기하라는 오오사까공업회 이사로 이러한 방침을 적극적으로 추진했다.[10]

마지막으로 야나기하라가 이른바 노동문제를 정신주의적인 방법으로 해결하고자 했음을 살펴보자. 그는 이 문제에 대한 평소의 의견을 정리해 다음과 같은 글로 남겼다.

근래에 이른바 사회정책 혹은 경제정책에서 무엇보다 연구해야 할 중요한 문제는 협의의 노동자, 통례 직공 문제, 바로 이것입니다. (…) 원래 직공은 자본가와 서로 대립해, 그러면서 생산의 일각을 지배하는 중임을 맡고 있는 자임에도 불구하고, 왕왕 (직공의) 인권무시가 심한 것은 거의 소나 말 혹은 순전히 기계와 다름이 없는 상태입니다. 실로 운없이 학대를 당하는 예가 적지 않습니다. (…) 돈만으로 그들을 만족시킬 수는 없습니다. 물론 돈도 필요합니다. 하지만 돈만 가지고는 안됩니다. 진정으로 직공을 우대하고, 그리하여 그들이 정말로 정신수양을 하도록 하는 것이 필요합니다. (…) 우리들은 결코 단지 돈만을 위해 일하는 것이 아니다. 우리들은 우리들에게 주어진 일, 이것이 곧 천직이라고 자부하게 하는 것이다. (…) 응당 받아야 할 보수를 받는 것, 그것은 당연하다. 이 사상을 키우지 않으면 안됩니다. (…) 직공문제에서도 이 정신수양이 필요합니다. (…) 물론 이것으로 직공문제 전반을 말하려는 것은 아니지만, 나는 직공문제의 일부분으로서 그들에게 이러한 정신적 수양을 하게 하는 것이 오늘날 가장 시급한 과제라고 생각하는 사람입니다.[11]

야나기하라는 노동문제의 해결은 반드시 임금개선만으로는 실현될 수 없고, 사회유기체 내의 노동자로서의 직분의식을 심어줄 필요가 있으며, 그러기 위해서는 노동자의 정신수양이 필요하다는 생각이었다. 이 정신주의는 노동자의 일방적인 희생, 유순한 태도, 인종 등을 요구한 종래의 노동자관과는 물론 다른 것이다. 그리고 정신수양은 반드시 관념적인 것만이 아니라 생활에서 근대적이고 종교적인 가치를 중요하게 여기는 것을 의미했다. 즉 정신수양에 관한 야나기하라의 다른 글을 보면 "궁리하는 습관" "시간관념" "자제하는 생활" "신을 표준으로 인격향상을 도모하는 것"을 수양의 목표로 삼았고,[12] 이를 위한 생활개조로서 금주·금연·낭비방지 등 나쁜 습관에서 벗어날 것을 주장했다.[13] 그러나 그의 정신주의는 당시 전개되던 노동운동을 반대하는 입장임은 말할 나위도 없다.

방면(方面)위원 야나기하라

야나기하라는 1924년 7월부터 1937년 2월까지 사까이시 제1방면 상무위원을 역임했다. 오오사까후 방면위원제도는 1918년 10월 지역유지가 주민생활을 조사해 대주민 구제활동을 올바르게 실시한다는 취지로 설치되었다. 그뒤 각 부현(府縣)과 식민지에서도 실시되었고 1936년 11월에는 방면위원령이 공포되었다.

오오사까후 방면위원제도의 개요에 대해서는 선행 연구[14]가 있으니 생략하고, 여기서는 이 제도를 도입한 정책적 배경으로서 제도입안자의 관점을 분석하고자 한다. 야나기하라는 앞서 언급한 오오사까후 구제사업연구회의 멤버이자 방면위원으로 방면위원제도 입안자를 비롯한 고위층 관료와 엘리뜨들의 사고, 지적 성향에서 큰 영향을 받았기 때문에 이들이 어떠한 인식을 갖고 있었는지 살펴보고자 하는 것이다.

우선 오오사까시와 그 주변지역을 정비해 주민생활을 개선하고, 도시 하층민에게 시민의식을 침투시키고자 했다. 방면위원제도의 설치를 추진해온 하야시 이찌죠오(林市藏) 지사는 "이 오오사까시에 옛날부터 있어온 구(區)의 경우는 이미 역사가 있기 때문에 상당히 질서도 있고, 예의범절도 있다. 그러나 한발 나아가 신시가지와 같은 데 가보면 실로 번잡해 거의 질서도 없고, 동네 모습을 제대로 갖추지 않고, 말하자면 시민의 모습을 갖추지 못해 이주노동이라고 할까 혹은 식민지의 변두리라고 할까, 너무나 유감스러운 상황이다."[15]라며, 방면위원제도를 그러한 무질서한 지역에 우선적으로 도입해 건전한 도시체제를 만들고 시민의식도 고무해나가겠다는 정책적 입장을 분명히했다.

둘째, 사회질서 유지를 위한 조직확립과 빈민구제 및 '부랑자' 통제라는 관점이다. 이 제도의 실질적 입안자인 오가와 시게지로오(小河滋次郎, 사회과 촉탁위원)는 슬럼이 도시 전체의 안녕을 파괴할 수 있는 문제를 안고 있기 때문에 조직적인 치안대책으로서 방면위원제도를 도입한다고 밝혔다.[16] 방면위원의 주민조사 대상자로 빈곤자 외에 소위 '보호지도 감독을 요하는 자'로서 불기소자, 집행유예자, 가석방자, 전과가 있는 상습 성범죄자, 불량소년, 매춘부, 무직자를 포함시켜 치안유지를 위해 이같은 '위험인물'에게 감시의 손길이 미칠 수 있도록 했다. "방면위원은 극빈자 및 차빈자(次貧者), 준차빈자(準次貧者)에 속하는 세 부류의 사람에 대해 지속적으로 생활 실상을 사찰하고 소상히 밝혀, 그 결과를 일정한 형식을 갖춘 조사카드에 기입한다."[17]는 지침과 같이 방면위원제도를 통해 부랑자를 통제하고 치안을 유지하고자 했다.

셋째, 천황제 국가의 기틀을 강건히하고 사회개량을 해나가기 위해서는 중산층을 동원해야 한다는 인식이다. 오가와는 "우리 방면위원을 중산계급에서 선발한다는 방침을 정한 것은 우연이 아님을 알아야 하며 (…) 중산층이 우리 황실의 가장 유력한 울타리이며, 빈부 양 계급의 조절기관이자 일국의 교풍(敎風)과 도덕의 중심점이어야 한다고 하면 이 커다란 사명을 다하고자 구체적인 실현에 이른 것이 바로 방면위원제도 이것이라고 할 수도 있다."[18]라고 말했다. 따라서 방면위원은 각 지역의 경제적·사회적 중견 인물 가운데서 선발되었다. 메이지 말기에 마을의 명망있는 인물이 지방개량운동을 추진해나갈 지도자로 국가의 기대를 받았듯이, 타이쇼오기(大正期)에도 체제유지 강화를 위해 국가권력이 중산층을 동원하고자 했는데, 그러한 국가적 시도를 방면위원제도에서도 엿볼 수 있다.

마지막으로 주민교화라는 관점이다. 특히 가족생활을 교화해 일부일처제와 혼인·출생 신고주의에 입각한 가족제도를 확립하고, 이로써 건전한 노동력과 군사력을 확보하고자 했다.[19] 산업도시인 오오사까에서는 양질의 노동력 확보가 중대 문제였으며 국가·사회 안전을 위해서는 군사력 확보도 매우 중요했기 때문에 방면위원제도를 도입해 가족제도 확립에 기여하고자 한 것이다. 따라서 방면위원의 취급사항 중에는 소위 내연관계에 있는 가족의 호적정리 건이 상당한 비율을 차지하고 있었다.[20]

이상과 같은 정책배경을 가진 오오사까후 방면위원제도가 사까이시에 도입된 것은 1924년 4월이었다. 아래에서 사까이시 제1방면 상무위원인 야나기하라의 의식과 활동을 오오사까후 방면상무위원 연합회(이하 연합회)에서 한 그의 발언과 의견을 통해 살펴보고자 한다.

첫째, 야나기하라는 천황제 국가이데올로기를 지역주민에게 확산·침투시키고자 했다. 그는 1924년 11월의 연합회에서 방면사업에 대한 견해를 다음과 같이 밝혔다.

이것은 좀 방면위원이 애를 써서 그들(공산주의자)이 진심으로 개심을 한다면 정말 좋은 일입니다. 이 부분이 방면위원으로서 크게 일할 바가 아닐까라고 하기에 (…) 그래서 이들을 좀 인간 만드는 데에는 어떻게든 역시 작년에 지진 재해가 있은 뒤에 내리신 칙어(勅語)정신을 충분히 철저하게 지키게 한다면, 저는 매우 좋겠다고 생각합니다. (…) 뭐니 해도 이들 악화되어가는 자들에게, 지금의 황실과 우리 인민들과의 관계를 깨우치게 해, 그들이 칙어정신을 체현해갈 수 있도록 하지 않으면 안됩니다. 그러기 위해서는 단지 강연만으로는 안됩니다.[21]

야나기하라는 방면사업이 '칙어정신'을 널리 일반주민, 특히 공산주의자에게 침투시키는 것이라는 인식을 밝힌 뒤에 이를 위한 구체적인 활동으로, 은사재단제생회병원(恩賜財團濟生會病院)에서 진찰을 받은 주민의 가정을 방문해 칙어정신을 이야기하고 깊이 이해시켰음을 보고했다.

둘째, 야나기하라의 범죄예방에 관한 관심이다. 앞서 서술한 바와 같이 방면위원제도는 치안유지를 위해 시종일관 범죄 전력이 있는 자나 가능성이 있다고 간주되는 자를 사찰하는 일을 방면위원의 중요한 직무로 삼고 있었다. 이와 관련해 야나기하라는 "특히 그중에서도 아동을 보호하는 일에 힘쓰고 싶다. 다시 말해 어른이 가는 감옥, 그 커다란 감옥이 생긴 것을 놀라워하기보다는 사람이 감옥에 가지 않도록 하기 위해 무엇인가 일을 하고 싶다. 특히 방면위원이 이러한 쪽에 마음을 두기를 바란다. 그중에서도 어른보다 아이들에 대해 이러한 생각을 좀 품어주기를 바란다."[22]며 범죄예방을 위해 아동기 때부터 선도교육을 해야 한다는 생각을 밝혔다. 그리고 그 실천으로 아동보호·교육에 관한 주민계몽강화회(講和會)를 열었는데, 이 강화회가 어느 정도의 규모로 지속되었는지는 분명하지 않다.

셋째, 야나기하라는 방면사업의 중요한 목적이 공산주의자에 맞서 그들의 정신을 개조하는 데 있다는 입장이었다. 1920년대 공산주의운 동·노동운동이 고조되는 가운데 오오사까후 지사인 찌까라이시 유이 찌로오(力石雄一郎)는 1928년 7월의 연합회에 참석해 공산주의에 대한 대응이 방면사업의 과제임을 천명했다. 연합회에서는 이전부터 공산주의에 관한 협의나 공산주의자를 대상으로 한 교화활동의 보고가 있었다. 야나기하라도 앞서 말한 1924년 11월의 연합회, 1926년 7월의 연합회에서 공산주의자의 교화문제를 보고했다. 그는 공산주의자의 정신개조야말로 방면위원의 가장 중요한 사업이라며 다음과 같이 발언했다.

우리들 방면위원이 어떻게 해서든지 역시 그들(공산주의자)의 정신을 진정으로 참회시켜서 그들을 참된 인간으로 만드는 일이 수반되어야 비로소이 사업이 완성된다고 생각합니다.[23]

마지막으로 지적하고 싶은 것은 방면위원상에 관한 야나기하라의 생각이다. 1934년 사까이시 방면위원제도 설치 10주년 기념식에서 "방면정신은 말할 나위 없이 말이 아니라 실행입니다. 비판이 아니라 온정입니다. 따뜻한 인정 가득한 그리고 세세한 곳까지 마음을 쓰는 자애로운 손길이 카드자(조사카드에 기입된 극빈자나 요주의 인물)를 잘 다룰 수 있다고 생각합니다. 구빈(救貧)은 물론 방빈(防貧)에 대한 한 방울 충고의 눈물이 그들의 마음 깊숙이 스며들어 분기소생(奮起蘇生)의 일대 원동력이 된다고 믿습니다."[24]는 축사에서 알 수 있듯이 야나기하라는 주민생활의 구석구석까지 관심과 온정으로 깊히 파고들어가 영향을 미치는 방면위원상을 이상으로 삼은 것이다.

요약하면 야나기하라는 강건한 천황제 국가구축과 사회개량·주민교화를 위한 중산층의 역할이라는, 앞서 검토한 오가와의 인식을 충실히 받아들이고 있었다. 야나기하라는 범죄와 공산주의의 방파제이자 천황제 이데올로기의 충실한 전파자가 되어 주민 속으로 직접 들어가 온정으로 접촉하고자 했던 것이다.

이상으로 근대적 공장경영을 도입한 신흥기업가이자 방면위원으로서 지역의 경제발전과 안정·안녕을 꾀하고자 했던 야나기하라의 의식과 활동을 살펴보았다. 이와같은 야나기하라의 사회적 지위나 경험·의식에서 대조선인 사업의 내적 동기가 움트고 있었음을 다음과 같이 생각해보고자 한다.

우선 야나기하라의 사회적 입장부터 생각해보자. 그는 지역유력자로서 지역의 근대적 발전에 이바지하고자 했고, 그것이 곧 그의 공장경영이나 사회적 명망에도 직접 보탬이 되었다는 점에서 그는 지역변화에 민감했고 새로이 유입되어 들어오는 조선인을 누구보다 빨리 시야에 넣고 행동할 수 있었다고 생각된다. 또 자본, 사회적 명망, 도덕적 신망이 있었기 때문에 '조선인 문제'를 공적으로 거론하는 것은 물론 관련 사업을 추진하는 것도 가능했다고 생각된다. 그러나 조선인과의 관계가 공장경영과 명망에 직접적으로 보탬이 되었는지, 뒤집어 말하면 그러한 동기가 명확히 있었는지 밝히기는 어렵다. 그러나 육군 군복의 염색사업과 아시아에 수출하는 면포의 염색·표백 사업에서 큰 이윤을 얻었듯이, 일본제국의 발전과 그의 공장경영이 불가분의 관계에 있었던 점을 생각할 때 조선인 문제의 해결·대응은 그에게 있어 단순한 '흥미'나 '관심' 이상의 문제였다고 생각된다. 또한 그의 대조선인 사업은 내선융화의 모범사례로 지역신문에 때때로 소개되는 등[25]

지역사회에서 그의 명망을 높이는 데 확실히 도움이 되었다고 볼 수 있다.

천황제의 일본정신을 저변으로 침투시키고자 한 사회중산층의 사명감, 한 사람 한 사람의 정신수양에 의한 사회개량이라는 비전, 그리고 종교적 휴머니즘에서 유래하는 약자에 대한 관심과 동정은 분명 야나기하라의 중요한 정신적 모티브였다. 이러한 정신적 특징이 초선인의 지도·교화를 지향하는 그의 독특한 제국의식의 형성에 중요한 역할을 했다고 생각한다.

3. 제국의 새로운 일꾼, 야나기하라

조선인 지도·교화론

야나기하라는 조선인 지도·교화론을 체계적으로 저술하지 않았으나, 『사회사업연구(社會事業研究)』를 비롯해[26] 자비 출판물 『향상』 『앵근의 화(櫻槿の華)』에 투고하거나, 1924년부터 1936년까지 해마다 지방장관회의에 배포한 「조선 자제 교육에 관한 비견(朝鮮子弟敎育に關する卑見)」(이하 의견서)[27] 등을 통해 자신만의 독특한 조선인 지도·교화론을 개진했다.

야나기하라는 앞서 서술했듯이 1906년 조선 방문중에 일본제국 신민의 할 바를 자각하게 되었고, 그것은 1920년대 초 다음과 같은 '일본인 의식' '제국의식'으로 나타났다.

나는 동포(일본인)정신의 실제 문제로서 첫째, 일본 거주 외국인이든 서양인이든 지나(支那)인이든을 불문하고 친절하게 대할 것과, 나아가 또 조

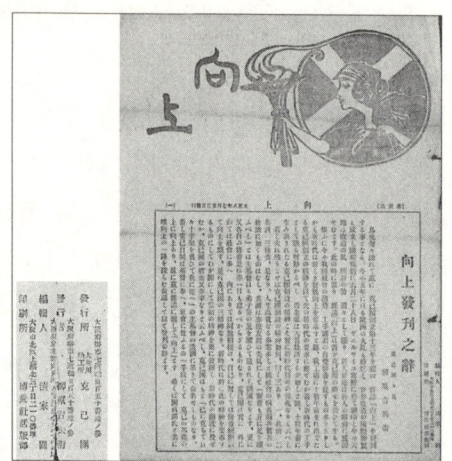

『향상』(제1호)의 표지와 판권 페이지

제공: 모모야마학원 사료실

『앵근의 화』(제1호)의 표지와 판권 페이지

제공: 모모야마학원 사료실

선, 타이완 등의 형제들에게 동포형제의 실(實)을 보여주도록 힘쓰고 싶다. 특히 동양의 여러 국민에게 일본은 형님과 같은 지위에 있다. 그렇다면 더더욱 사랑과 친절로 이들 제 민족과 접하지 않으면 안된다고 생각한다.[28]

이 인용문에서 알 수 있듯이 야나기하라는 일본이 식민지를 비롯해 타아시아 여러 국가·민족을 지도해야 하는 "형님"의 위치에 있다고 인식했다. 그리고 1차 세계대전에서 얻은 교훈에 따라 아시아 여러 나라는 단결해 평화질서 유지에 앞장서야 한다고 주장했다.[29] 중일전쟁이 발발한 뒤에는 '동아신질서(東亞新秩序)'의 슬로건에 호응하듯 일본을 맹주로 하는 "동아(東亞)의 낙토(樂土) 건설"을 주장하기에 이르렀다.[30] 이러한 일본인의식·제국의식을 바탕으로 야나기하라는 1920년부터 조선인 지도·교화 문제에 관여하기 시작했으며 1935년 이후에는 만주국 유학생 지도 문제에도 착수했다.

야나기하라의 조선인 지도·교화론은 동화주의와 교육제일주의에 기초해 전개되었다. "그리하여 조선 동포의 완전한 통치를 기하기 위해서는 그들의 언어, 풍속, 습관 등을 동일한 문화 아래 지도해 피아상애(彼我相愛)의 정신적 일치를 제일로 하지 않으면 안된다."[31]고 했듯이 야나기하라에게 조선 지배는 곧 조선인을 일본 문화에 동화해나가는 것을 의미했다. 또한 조선 지배는 '교육'으로 가능할 것으로 확신했는데, 이와같은 자신의 신념을 간단명료하게 다음과 같이 밝히고 있다.

교육제일주의로 교육을 통해 내선의 모든 문제를 해결하고, 공존공영(共存共榮)의 열매를 거두고자 한다.[32]

본회(이왕가어경사기념회)의 주의주장은 교육받은 조선 사람들이 한 사람이라도 조선 땅에 더 많아지는 것이라고 말하는 것이다. 바꿔 말하면 교육의 힘으로 그들 문화를 하루라도 빨리 발달시키고 싶은 바람이다.[33]

정치·산업·경제 모두 그들 동포(조선인)를 원조하는 데 긴요한 것이다. 그렇지만 참된 융화사업은 교육에 기초를 두지 않으면 안된다(1926년의 의견서).

야나기하라는 조선인에게 학교교육을 보급·장려하여 문화수준을 일정 정도 끌어올리고 또 천황제 국가의식을 비롯해 제국의 여러 중심 가치를 조선인에게 침투시키고자 했다. 그의 이러한 생각에는 "식민지의 정치·경제적 상황과 사람들의 의식에 상응하는 교육의 실시"라는 방침 아래 고등교육의 발전을 억제해온 조선총독부의 교육정책이나 일본어 보급, 황실에 대한 충성심을 강요했던 종래의 동화정책과는 분명히 달랐다.

또다른 한 가지 특징으로서 야나기하라는 '조선인에 의한 조선인 교육의 보급'을 다음과 같이 주장했다.

조선 사람에 의해 조선을 교육해나간다.[34]

본회(이왕가어경사기념회)의 주의 이상으로 삼고 있는 것은 조선은 조선인의 조선이라는 것입니다. 따라서 조선의 일은 조선인 스스로가 선처 해결하여 그럼으로써 폐하의 적자, 국가의 일원다운 책임과 의무를 수행해나가는 것이라고 생각합니다. 이것이 국민으로서의 자각을 촉구하는 까닭입니다. (…) 그리하여 그 일조로서는 그들(조선인)을 교육할 (조선인) 교육

가를 가령 한 명이라도 양성하는 것이 될 거라고 생각하여 (…)[35]

한 사람이라도 많이, 그리고 일본정신을 잘 파악한 조선의 교육가를 양성해 그들과 같은 좋은 교사를 통해 이천만의 새 동포(조선인)에게 호소하고자 했던 것입니다.[36]

야나기하라의 교육주의는 고등교육을 받은 조선인을 통해 일본제국의 지배이데올로기가 조선에 이식·침투되어야 한다는 입장에 따른 것이다. 또한 그의 독특한 조선인 유학생 지도론과 여성교육관은 이와같이 조선인 교육을 담당할 인물을 양성하는 문제에서 비롯된 것으로, 다음에서는 이 점을 살펴보기로 하자.

먼저 의견서 등을 통해 주장된 야나기하라의 유학생 지도론을 살펴보자. 의견서는 해마다 조금씩 달라진 부분도 있으나 전체적으로는 일관된 논조로 작성되었고, 조선총독부의 유학억제 노선이나 단속·감시·감독 우선의 유학생 지도방침과는 다른 입장임을 분명히했다.

야나기하라는 "그들(장래 조선인 지도자)을 우리나라에서 교육하는 것이 융화사업상 최대 급무임을 믿는 자입니다."(1924년 의견서), "장래 선인(鮮人)의 지도자가 될 사람들을 일본문화 아래서 교양시켜 그들 자신을 융화의 이음쇠가 되도록 하는 것이 가장 지당한 일이라고 확신합니다."[37]라고 했듯이 장래의 조선인 지도자를 일본에서 직접 교육·양성해 내선융화의 교량으로 삼고자 하는 새로운 관점을 제시했다. 바꿔 말하면 야나기하라에게는 이러한 인물의 양성이야말로 내선융화에 이르는 정도(正道)였던 것이다.

또한 야나기하라는 조선인 유학생을 "일본문화 아래서 교양한다."(1926년 의견서), "우리나라(일본) 문화 아래서, 특히 정신적 교육을 실시할 것."(1927년 의견서), "우리나라를 잘 이해시켜 그들의 사상을 선도"(1928년 이후의 의견서), "국가관념을 가지게 할 것."(1932년 의견서)이라는 지도방침을 제안했다. 나아가 유학생을 지도하는 구체적인 방안으로는 다음의 인용에서 알 수 있듯이 유학생이 사회명망가와 교류·접촉해 일본문화·사상에 익숙해지도록 다양한 기회를 제공해 자연스럽게 감화·동화해갈 수 있도록 해야 한다는 이른바 문화적 방안을 거론했다.

> 미국 뉴욕, 리버싸이드에 건립된 코스모폴리탄 클럽관이라는 고층의 큰 건물은 미국에 유학하는 외국 학생들에게 대여하는 기숙사이며, 이곳에서 (…) 저명한 학자, 사업가, 정치가, 종교가 등과 개인적으로 친분을 맺고 그들의 가정에 출입해 개인적인 사랑에 깊이 접하며 미국의 사회종교 교육, 산업의 지식을 주고 미국사상을 주입해 친선을 도모하고 있다. 미국에 유학하는 다수의 지나 청년이 자신도 모르는 사이에 무릇 미국적 정신의 감화를 받아 친미의 밀도를 높여나가는 것은 실로 이유가 있다고 생각한다. 복잡한 내선인 관계의 해결 또, 특히 선인(鮮人)의 장래 지도자가 될 많은 유학생을 거느리는 일본 내지(內地)에서도 이러한 점을 고려해야 할 것이라고 생각한다.[38]

야나기하라는 이상과 같이 유학생을 지도해, 식민지 본국의 문화를 이해·심취하고 그 가치를 스스로 실행에 옮겨 조선에 전파하는 인간을 양산하려 했다. 식민지지배에 단순히 협력하거나 굴종하는 인간보다 스스로 일본의 식민지지배의 타당성을 납득해 제국의 일원으로서 적극적으로 협력해갈 인간을 키워내고자 한 것이다.

이러한 야나기하라의 인식은 1장에서 살펴보았듯이 1920년대 이래 친일적인 중견인물을 유학생 가운데서 길러내고자 단속·감시·감독하는 한편, 회유·보도·감화의 방법도 도입했던 조선총독부의 방침과 기본적으로 일치한다. 이러한 방침은 1940년대에 들어 미나미(南) 총독에 의해 더 적극적으로 추진되었는데, 사이또오(齊藤) 총독 이래 총독부와 긴밀한 협조관계를 맺어온 야나기하라로부터 미나미 총독이 어느정도 영향을 받았다고도 생각할 수 있다.

예를 들어 미나미 총독이 "저는 지난 번에는 귀하의 영식군(令息君) 테이지로오가 경성에 왔을 때 여러가지 귀하의 봉사정신, 이왕가어경사기념회의 장래에 관한 말씀 등을 처음으로 자세하게 알게 되었습니다."고 야나기하라 앞으로 보낸 편지[39](1936년 11월 23일자)에서 밝혔듯이, 미나미 총독은 부임 직후 야나기하라의 활동상을 상세히 알게 되었다. 그뒤 두 사람 사이에 어떤 교류가 있었는지는 알 수 없으나 다음 여자유학생의 구술에서 짐작해보면 야나기하라가 미나미 총독과 면담해 자유롭게 의견을 개진할 정도로, 또 미나미 총독이 야나기하라의 의견에 귀를 기울일 정도로 야나기하라는 미나미 총독의 신뢰를 받고 있었다.

나는 1919년에 평양에서 태어났어요. 우리 부모님은 신교육 받지 않아서. 우리 오라버니는 동경에서 명치대학 다녔어. 다니다가 독립운동한다고, 북경으로 중국으로 가서, 나중에 결국은 여순감옥에서 사형받았어. 여학교 졸업하고 사범학교 시험 치러 와서, 이렇게 불순 가정이라고, 시험장에 갔더니 기미가요와 풍금을 하라고 했는데, 하니 그냥 퇴장시키더라고. 불순하게 반주한다고. 흔들흔들 하면서 했다고. 일본의 국가를 엄숙하게 하지 않고 흔들흔들 쳤다고 구실을 붙여서 퇴장명령을 받았어. 불순 가정이라고. 그래서 일본으로 할 수 없어서 갔지. 그때 사범학교 들어갔으면 국민학교 선생할 건데, 할 수 없어서 간 거지. 평양여고 모모세(百瀬) 교장이

나에게 일본 가는 것을 안내해주더라고. (…) 내가 평양여고 졸업할 때 이왕가어경사기념회 최고상을 탔어요. 교장 선생이 나를 소개했어. 교장이 편지를 썼어요, 야나기하라한테. 이 학생을 구제해달라고. 그때 시기가 다 지났는데, 할아버지가 다 주선해서. 그 사람은 일본에서 세력이 당당하니깐. 야나기하라 할아버지가 나를 데리러 와서. (일본에서) 겨울방학 때는 그 집에 가서 지내다가 왔어. 그 사람이 내 보증인이 되어줬지. 일본 아이들은 내가 이씨이고 야나기하라가 한 달에 한 번씩 차를 보내서 나를 데리러 오고 했으니깐, 일본 아이들은 내가 이왕가의 사람인 줄 생각했지. 한 달에 한 번씩 정도는 그 집에서 데리러 와서 갔지. 그 사람은 기독교 신자인데, 참 인자해. 자주 댕겼어. 내가 간 적은 없었어. 데리러 왔지. 전화로 몇시까지 가니 준비하라고. 할아버지가 직접 온 적도 있고, 차만 보내준 적도 있지. 그 집에 가서 잘 먹고. 내가 어떤 때 "일본 사람들이 지독하다."고 있는 대로 솔직한 말을 하면 그걸 다 받아줘요. "너희들이 그렇게 생각할 거다."라면서 "너희들이 공부하고 위대하게 되어서, 졸업하고 나가서 활동하면 그게 바뀌게 될 거다."고. 참 훌륭한 분이어서. 뭐 그렇게 일본 냄새를 안 피우고 사랑으로. 야나기하라상이 평양까지 나를 데리러 왔어요. 경도에 갈 때 평양까지 나를 데리러 왔다고. 일부러 한국까지 와서, 미나미 총독 있는데, 나를 데리고 총독, 얼굴이 동그랗고 훈장이 어깨에 많이 달린 총독에게 가서, 그렇게 하면 안된다고. 사상이 그렇다고 학교를 떨어뜨리는 그런 노골적인 졸렬한 방법으로 하면 한국을 흡수할 수 없다고. 막 꾸지람을 하시고 미나미 총독한테. 나도 다 있는데. 총독이 벌벌 떨고 그랬어 (여자유학생 Y씨 구술, 쿄오또여자고등전문학교 가정과, 1937~40).

다음으로 야나기하라의 여성교육관을 살펴보자. 여자유학생과 관련한 총독부의 기본방침이 특별히 없었음에 비해 야나기하라는 여자유학생의 장래 역할을 중요시해 다음과 같이 말했다.

> 어느 민족이라도 여성은 어머니가 되어 차기 국민을 기르는 자다. (…)
> 우선 소녀들의 공립여학교에서 배우는 자들로부터 향학심을 강하게 조장
> 해, 일선(日鮮) 양 민족의 마음으로부터의 융화를 이해시키는 것이다. 그
> 것은 장차 어머니가 될 자이며, 또 상급학교를 지향하는 자는 지도의 책무
> 를 맡는 교육가가 될 자이므로 이러한 여성교육이야말로 중요시해야 한
> 다.[40]

야나기하라는 내선융화를 위해서는 어머니이자 교육자가 될 여성의
역할이 중요하다고 보았다. 어머니가 될 여성들의 교육과 여성교육을
담당할 여성교육자의 양성이 차세대 제국의 안정과 번영을 위해 무엇
보다 중요하다고 인식했던 것이다.

야나기하라의 이러한 여성교육관은 메이지 시기(1868~1912)부터 타
이쇼오 시기(1912~26)에 걸쳐 정착된 근대적 여성관의 영향을 강하게
받은 것으로 생각된다. 즉 메이지 계몽기부터 장래의 국민을 기르는
어머니의 역할을 강조하는 현모양처 여성관이 형성되어왔으나, 1차 세
계대전을 거치면서 여성은 가정교육의 담당자일 뿐만 아니라 직접 국
가에 공헌하는 국민으로 인식되기에 이르렀고, 그 결과 여성 고등교육
을 확대해야 한다는 목소리가 높아졌다.[41] 야나기하라는 여성·여성교
육을 둘러싼 이러한 시대적 인식변화와 상통한 견해로 여자유학생의
지원사업에 앞장선 것이다.

"조선으로 건너가기 전(1923년 3월)에 나는 나라여자고등사범학교에
출두해 본회(이왕가어경사기념회)의 표창을 받은 박소제(朴小娣) 외 3명의
입학 교섭, 숙소 등 일절을 준비해두었다. (…) 숙명여자고등보통학교

의 박소제, 김숙배(金淑培), 이예행(李禮行), 평양의 김영주(金永珠) 4명을 데리고 사까이로 돌아와 (…) 이 여섯명(이미 나라여자고등사범학교에 유학하고 있던 2명을 포함)에게 일본 국민의 미점(美点)과 좋은 기분을 충분히 맛보게 하고 선도해 제2국민(차세대 국민)의 어머니인 이 여성들을 통해 실로 동포상애(同胞相愛)의 결실을 맺고자 하는 것이 우리들의 바람이다."[42]고 일기에 적었듯이 야나기하라는 일본에서 고등교육을 받은 조선인 여성교육자를 양성하기 위해 주로 나라여자고등사범학교 유학생의 지원·교화 활동을 했다.

야나기하라가 최초로 나라여자고등사범학교에 유학을 주선한 조선인 학생 4명과 다른 한 명의 조선인 재학생과의 기념촬영(1923년, 야나기하라 저택)

제공: 모모야마학원 사료실

여자유학생에 대한 대응

앞서 언급했듯이 야나기하라는 1920년에 이왕가어경사기념회를 설립해 조선의 여자고등보통학교 우등 졸업생을 표창하고, 일부를 나라여자고등사범학교에 입학하도록 돕고 장학금을 제공하는 등 물심양면의 지원을 아끼지 않았다. 여자유학생들이 일본으로 건너와 오오사까 역에 도착할 때부터 졸업한 뒤 귀국할 때까지 지원하고 교류한 것은 물론 귀국한 뒤에도 편지를 주고받거나 거의 해마다 조선으로 건너가 졸업생들과의 친목회를 열었고, 때로는 졸업생들이 근무하는 학교를 방문하기도 했다. 나라여자고등사범학교에 재적했던 여자유학생 59명 (제2장 〈표 10〉 참조) 중에서 몇명이 야나기하라의 경제적 원조를 받았는 지 분명하지 않지만, 44명이 야나기하라에게 편지를 보냈을 정도로(부 표 〈표 3〉 참조) 야나기하라와 여자유학생의 유대는 돈독했다. 야나기하라가 여자유학생과 어떻게 교류했는가는 앞서 살펴본 그의 유학생 지도론이 실제로 어떻게 실행되었나를 아는 데 중요하다. 여자유학생의 구술과 야나기하라에게 보낸 편지, 그리고 『향상』과 『앵근의 화』의 기사 등을 통해 이를 살펴보고자 한다.

먼저 여자유학생은 주말(평균 월 1회)이나 귀성 전날, 여름방학을 끝내고 학교로 돌아오는 길이나 직후, 설, 야나기하라 집안행사(결혼식 등) 와 그밖에 기회가 있을 때마다 야나기하라 집을 방문해 일본 가정생활과 풍습을 체험했다. 때로는 야나기하라 집안 사람과 함께 타까라즈까 (寶塚) 극장 공연을 관람하거나 전람회에 가기도 했다. 방문을 마치고 학교로 돌아올 때 받은 기념선물을 기숙사 사감이나 교직원, 다른 학생들에게 나누어주어 지역인사로부터 관심과 환대를 받고 있는 조선인 유학생의 존재가 학교 내에 알려지기도 했다. 예를 들어 김숙배(金淑培, 나라여자고등사범학교 가사과, 1923~27)는 1925년 4월 27일자 편지에 "가지고 돌아온 선물을 (기숙사) 방 사람 모두에게 나누어주었습니다. 모두 크게 기뻐했습니다. 사진도 보여주었더니 부럽다고들 했습니다." 고 적었다.

또한 야나기하라는 나라여자고등사범학교에 재학중인 중국인·조

나라여자고등사범학교 재학중의 조선 및 중화민국학생의 친목회 기념촬영(1925, 나라호텔)

제공: 모모야마학원 사료실

선인 유학생 친목회와 조선인 학생을 중심으로 나라기독교교리연구회를 열었다. 학내 유학생 조직이 금지된 당시 야나기하라는 친목회나 교리연구회라는 형식으로 유학생을 모아 종교·수양교육에 힘쓴 것이다. 이 교육을 받은 많은 조선인 학생은 감화를 받아 기독교 신자가 되었다. 이 모임에 대한 유학생의 소감을 예로 들어보면, 최성률(崔成律, 나라여자고등사범학교 문과 1935~39)은 졸업해서 귀국한 뒤 야나기하라에게 보낸 편지에서, 교리연구모임에서 배운 것이 그때는 물론 주부이자 교육자가 된 지금의 생활에도 매우 유익하다고 언급했다.

멀리 고국을 떠나 부모 슬하를 떠나 익숙지 않은 풍습 속에서 정신적으로 공허한 저희들의 마음에 이 연구회는 얼마나 큰 위안이 되었는지 모릅니다. (…) 한 달에 한 번 있었기에 그만큼 오히려 열심히 구하지 않을 수 없었는 저희들은 항상 큰 기대를 갖고 그날을 맞이했습니다. (…) 가끔 야나기하라 할아버지 내외께서 따뜻한 마음을 다해 특별히 열어주신 화기애

140

애한 친목회는 저희들로 하여금 고국을 떠나 멀리 있는 것을 잊게 하고 가정적인 따뜻함에 젖게 해주셨습니다. 이러한 야나기하라 할아버지 내외의 따뜻함에 감싸여 있었기 때문에 저희들 학생생활은 좌절 없이 평화롭게 지낼 수 있었던 것입니다. (…) 종교적으로 무지했던 마음이 점차 영적으로 눈뜰 수 있었던 것은 야나기하라 할아버지 내외의 크나큰 사랑과 마쯔모또(松本) 목사님의 열심한 지도 덕분이라 믿고 있습니다. 조선에 돌아온 뒤 교육가로서 또 가정부인으로서의 실제 생활에서 유학생 시절 알게 해주신 신앙에 의해 받은 은총은 얼마나 깊은지 모릅니다. (…) 이 비상 시절에 반도 동포의 지도적 지위에 있지 않으면 안되는 자를 위해 이 뜻깊은 연구회가 새로운 힘과 생명에 넘쳐 더욱 번성해나가기를 절실히 기도해 마지않습니다.[43]

여자유학생은 야나기하라가 알선해준 공공기관이나 여성단체를 견학했다. 예를 들어 사까이시 이즈미오쬬오(泉尾町)의 조선인 직업소개소와 공동 숙박소 시찰(1924년 7월 15일), 내선협화회 사까이(堺)야학교 개교식 참관(1927년 5월 7일) 등 조선인 관련 사업기관을 견학하거나 지역부인회를 방문하기도 하면서 장래의 조선인 지도자로서 자신의 역할을 다시 자각하는 계기로 삼았다. 예를 들면 1930년 4월부터 1934년 3월까지 나라여자고등사범학교 가사과에 재학했던 주월경은 사까이시 부인회를 방문한 뒤 다음과 같은 소감을 적은 편지(1933년 11월 11일자)를 야나기하라에게 보냈다. 그녀는 여성의 활동으로 내지(內地)사회가 발전해왔듯이 내지 여성들의 지도를 받고 그들과 연대해 자신도 조선사회의 발전을 위해 노력해가고 싶다고 피력했다. 이렇듯 여자유학생은 야나기하라와의 교류 속에서 다양한 사회복지활동이나 여성활동 등을 체험했던 것이다.

황후의 사까이시 방문을 환영하는
야나기하라 부처와 나라여자고등사범학교 조
선인 학생(1924)

제공: 모모야마학원 사료실

나라여자고등사범학교에 재학중인 조선인 학
생 5명, 사까이상업학교 재학중인 조선인 남학
생 3명, 중앙에 사이또오 총독, 왼쪽 끝이 야나
기하라(1925, 야나기하라 저택)

제공: 모모야마학원 사료실

나라여자고등사범학교 조선인 학생과 야나기
하라의 천황의 쾌유를 비는 기도모임 기념촬
영(1926)

제공: 모모야마학원 사료실

　　　내지 부인들이 눈에 띄지 않는 곳에서 얼마나 사회발전을 위해 정화를
위해 진력하고 계신지 하는 것과 또 그 활동의 내면을 견학하게 해주셔서
우리 일동은 감사에 몸둘 바를 모르는 바입니다. 미력이나마 우리들도 가
까운 장래에 내지 부인들의 지도를 받아 서로 손을 잡고 사회를 위해 일할
날을 기다리고 있습니다.

　　　야나기하라는 사회명망가와의 접촉을 통한 유학생의 정신지도라는

서양 방문을 마치고 조선으로 귀국하는 이왕
을 코오베항에서 배웅하는 야나기하라와 조선
인 여자유학생(1928)

제공: 모모야마학원 사료실

나라여자고등사범학교 조선인 학생이 야나기
하라의 인솔로 토오꾜오의 이왕을 배알한 뒤
기념촬영(1929)

제공: 모모야마학원 사료실

나라여자고등사범학교에 재학중인 조선인 학
생 3명, 만주국 학생 2명, 맨앞 오른쪽 끝이 야
나기하라(1937, 오오사까후 지사 관저)

제공: 모모야마학원 사료실

평소의 소신대로 여자유학생과 조선총독, 지사들과 교류의 장을 마련
했는데, 무엇보다 주력한 것은 일본 황실이나 조선 왕실과의 접촉이었
다. 이를 위해 야나기하라가 나라여자고등사범학교의 조선 학생을 동
원해 실현한 일련의 행사는 다음과 같다.

1924년 11월 30일 황후의 사까이시 방문 환영 / 1925년 5월 10일 조선
인 학생 작품을 천황 은혼식에 헌상 / 1926년 3월 1일 오오사까역에서
이왕세자 일행 배웅 / 1926년 12월 천황의 쾌유를 비는 기도모임 개최 /
1927년 5월 26일 서구 방문길에 오르는 이왕을 코오베항에서 배웅 /

1928년 4월 9일 유럽에서 조선 귀국길의 이왕을 코오베항에서 배웅/
1929년 10월 27일 이왕 배알/1930년 3월 조선인 학생 작품을 황실에
헌상/1930년 9월 27일 조선 귀국길의 이왕을 오오사까역에서 배웅/
1932년 10월 29일 이왕을 쿄오또역에서 배웅 등.

이상의 여러 행사에서 보듯이 야나기하라는 유학생에게 천황제 사
상을 직접 주입하고자 했다기보다는 황실과 관계를 가지는 신민의 '기
쁨'을 맛보게 하기 위해 방문 환영, 배웅, 헌상 등 의례적인 행사를 중
요시했음을 알 수 있다.

황실과 왕실, 이는 일본의 조선 지배를 상징하는 것으로 여자유학생
은 황실과의 접촉을 어떻게 받아들였는가. 조선사회의 비난을 의식해
그러한 행동을 주저한 다음과 같은 예도 있으나, 야나기하라에게 보낸
편지에 한해 살펴보자면 황실과의 접촉에 위화감을 느끼지 않고 영광
스럽게 생각했으며 적어도 거부·반발은 하지 않았던 것으로 보인다.

어제는 바쁘신 와중에 일부러 와주셔서 진심으로 감사드립니다. 오셨을
때 말씀하신 편지에 관해서는 일동 숙고한 결과 일단 우선 사양했으면 합
니다. 이번의 성상 폐하의 병환에 대해서는 내지(內地)의 모든 사람들과
마찬가지로 저희들도 하루 빨리 쾌유하시길 바라는 바입니다만, 이는 당연
한 일로 특별히 내세워 밝힐 필요가 없을 거라고 생각합니다. (황후의) 사
까이 방문 때 할아버님(야나기하라) 덕분에 이름없는 저희들이 배알의 영광
을 입었음을 알고 있고, 이번에도 하야마(葉山)로 봉사 가실 때 이왕가어
경사기념회 사업과 함께 저희들의 것도 폐하의 마음에 기억되기를 바랍니
다만, 아직 내선융화라는 것이 기대할 수 없는 것이고 이미 수차례의 비난
을 받은 저희들이기에 이번의 편지 건은 또 어떠한 물의를 일으킬지 모르
고, 부모님의 의사도 모르기 때문에 친절하신 할아버님의 호의를 저버리게

되지만 사양하고자 합니다. 아무쪼록 나쁘게 보지 마시고 용서해주십시오
(나라여자고등사범학교 조선인 학생 일동이 야나기하라에게 보낸 1926년 12월
12일자 편지).

홍희료(鴻嬉寮)의 조선인 여자유학생
(1940)

홍희료는 이왕비 나시모또미야가 1940년에 토
오꾜오 유학중인 조선인 여학생을 위해 시부
야꾸(澁谷區) 와카기쬬오(若木町)의 이왕직
장관 관저에 설립했다. 야나기하라의 활동으
로 이왕가는 조선인 여자유학생의 존재에 관
심을 갖게 되었고, 이 기숙사를 설립하기에 이
르렀다고 생각된다. 홍희료에 관한 다소의 설
명으로 최혜숙(崔惠淑) 『恨の彼方に―歷史の
荒波を越えて』(右文書院 1999) 34~38면 참조.
제공: 최혜숙(토오꾜오여자고등사범학교 문과
1940~43)

그러나 여자유학생이 식민지지배를 용인하며 황실 숭배의 지배문화
에 동조·동화되어갔는지는 단언하기 어렵다. 3, 4장에서 검토한 바와
같이 여자유학생은 비록 독립의 희망을 버리지 않았으나 메트로폴리
스를 동경하고 그 문화를 받아들여 내면화하고자 했다. 또 내선융화·
내선일체와 같은 지배이념에 반발하면서도 다음의 발언과 같이 내선
융화가 조선인의 지위향상에 도움이 된다는 시각도 있었다. 식민지지
배에 대한 반발이나 저항과 마찬가지로 용인(容認)이나 내면화도 여러
차원과 각도에서 이루어졌다고 하겠다.

지금 일본은 동양 평화의 중심국으로 다망한 나머지 먼 곳으로만 눈을 돌려서는 안된다. 바로 손 뻗으면 닿을 곳에 있는 조선과 내지인(內地人)의 교류가 참으로 제대로 되고 있지 않다는 것을 생각해야 한다. 내선(內鮮)은 좀더 원만하고 좀더 행복한 결합을 계속하지 않으면 안됩니다. (…) 또 일본인은 소학교 때부터 조선에 대한 우월감을 배워왔는데, 이래서는 내선융합은 바랄 수 없습니다. 아무쪼록 앞으로 서로 사이좋게 손잡고 나갔으면 좋겠습니다.[44]

야나기하라가 여자유학생에게 끼친 영향이란 무엇인가. 왕실·황실과의 접촉 및 사회유력자와의 교류알선, 사회견학 주선, 중국·만주국 유학생과의 교류실현, 기독교 신앙안내 등 여자유학생과의 폭넓은 관계 속에서 야나기하라는 일본 국가의식, 기독교 신앙, 그리고 여성지도자의식을 여자 유학생들에게 심어주려고 했다.

이에 여자유학생은 여러 형태의 영향을 받은 것으로 생각된다. 여자유학생의 구술과 편지를 총괄해보면 여자유학생은 야나기하라 집에 자유로이 드나들면서 마치 가족과 같은 대우를 받았다. "그렇게 일본 냄새를 안 피우고 사랑으로"[45]라는 구술에서도 알 수 있듯이, 여자유학생은 야나기하라의 온화한 인격에 접해 감화를 받았다. 그리고 종교적 모임이나 친목회에서 야나기하라의 성의있는 말이나 행동을 접하고 진로, 결혼 등 인생의 여러 문제를 안고 있던 젊은 여자유학생들은 진정으로 감동을 받았다. 그리고 그러한 야나기하라의 지도와 후원에 보답하기 위해 더욱 정신을 수양하고 학업을 연마해 기대에 부응하는 인재가 되고자 결의를 다지기도 했다.

그러나 야나기하라에 대한 여자유학생의 생각이나 평가가 다 같은

것은 아니었다. 야나기하라에게서 "국경도 잊고 민족적 차이도 잊게
해준" 기독교정신의 "순수한 사랑"을 본 사람도,[46] "어떻게 해서든 한
국하고 일본하고 같게 하는 그 역할을 그 사명을 띠고 있는" 제국의 일
꾼으로서의 모습을 본 사람도 있다.[47] 그리고 후자의 모습으로 다가오
는 그와의 교류에 소극적인 여자유학생이나 교류를 일절 거부한 여자
유학생도 있었는데, 다음의 편지는 그 일례라 할 수 있다. 물론 정반대
로 내선융화라는 야나기하라의 신념에 동조해 정치성을 띤 유학생 모
임에는 일절 참가하지 않고, "자신이 마땅히 나아가야 할 길"로 나아
가겠다고 맹세한 여자유학생도 있었다.[48]

저희들이 선생님의 호의를 무시하고 이 편지를 드리지 않을 수 없게 된
것을 매우 유감스럽게 생각합니다. 저희들은 선생님에게서 일선융화(日鮮
融和)의 말씀을 여러번 들었습니다. 그리고 꽤 바람직한 것으로 알고 있습

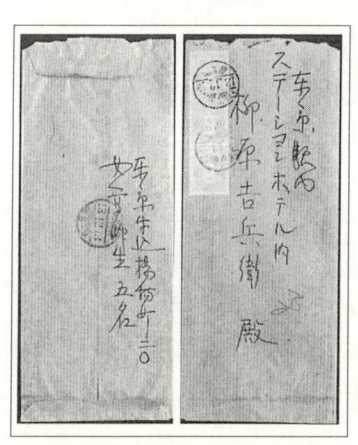
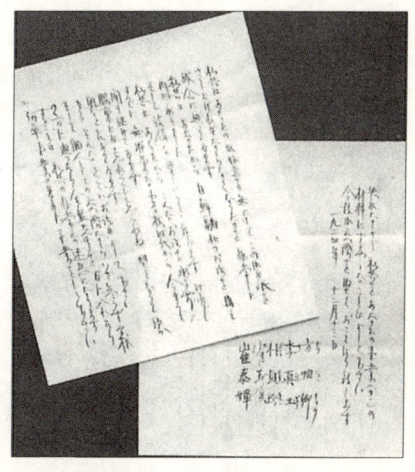

토오꾜오여자고등사범학교 조선인 학생 5명이 야나기하라에게 보낸 1924년 12월 13일자 편지
제공: 모모야마학원 사료실

니다만, 저희들은 선생님에게서 이러한 말씀을 듣기 전에 이미 천진했던 소학교 시대부터 지금까지 쭉 들어왔습니다. 뇌리에 잊혀지지 않는 틀이 되어 머리 구석을 차지하고 있습니다. 이제 그러한 지겨운 말씀은 그만해 주십시오. 그리고 개인으로서의 교제라면 모를까 학교를 통하거나 사감 선생님을 중간에 넣거나 하는 것은 저희들에게 매우 달갑지 않은 일입니다. 아무쪼록 사업을 위한 사업을 해주십시오. 실례지만 저희들을 선생님 사업의 재료로 삼는 것과 같은 일은 삼가해주십시오. 앞으로 교제를 단호히 거절하겠습니다(토오꾜오여자고등사범학교 조선인 학생 5명이 야나기하라에게 보낸 1924년 12월 13일자 편지).

야나기하라의 가르침과 여자유학생이 받아들인 것 사이에 차이가 있기도 했다. 예를 들어 앞서 지적한 바와 같이 인격을 수양하고 지식을 습득해 사회를 위해, 특히 조선여성의 발전을 위해 노력하고 싶다는 여자유학생의 의식은 야나기하라의 기대에 부응하는 것이었지만, 여기에는 그의 생각과는 다른 점도 있었다. 『앵근의 화』(제1호, 1933)에는 앞서 소개한 주월경의 1933년 11월 11일자 편지가 실려 있는데, 그녀가 쓴 "사회를 위해"라는 표현이 "국가사회를 위해"라는 표현으로 바뀌어 있다. '국가'는 국민총동원 시대에 돌입하기 전까지는 단지 주월경뿐만 아니라 대부분의 여자유학생 사이에서 그다지 사용되지 않은 용어였음이 야나기하라에게 보낸 편지들에서 확인된다. 야나기하라가 여자유학생들의 국가의식의 부족을 느껴 이를 보충하고자 주월경의 표현을 바꾼 것인지 그 진의는 알 수 없으나 야나기하라와 여자유학생 사이에 생각의 미묘한 차이가 있었음을 엿볼 수 있다.[49]

일본 거주 조선인에 대한 대응

이 장 2절에서 지적했듯이 야나기하라는 자신이 경영하는 염색공장에 조선인을 고용하는 등 자본가의 입장에서 일본 거주 조선인들과 관계해왔고, 1923년부터는 내선협화회의 설립을 위해 앞장섰고, 조직운영에 깊숙히 관여해왔다. 그러나 내선협화회에 관한 자료는 있어도,[50] 그 안에서의 야나기하라의 행적을 알 수 있는 자료가 적기 때문에 그의 활동의 전체상을 알기는 어렵다. 이 단체의 실태에 대해서는 선행연구[51]가 있기 때문에, 여기에서는 빈곤, 위생, 주택, 취업, 교육 등 일본 거주 조선인을 둘러싼 여러 문제들 중, 특히 일본 거주 조선인 자제의 초등교육 보급을 위한 야나기하라의 노력을 살펴보고자 한다.

먼저 이 문제에 대한 오오사까후 당국의 입장과 내선협화회의 대응을 살펴보자. 오오사까후는 조선인이 급증하자 1920년대 초에 일본 거주 조선인의 초등교육 대책 마련에 착수했으나, 초등교육 보급을 위한 구체적인 지원이나 제도 마련은 요원했다. 즉 오오사까후는 소학교령 제32조(취학 의무 규정)에 따라 조선인 자제의 보호자에게도 그 의무를 지게 할 것인지를 문부성에 조회했다.[52] 이에 대한 문부성의 회답은 확인하지 못했으나, 1930년 5월 탁무성 조선부의 같은 조회에 대해 문부성은 "의무를 지우는 것으로 한다."는 회답을 한 바 있다.

내선협화회는 발족 당시 조선인 야학교를 두 곳, 1927년에는 네 곳을 설립했지만, 거액의 경비를 요하는 주택, 직업 소개소, 진료소, 인보관(隣保館) 등의 건설사업에 비해 초등교육의 보급에는 많이 힘을 쏟지 않았다. 1931년 10월에서야 조선인아동교육협의회를 열어 "소학교, 방면위원, 경찰서, 시청, 내선협화회가 협력해 취학을 장려할 것."[53]을 결의했다. 1933년 11월에는 조선인문제간담회를 주최해 관계당국, 신문사 등의 관계자를 모아 조선인의 취학문제 및 주택, 구호, 위생문

내선협화회의 야학교에서 조선인 학생의 가정에 일본국기를 기증하는 수여식(1934년)

제공: 모모야마학원 사료실

제를 논의했다.[54] 취학률 문제는 다시 1934년 오오사까후 내선융화사업조사회에서 검토되어 같은 해 9월의 제1회 결의에서 "보통 교육의 보급 철저"[55]가 건의되었다. 같은 해 10월에는 쯔루하시(鶴橋), 도요자끼(豊崎), 기즈가와(木津川)의 세 곳 인보관 내에 간이학교가 설립되었다.

이러한 정책적 경위가 있는 일본 거주 조선인의 초등교육 문제에 대해 야나기하라는 일찍부터 관심을 보였다. 1925년 4월 사까이시에서 개최된 전국 각시 소학교 연합회에서 그는 다음과 같이 강연했다.

여기서 전국 교육가 여러분의 협력과 지도를 부탁드리고 싶은 것은 이곳에 거주하는 10만여 명의 조선 자제에게 초등교육을 어떻게 부여할 것인가, 또 내선융화의 유일한 기초는 우리 문화 아래서 그들을 키우는 것입니다. (…) 저희들이 설립한 재단법인 내선협화회에서 야학교를 설치하고 있

내선협화회의 조선인 가옥 조사(오오사까시 타이쇼오꾸 후나마찌, 1929년)

제공: 모모야마학원 사료실

습니다만, 이 정도로는 만족할 수 없습니다. 전국 각지에서 무슨 방법을 강구하기를 바라며 그들에게 교육을 실시해주었으면 합니다. 이렇게 부탁드리는 것은 양 국민의 융화는 장래 양 국민의 행복과 지대한 관계가 있습니다. 그리하여 비교적 약자의 입장에 있어 좋은 교육을 받지 못하면 불령선인(不逞鮮人)이 되니, 무지와 무모, 무교육이 얼마나 슬픈 일을 초래할지 모른다고 생각하면 그들에게 실시해야 할 교육의 중요함을 통감해 (…)[56]

같은 해 1925년 지방장관회의에 제출한 의견서에서도 이상과 같은 견해를 피력한 야나기하라는 1927년 사까이시에 조선인 야학교를 만들었다. 결국 그는 일본 거주 조선인 자제에게 초등교육을 보급해 내지 사회의 질서와 생활양식에서 일탈하지 않고 적응해나가는 일본 거주 조선인 차세대를 형성해나가고자 했던 것이다.

이상의 야나기하라의 행적은 그의 활동의 폭넓음은 물론 교육을 통해 내선융화를 실현하고자 한 그의 일관된 입장을 잘 보여준다. 그러나 여기에는 유학생 지도론과는 다른 그의 시각이 포함되어 있다. 즉 그는 조선인에 의한 조선인의 교육을 이상으로 삼았고——물론 일본교육제도의 틀 속에서——그 인재를 양성하기 위해 고등교육을 받는 조선인 유학생 지도에 적극적이었다. 그러나 일본에 거주하는 조선인에 대해서는 초등교육의 보급을 주장하는 데 그쳤으며, 그 목적 또한 질서 유지·범죄 예방과 연관되어 있었다. 그의 계층관을 드러내는 것으로 생각되나, 당시 일본사회의 최저변을 이루고 있던 거주 조선인의 열악한 상황이 반영되었던 것으로도 생각할 수 있다.

　이상에서 야나기하라의 의식과 행동을 고찰해보았다. 식민지지배는 수탈과 근대의 이식이라는 양면을 갖추고 있는데, 그는 후자의 체현자로서 조선인들 앞에 나타났다. 그는 식민지지배의 안정을 위해서는 폭력장치보다도 오히려 문화적 장치가 더 중요하다고 생각해 근대 교육제도를 무기로 조선 사람들에게 접근해간 인물이었다.
　폭력과 근대화에 직면해 조선 민중의 민족독립을 향한 갈망이 더 커졌음은 말할 나위 없으나, 사람들의 생각이나 마음은 다양한 것이었다. 여러가지 근대적인 변화를 눈앞에 보면서 '배우고 싶다' '상급학교에 가고 싶다'는 욕구와, 중심을 향한 지향·동경의 형태로 분출되는 근대적인 것에 대한 열망도 높아져갔다. 야나기하라는 바로 이러한 사람들의 마음에 편승해 등장한 인물이었던 것이다.
　그는 특히 이러한 마음·열망에 가득찬 여성들을 선택해 일본에서 교육받게 하고, 교사가 되어 식민지 아이들 앞에 다시 서게 했다. 일본 근대 교육제도의 우수한 성과로서 그들이 조선 방방곡곡에서 불러일으킨 반향은 컸다고 말할 수 있다.

이렇듯이 야나기하라는 일본제국의 확장에 따라 생겨난 새로운 형의 인물이었는데, 마지막으로 그와같은 인물이 등장하게 된 사회적 배경을 생각해보고자 한다.

1920년대에 들어서 오오사까 지역에서는 조선인 거주자가 급증해 빈곤이나 주택문제 등 여러 사회문제가 발생했고, 때문에 오오사까후는 중앙정부보다 한발 먼저 대책 마련에 앞장섰다. 이러한 상황 속에서 '조선인 문제'에 솔선해서 대응하고자 하는 방면위원들의 의식과 의욕도 커져갔다.[57]

방면위원은 주민조사에서 조선인을 다룬 경험을 서로 나누면서 조선인을 둘러싼 여러 사회문제에 대한 관심과 시야를 넓혀갔다. 예를 들어 그들이 조사한 빈곤자의 리스트에서 조선인은 일정 비율을 차지했는데, 「1929년도 방면 카드 조사(1929年度方面カード調査)」[58]에 따르면 제1종 극빈자(12월 말 현재) 2,714가구(8,202명) 중 조선인은(6월 현재) 171가구(553명)이고, 제2종 빈곤자 8,489가구(34,329명) 중 조선인은 616가구(2,422명)였다. 그리고 방면위원제도가 설치된 각 지역별로 조선인 취급 건수는 알 수 없으나, 상무방면위원 연합회(1920~42)에서 24건 정도 조선인과 관련된 보고가 있었다.

이러한 가운데 방면위원은 조선인 문제해결에 일익을 담당하지 않으면 안된다는 의식을 공유해가며 공통된 인식기반을 만들어나갔다. 당국에 대책을 촉구하거나,[59] 각 지역에서 대두하는 조선인 문제동향이나 대책을 협의하기도 했다.[60] 이러한 방면위원의 의사에 발맞춰 오오사까후 당국도 연합회에서 조선인 대책을 설명하며 협력을 요청하기도 했다.[61]

물론 조선인 문제에 대한 방면위원의 의식이 다 같은 것은 아니었다.[62] 여러 갈등이나 문제를 일으키는 조선인들을 차갑게 보는 방면위원이 있는가 하면, 사회의 밑바닥에서 빈곤으로 고통받는 조선인을 동정하는 방면위원도 많았다. 연합회에서 "물론 말썽 많은 조선인도 있지만 세간의 소문과는 달리 실제 조선인은 유순하고 좋은 사람"이라는 의견도 종종 개진되었듯이 조선인에 대한 이해도 어느정도 깊어져갔다. 그리고 사회·국가적 문제로서 조선인 문제에 대한 위기감도 있었는데, 이 문제의 해결 없이는 일본인의 생활이 혼란에 빠진다는 보수적인 의식만이 아니라 내선융화라는 식민지 지배정책을 실현에 옮기는 데 일익을 담당하고자 하는 적극적인 의식도 나타났다. 나아가 말이 통하지 않고 풍습이 다르며 위생관념이 부족한 조선인의 생활을 개선하고자 했음은 물론, 여전히 조선인을 차별하는 내지주민의 의식도 문제시하며 조선인 차별에 반대하기도 했다.

그러나 이러한 의식이 무엇이었든, 주민생활의 일선에 서서 조선인 문제의 해결에 부심했던 사람들이 늘어나고 경험이 축적된 것이야말로 일본제국을 지탱하는 인적 기반이었으며, 야나기하라의 사업이 공명을 불러일으키며 지속될 수 있었던 사회적 기반이기도 했다.

여자유학생의 근대적 지식의 획득

가정학을 중심으로

1. 분석시각

이 장에서는 여자유학생이 일본에서 어떠한 근대적 지식을 획득했는지를 가정학(家政學)을 중심으로 분석한다. 분석 주제를 가정학으로 택한 이유는 많은 여자유학생이 가정학을 배웠을 뿐만 아니라(2장 참조), 19세기 중엽부터 미국을 중심으로 여성·성역할에 관한 근대적 지식으로 발달되어온 가정학이 일제시기 조선 여성의 사고나 행동에 커다란 영향을 끼쳤기 때문이다.

가정학은 근대 국민국가 성립과정에서 형성된 여성근대화론이며, 여성 스스로가 전문가로서 여성과 가정에 관한 담론을 주도한 최초의 지적 영역이다. 가정학은 '여자는 가정, 남자는 사회'라는 근대적 성별역할분담을 전제로 하거나 이를 정착시키기 위해 과학이라는 이름 아래 다양한 지식을 생산했고, 그 결과 성역할 고정관념을 사회에 널리 유포하는 역할을 했다. 동시에 가정학은 가정복지·사회복지 관계 공무원이나 활동가, 학자, 그리고 의식주 생활, 육아, 아동 관계 전문가 등을 양성해 여성의 사회진출에도 기여해왔다.

나아가 가정학은 서양 제국주의·산업자본주의의 팽창과 함께 세계 각 지역으로 전파·보급되었다. 특히 미국 가정학은 여성선교사, 선교지에 설립된 미션계 여자대학, 미국인 가정학자와 미국 가정학서, 각 지역 출신의 미국유학생을 매개로 세계 각지로 보급되었다.

그러나 미국 가정학사 연구는 매우 적고, 특히 미국 젠더사 연구자들에 의한 가정학사 연구는 1990년대에 비로소 시작되었다.[1] 또한 1990년대에 와서야 코넬대학 가정학 기록보존소(Home Economics Archive)를 중심으로 가정학사 연구가 진척되었는데, 가정학 운동이나 가정학 교육의 역사, 육아의 문화사 등의 분야에서 상당한 연구성과를 거두었다. 그러나 연구시각에 대한 논의, 예를 들어 젠더사적 관점에서 어떻게 가정학의 형성과정을 분석할 것인가 하는 논의는 거의 없는 실정이다. 나아가 가정학의 세계적 전파과정도 미개척 연구분야로 남아 있다.

일본의 가정학은 19세기 말부터 미국 가정학의 영향을 받으며 발달되어왔으나, 후술하듯이 일본 가정학사 연구에서는[2] 메이지(1868~1912) 초기 미국 가정학서의 번역, 타이쇼오(1912~26) 시기 시카고대학 가정학이 니혼여자대학교 가정학에 미친 영향 등 몇가지 사례가 소개된 것에 불과하다. 일본 가정학사 연구는 19세기 말부터 간행되기 시작한 근대적 가정학서의 특징이나, 그것이 일본 가정학의 발달에 끼친 의의 등을 주로 고찰해왔고 또 가정학 개별 분야(영양학, 의류학, 아동학 등)의 발전과정을 밝히는 데 치중해왔다. 미국 가정학사 연구와 마찬가지로 가정학의 형성과정을 젠더사적 시각에서 역사적으로 분석하는 작업을 등한시해온 것이다.

한편 한국의 경우 20세기 초부터 일본 가정학의 영향을 강하게 받았고 해방된 뒤에도 일제시대에 일본에 유학해서 가정학을 배운 여성들이 한국 가정학을 이끌어왔지만, 가정학사 연구는 학교사나 학과사의 차원에서 실시되었거나[3] 가정학 교육이나 교과서에 관한 연구에 그치고 있는 실정이다.[4]

본 장에서는 먼저 패전 전의 일본 가정학을 고찰하기 위해 대표적인 가정학자 3명의 인식을 살펴본다. 이를 통해 일본 가정학이 여성의 역할을 어떻게 정의하고 그에 관련된 지식을 생산하고자 했는지를 밝히고자 한다. 다음으로 여자유학생의 가정학이라는 지적 경험은 세계 각지에 파급되어간 여성근대화론 혹은 성역할론에 관한 일종의 세계사적 경험이었음을 논하기 위해 미국인 가정학자에 의해 가정학이 동아시아에 보급된 역사적 사례를 분석한다. 마지막으로 일본에서 가정학을 배운 여자유학생이 귀국한 뒤 조선사회에서 어떠한 역할을 했는지를, 가사과 교사를 중심으로 살펴본다. 가정학이라는 여성의 세계사적 지적 경험이 식민지라는 정치조건 속에서 어떻게 표출되었나를 분석하고자 한 것이다.

2. 일본 가정학

일본의 여성 고등교육 기관에 처음으로 가정학과가 신설된 것은 고등여학교의 가사·재봉 교사를 양성하기 위해 1897년 여자고등사범학교*에 가사전수과(家事專修科, 2년 과정)가 설치되고 1899년에 기예과

(技藝科, 4년 과정)로 개편되면서부터이다. 이후 가사과·가정과로 개칭된 토오꾜오여자고등사범학교의 가정학은 합리적인 가사처리를 위한 과학적 지식과 실기교육 중심의 학풍으로 일관되었다.[5] 토오꾜오여자고등사범학교 가정학은 당시 중등학교 교사양성기관으로 변질되어간 국공사립 여자전문학교[**] 가정학의 모델이 되었다.[6]

한편 여성을 위한 인문교양과 전문지식의 교육이라는 서구식 여자대학의 이념을 표방하며 1901년에 창립된 니혼여자대학교의 경우 창립이념을 실천하고 여자대학의 사회적 기능을 다한다는 목적에서 가정학부를 창립 때부터 개설했다. 학과과정으로는 여자고등사범학교와 달리 인문·사회·경제·법률 등의 교양과목이 강조된 한편, 이과계 과목(가정응용이과, 식품화학), 생리·위생 관계 과목(생리학, 위생학, 부인위생, 가정위생, 간병학, 사회위생), 의식주의 가사처리와 가정의례 및 예술 관계 과목(의식주, 여성의 예의, 사교, 가정미술, 원예), 아동연구 등이 포함되었다.[7] 니혼여자대학교 가정학부도 타 여자전문학교와 마찬가지로 고등여학교 가사과 교사의 양성기관으로 변모해갔지만, 후술하듯이 인문교양교육은 물론 사회복지 종사자의 양성을 지향하는 독보적인 형태를 띠었다.

토오꾜오여자고등사범학교와 니혼여자대학교의 가정학이 패전 전

---

* 1908년 나라여자고등사범학교의 설립으로 여자고등사범학교는 토오꾜오여자고등사범학교로 개칭되었다.
** 여자전문학교는 1903년의 전문학교령에 의거해 문부 대신의 인가를 받은 여자고등교육기관으로서 보통 3~4년간의 학사과정으로 이루어져 있었다. 1913년 토오호꾸(東北)제국대학이 처음으로 여자 입학생(3명)을 허가한 이래 일부 제국대학과 타 대학들이 여성에게도 문호를 조금씩 개방해갔으나 패전 전의 일본의 경우 여자전문학교가 여성의 고등교육을 담당한 유일한 기관이었다고 볼 수 있다.

의 일본 가정학을 명실공히 대표하고 있었음은 다음의 두가지 예를 통해 알 수 있다. 첫째, 1908년 스위스에서 열린 제1회 가사과 만국대회에 일본정부가 이 두 학교의 가정학을 소개하는 자료를 보낸 사실이다.[8] 둘째, 1928년 하와이에서 개최된 제1회 범태평양여성회의 가정학교육분과 토의에 토오꾜오여자고등사범학교의 오오에 스미(大江スミ)와 니혼여자대학교의 이노우에 히데(井上秀)가 일본 대표로 참가해 논문을 발표한 예를 들 수 있다.[9]

다음에서는 토오꾜오여자고등사범학교와 니혼여자대학교의 가정학을 이끈 3명의 가정학자, 쯔까모또 하마꼬(塚本はま子), 오오에 스미, 이노우에 히데의 의식을 중심으로 일본 가정학의 젠더사적 특징을 고찰하기로 한다.

쯔까모또는 1885년 토오꾜오사범학교 여자부에 입학하여 1890년 여자고등사범학교를 졸업(제1회)했다. 쯔까모또는 1897년에서 1900년까지 여자고등사범학교 교사로 재직하면서 『가사교본전(家事校本全)』(1900)을 집필하여 고등여학교용 가사과 교과서로 출판했고, 이 책은 각 여학교에서 널리 사용되었다. 또 쯔까모또의 실제 강의를 묶은 『실천가정학강의(實踐家政學講義)』도 1906년에 간행되었다. 쯔까모또는 여자고등사범학교가 낳은 인물로 일본 가정학을 개척해간 제1세대 가정학자이다.

쯔까모또는 『실천가정학강의』에서 ① 가정(家政)은 국정(國政)의 근본이라는 것 ② 남녀 천성의 차이에서 볼 때 성별 역할분담은 인간사회의 당연한 질서이고, 가정(家政)은 여성의 천직이자 책임이라는 것 ③ 시부모 모시기, 남편 내조, 자녀교육, 가사일이 가정(家政)의 책임자로서 여성의 할 일이라는 것 ④ 여성이 천직을 다하기 위해서는 학문, 즉 가정학의 공부가 필요하다고 지적했다.[10]

메이지 이전의 전통적인 가정서(家政書)에 지배적으로 나타난 남녀 구별의 유교사상은 메이지 시기에 출판된 가정서에서도 공통되었고, 쯔까모또의 가정학도 이와 유사한 여성의 천직론에서 출발했다. 또 여성이 천직을 다하기 위해서는 학교에서 가정학을 배워야 한다는 쯔까모또의 생각은 일찍이 메이지 초기 고등여학교에서 사용된 서양의 번역판 가사과 교과서에서 주장된 바 있었고,[11] 같은 시기(메이지 중·후기), 고등여학교용의 다른 가사과 교과서(저자의 대부분은 여자고등사범학교 출신자)에서도 동일하게 나타났다.[12]

쯔까모또 가정학의 특징은 가사일을 의식주로 나눠 체계적으로 분류한 뒤 이과적 지식을 활용해 이를 과학화·합리화하고자 했다는 점이다. 또한 종래와 달리 여성을 가정(家政)의 책임자로 규정하여 그 역할을 친밀한 가족관계 도모와 친척 및 타 가족과의 유대도모, 가계와 위생관리, 자녀양육과 교육 등으로 나눠 상세히 분석한 점에 있다. 다시 말해 가장에게 순종하고 가문의 관습과 도덕을 지키며 가사일을 도맡아하는 이전의 수동적인 여성 역할·상에서 탈피한 새로운 주부·여성상을 가정학의 출발로 삼으려 했다는 것이다. 쯔까모또 가정학은 메이지유신 이후 국가·사회의 근대화와 함께 발달해온 일본 가정학 연구의 집대성이라고 할 수 있다.[13]

한편 오오에는 1901년 여자고등사범학교를 졸업하고 1902년에서 1906년까지 문부성 장학생으로 영국에 유학하여 실용적이고 경제적으로 또 과학적으로 가사일을 처리할 수 있도록 서민층 여성들을 주로 가르치는 전문학교에서 배웠다. 1907년 귀국한 뒤 여자고등사범학교에 부임한 오오에는 좀더 이과적인 가정학, 실습을 더 중시하는 실용적인 가정학을 발전시키고자 했다.

"미래 주부가 될 여자를 대상으로 지식과 기능을 어떻게 가사에 응용할 것인가를 가르치고 실력을 갖추게 할 필요가 있다. 이 필요가 곧 가사 교수의 필요이다."[14]고 한 것에서 알 수 있듯이 오오에는 여자교육=주부교육=가사교육이라는 관점에서 가정학을 발전시키고자 했다. 주부의 역할에 대해서는 "무릇 한 집안의 주된 업무는 의식주를 비롯해 양로·육아·간호 및 집안 다스리기에서부터 가사경제와 친척·지인과의 교제에 이르기까지 그 범위가 매우 넓고도 복잡하다."[15]고 하여 쯔까모또의 견해와 거의 일치했는데, 오오에의 경우는 가사처리를 위한 실용과 실습 중심의 가정학에 더욱 치우쳐 있었다.

요약하면 쯔까모또와 오오에는 여성의 가정 내 역할을 과학화하고 구체적으로 체계화해서 더 높은 질의 기술·기예로 확립하고자 했다. 그리고 가정서 저술 이외에 각종 여성잡지에 투고하여 생활개선과 가정개량을 위해 가정학을 보급하고자 노력했지만, 여성의 역할을 가정에서 사회로 넓히고자 하는 의식은 희박했다.

예를 들어 쯔까모또는 『부인의 벗(婦人之友)』(제18권 6호)에서 "부인이 앞으로 자신을 위해서 공부할 시간, 독서할 시간을 갖기 위해서 일상생활을 고쳐 간단히하고 거기에 쏟을 힘을 줄이는 것 외에는 지름길이 없다고 절실히 느끼고 있습니다."[16]며, 가정학 교육과 보급이 주부가 아닌 개인으로서의 여성의 자기향상으로 이어질 것이라고 전망했다. 그러나 가사합리화로 얻은 여가시간으로 자기향상을 이룬 여성이 그 다음에 무엇을 할 것인가 하는 문제까지는 생각을 발전시키지 못했다.

신부인협회(新婦人協會)*의 기관지 『여성동맹(女性同盟)』 창간호에

---

* 신부인협회: 1920년 3월 히라쯔까 라이쬬오(平塚らいてう), 이찌까와 후사에(市川房技), 오꾸 무메오(奧むめお) 등을 중심으로 결성된 여성단체. 여성의 집회·결사

여성교육 관계자를 대상으로 여성참정권의 찬성 여부에 관한 의견 조사가 실렸는데, 쯔까모또는 다음과 같이 답변했다.

답변을 빨리 보내지 못한 것은 저의 지력으로 이 문제를 판단할 수 없었기 때문입니다. (…) 저는 여자라도 자율적으로 학문을 하지 않으면 안된다(…)고 역설해왔지만, 결국은 이 문제에 대한 답변은 도저히 못하겠습니다. (…) 저는 연구중입니다. 그러나 답변할 수 있을 정도의 어떤 것도 파악하지 못하고 있습니다.[17]

쯔까모또는 본디 "부인이 각별히 학자, 기술자로서 교육받기보다는 우선은 한 집안의 주부로서 교육받아야 마땅하다면, 이에 요구되는 교육방법은 상식과 이학사상을 발달시키는 데 있다."[18]라며, 여성의 역할을 주로 가정 내에 한정했다. 따라서 쯔까모또는 여성의 역할을 사회로 확대해가는 문제에 대해서 특별히 관심을 갖거나 인식을 넓혀가지 못했던 것이다.

오오에가 "주부된 자는 이러저러한 곤란한 문제에 처하여 본령(本領)을 지키고, (이상에서 말한) 대강(大綱)을 운용하여 복잡한 가정(家政)을 처리하고, 이로써 가운의 발전을 꾀하고, 나아가 사회·국가에 공헌하는 데가 있어야만 한다. 이것이 실로 가사과가 최종 목적으로 하는 바다."[19]라고 밝힌 데서 알 수 있듯이 오오에의 시선 또한 여성의 가정 내 역할에 머물러 있었으며, 이를 통해 여성은 사회와 국가에 간

등의 정치적 활동을 금지한 치안경찰법(1900년 제정) 제5조의 개정, 여성참정권 획득, 화류병 남자의 결혼 제한을 중심으로 활동함. 1922년 치안경찰법 개정 뒤 운동론을 둘러싼 내부 갈등으로 자진 해산함.

접적으로 공헌할 수 있다고 보았다.

한편 이노우에는 니혼여자대학교 가정학부에 제1회생으로 입학해 1904년에 졸업했다. 1908년 나루세 진조오(成瀬仁藏) 교장의 파견으로 미국으로 건너가 콜롬비아대학 가정학과에서, 이듬해에는 시카고대학 가정학과에서 수학했다. 이노우에는 과학적 지식으로 의식주 생활을 합리화하는 가정학을 콜롬비아대학에서, 사회학적 방법론으로 가족관계와 가정경제를 연구하는 가정학을 시카고대학에서 배웠다.[20] 귀국한 뒤(1909) 니혼여자대학교 가정학부 교수로 취임한 이래 이노우에는 이과적 지식과 사회학적 방법론에 기초해 의식주, 소비, 육아와 교육, 가족관계 등 가정생활 전반의 합리화와 종합 관리의 가정학을 전개해나갔다.[21]

나아가 이노우에는 앞에서 살펴본 쯔까모또와 오오에와는 달리 가정경영을 담당하는 여성의 시야가 사회로까지 넓혀져야 한다고 주장했다. 즉 여성이 가정의 위생과 자녀교육에 주의를 기울이면 가정을 둘러싼 학교, 공장 등 사회로까지 관심이 넓혀질 것은 당연한 일이며, 여성은 '큰 가정'인 사회·국가를 더 건전하게 개혁하기 위한 책임을 다하지 않으면 안된다고 인식한 것이다.[22] 그리고 이러한 책임을 다하기 위해서는 여성참정권이 필요하다고 인식해 "부인참정권의 요구는 단지 경제적 이해관계에서 생기는 것뿐만 아니라 모성이라는 입장에서도 역시 요구되는 것입니다."[23]라고 주장했다.

이노우에는 어머니와 주부의 역할을 최대한 확대하면 자연히 공적 영역의 정치관여로 나아간다고 인식했다. 그러나 여성의 가정 내 역할과 충돌하는 사회적 역할에 대해서는 소극적이었고, 때문에 여성의 사회적 경제활동을 미혼여성에 국한해 찬성했다.[24] 즉 여성의 가정 내 역할의 확립은 물론 사회적 확대까지를 지향한 것이 이노우에의 가정학이었지만, 가정 내 역할과 충돌해 가정 내 역할의 부정·해체로 이어질 우려가 있는 곳까지 여성의 역할을 사회로 확대해가는 것에는 부정적이었다. 그리고 '모성'의 입장에서 사회개혁을 주도해가고자 하는 의식은 있었으나, 그것을 가정학 안에서 구체화·체계화해나갔다고는 보기 어렵다. 이노우에의 가정학도 역시 여성의 가정 내 역할에 집중돼 있었던 것이다.

이상으로 대표적인 가정학자 3명의 가정학에 관한 기본 생각을 살펴보았다. 당시 일본 가정학은 가정(家政)의 책임자로서 여성의 역할을 확립하고 나아가 그 역할과 충돌하지 않는 범위 안에서 여성의 역할을 사회로 확대(사회모성적 역할)하는 데 필요한 과학적 지식, 기술과 기예, 의식을 여성에게 교육하고자 한 학문이었고, 더욱이 그것에 사회적 권위를 부여하는 여성 고등교육 기관에서 생성된 최첨단의 지식이었다. 사회=생산=남성영역, 가정=재생산=여성영역이라는 등식을 근대 국민국가의 씨스템으로서 어떻게 정착시킬 것인지가 근대화의 과제였다고 할 때 여성의 가정 내 역할을 확립하기 위한 여러 형태의 지식이 생성된 것은 당연하다고 하겠다. 특히 종래의 한 집안의 며느리를 중심으로 하는 역할·지위에서 아내·어머니·주부라는 역할·지위로 여성·성역할을 재구성하는 근대화 과정에서 출현한 가정학은 그 과정에서 여성들이 결코 방관자이거나 수동적인 입장에 머물지 않고 주체적으로 관여해갔음을 명백히 말해준다.

가정학은 여성근대화론이며, '근대가정'을 여성영역으로 만들어나간 지식이자, 사회와 여성을 훈련한 '지식권력'이었다. 다시 말하면 가정학은 여성에게 주부와 어머니, 그리고 아내라는 이름 아래서 '정당한' 지위와 가정을 주도할 권력을 부여했다. 또한 가정학은 여성의 입장에서 사회개혁을 주장하면서 정치에도 관여할 수 있게 하는 지식이

기도 했다. 그러나 이러한 의미의 가정학(여성에게 사회정치적 역할과 권력을 부여하고자 한 가정학)은 미국에서는 19세기 말부터 20세기 초반에 한때 일시적으로 대두했고 일본에서는 일부 가정학자의 의식 속에 구상된 것에 불과하며, 식민지라는 조선의 정치적 지형 속에서는 처음부터 유통되지 않았다. 나아가 가정학의 특성을 하나 더 들자면 가정학은 교사나 사회복지 종사자 등의 여성전문가를 사회에 배출한 지식권력이기도 했다(이 점은 뒤에서 다시 설명함).

가정학은 여성에게 가정 내의 중심적 역할과 지위 그리고 권력을 부여하려 했다는 점, 그리고 여성의 새로운 사회적 역할을 만들어냈다는 점에서 여성을 구습·구체제·전근대적 지위에서 탈피시키는 '해방적' 성격을 가지고 있었다. 또한 가정학은 여성에게 학문, 학력, 학벌, 자격증을 부여함으로써 여성이 남성영역인 사회(사회 내의 또 하나의 여성의 세계라고 하더라도)로 진출할 수 있도록 하는 실제적인 힘을 가지고 있었다.

가정학적 지식은 중등·고등교육에 의해, 혹은 여성 잡지나 앞서 언급한 것 같은 가정학자의 저서, 일반 가정서를 통해, 그리고 관민 주도의 생활개선운동과 여성단체 활동 등을 매개로 사회에 널리 유포되었다.

또한 이노우에의 예에서도 알 수 있듯이 가정학은 아시아 출신의 유학생에 의해 미국에서 아시아로 수입되었거나, 미국인 가정학자의 활동에 의해 직접 아시아에 보급된 지식이기도 했다. 다음 절에서는 미국인 가정학자에 의해 가정학이 동아시아에 보급된 실례를 살펴보기로 한다.

3. 동아시아에 보급된 가정학

이 절에서는 1920, 30년대 미국 오레곤농과대학(현 오레곤주립대학) 가정학부 학장을 역임한 에바 마일럼(Ava Milam B. 1884~1976)의 활동을 살펴본다. 이에 대해 마일럼은 1969년에 출판한 저서[25]에서 밝히고 있고, 또 관련 자료를 오레곤(Oregon)주립대학 기록보존소에 남겼는데, 이 자료들에 기초해 미국 가정학이 동아시아에 보급된 역사적 사례를 분석하고자 한다.

에바 마일럼
제공: 오레곤주립대학 기록보존소

마일럼은 베이징의 북중국유니온대학*에 가정학과를 신설하기 위해 1922년 9월 중국으로 건너갔다. 그 계기를 마일럼은 다음과 같이

---

* 미션계 여자대학으로 영어 교명은 the North China Union College. 뒤에 연경대학 (燕京大學).

설명했다.

(오레곤농과대학 가정학부에 근무한 지 10년이 지난 당시) 나는 박사학위를 취득하기 위해 다시 대학으로 돌아갈지를 결정하지 못하고 있었는데, 마침 그때 동양의 여성교육에 관한 흥미로운 강연을 듣게 되었다. 그것이 계기가 되어 나는 동양으로 가자, 그곳의 가정과 학교를 연구해 그 나라의 가정형태에 필요한 가정학과를 어느 대학인가에 개설하고 싶다고 생각하게 되었다. (…) 가정관리를 위한 교육이 미국에서 필요하다면 중국에서도 마찬가지일 것이다. 구문명에서 우리들이 배울 것도 적지 않을 것이다. (…) 1922년에 대학에서 안식년을 받는 것은 불가능했지만, 미션 조직에서 선교사 급료를 받고 파견되는 형식으로 이 일을 착수하는 것은 가능하지 않을까 하고 생각했다. 강연회의 강사였던 릿튼 여사는 일본의 여자대학에서 가르치는 선교사로, 나를 격려해주었다. 그를 방문해 상담했더니 내 의견에 찬동해준 것이다. 그리고 이 일을 하는데 베이징의 북중국유니온대학이 좋을 것 같다고 제안해주었다. 그 여자대학에서 일이 성사되면 다른 대학에 미칠 영향이 클 것으로 본 것이다. 릿튼 여사가 내 생각을 북중국유니온대학과 미국 메소디스트교회 여성해외전도국(Women's Foreign Board of the Methodist Church)에 직접 전달해주었다. 양 기관은 이를 환영하고 지원을 약속했다.[26]

당시 해외 각지로 파견된 미국인 여성선교사는 안식년에 본국으로 돌아가 각지의 교회를 돌며 그간의 전도활동을 보고하거나 현지 교회나 미션여학교를 위한 모금활동을 했고, 대학이나 대학원에 진학하는 경우도 많았다. 마일럼도 그러한 교회 주최 강연회에 출석해 일본의 미션여자대학(토오꾜오여자대학)에서 가르쳤던 여성선교사에게서 동양의 여성교육에 관한 강연을 들은 것이다. 그것을 계기로 마일럼은 미국 가정학을 아시아에 보급하자고 생각하게 되었다.

마일럼이 릿튼 선교사에게서 북중국유니온대학을 추천받은 이유는 무엇일까. 릿튼 선교사는 일본의 미션여자대학에서 가르쳤기 때문에 일본 여성고등교육의 현황을 자세히 알고 있었을 것이다. 즉 일본에서는 관공사립의 여성 고등교육기관이 이미 많이 설립되어 있었고(제2장 참조), 앞 절에서 설명했듯이 가정학 교육도 19세기 말부터 실시되어왔기 때문에, 일본에 마일럼을 초청할 필요가 특별히 없었던 것이다. 그리고 일본의 식민지지배 아래 공교육은 물론 미션계 여성 고등교육의 발전도 일본이나 중국에 비해 뒤떨어져 있었던 조선의 경우(제2장 참조) 마일럼의 활동기반이 매우 취약해 성과를 거두기 어려울 것으로 판단했을 것이다. 이에 비해 북중국유니온대학은 중국에서 가장 오래된 (1908년 설립) 미션계 여자대학으로 1910년대 후반부터 중국의 타지역에 설립된 미션계 여자대학에 미칠 영향이 클 것이기 때문에 추천을 받았다고 생각한다.

중국으로 건너간 마일럼은 우선 6개월 동안 선교사 조직의 원조를 받아 난징(南京), 샹하이(上海), 꽌뚱(廣東) 지역과 화난(華南) 지역 등 각지를 다니며 여러 가정과 학교를 방문해 교사와 학생을 인터뷰하는 조사에 착수했다. 그리고 여학교에서 강연하거나 여성단체를 여러차례 방문하기도 했다. 또 중국인 관료와 오랜 경험이 있는 선교사 간부들과 면담해 가정학과 신설에 관한 찬동과 조언을 구했다. 마일럼은 중국의 가정과 학교 사정에 적합한 가정학과를 설립하고자 했던 것이다.

마일럼이 가장 처음 부딪힌 문제는 중국의 빈곤이었다. 가난하고 생활 습관도 다른 이 지역에 과연 어떠한 가정학이 필요한가 하는 문제가 당연히 제기된 것이다. 마일럼은 1922년 10월 8일자 편지(편지양식의 중국 체재 기록)에 다음과 같이 기록했다.

빈곤, 여성과 아이들의 낮은 사회적 지위, 그리고 위생문제에 부딪힌 우리들은 가정학 교육에 대한 희망을 한때 잃기도 했다. 그러나 지금은 생각이 바뀌어 좋은 결과를 확신하고 있다. 몇명의 중국인 관료도 가정학의 필요성을 언급하는 편지를 내게 보내왔다. 중국은 가정학을 필요로 하고 있지만, 그것은 이 나라에 맞는 것이 아니면 안된다.[27]

마일럼은 1923년 여름 조선과 일본을 여행하며 가정학의 현황을 조사했다. 전년도 중국으로 건너가는 길에 일본에 들러 코오베여학원 등을 방문한 적이 있어, 마일럼의 일본 방문은 두번째였다. 조선에서는 당시 아직 전문학교의 인가를 받지 못했을 뿐만 아니라 가정학과도 설치되지 않았던 이화학당을 방문해 학교 관계자와 가정학과 개설방안을 협의했고 또다른 미션계 여학교들도 방문했다. 경성에서 주부, 교사, 간호사, 의사 등과 주부교육 방안을 협의하기도 한 마일럼은 조선인이 가정학에 높은 관심을 가지고 있음을 확인한다. 일본에서 마일럼은 코오베여학원, 히로시마여학원, 도시샤여자전문학교 등을 방문했다. 그리고 가사과 교사를 대상으로 가사과 교육에 관한 강연을 하기도 한 마일럼은 일본 가정학이 주로 요리, 재봉, 세탁, 예절에 편중되어 있다는 인상을 받는다.

1923년 가을 북중국유니온대학에 가정학과가 신설되었다. "첫째, 더 수준 높은 가정을 만들 수 있도록 여성들을 가르치기 위해서. 둘째, 가정학 교사 및 학교, YWCA, 그밖의 사회복지기관을 이끌어갈 지도자를 양성하기 위해서. 셋째, 가정문제를 해결하는 데 도움이 될 응용과학, 미술, 경제학 등을 학생들이 배울 수 있도록 하기 위해서."[28]라는

설립목적이 제시되었다. 그리고 영양학 기초, 육아, 아동복지와 아동
발달, 가정위생, 가정관리 등 가족의 건강과 복지를 중심으로 학과목
이 구성되었다. 의생활과 요리 관계는 미국 여성이 공헌할 수 있는 분
야가 아니라는 판단에서 과목을 따로 개설하지 않았다.

마일럼의 활동은 선교사의 여성교육에도 영향을 미쳤다. 1924년 2
월 미션교육위원회에 가정학 분과가 새로 조직되어 미션계 여학교의
가정학 교육이 좀더 충실히 시행될 수 있도록 했고, 미션계 다른 여자
대학들도 북중국유니온대학의 가정학과를 모델로 가정학과를 신설했
다.[29]

조선에서도 마일럼의 협력으로 1929년 이화여자전문학교에 가사과
가 신설되었다. 교육목표를 "기독교 정신 아래 가사 일반에 관한 전문
적 지식과 그 기능을 가르치고 부덕을 함양하게 하여 건전한 사회봉사
자를 양성한다."[30] "개개인이 크리스천 가정과 사회를 만들어갈 수 있
도록 인문적·과학적 지식을 가르치고 기술훈련을 실시한다."[31]에 두
었다. 그리고 의식주에 관한 학과목을 비롯해 사회학·교육학 분야, 경
제·법제 분야, 위생·간호, 육아·아동 관계 등의 학과목이 개설되었
다.[32]

교육목표만을 비교할 때 일본이나 중국에 설립된 여자대학의 가정
학과가 근대적인 주부와 여성 전문가(교사, 사회복지 종사자 등)의 양성을
중요한 목표로 내세웠던 것에 비해, 이화여자전문학교 가사과는 주부
와 사회봉사자를 양성하는 것에 중점을 두었다. 여성의 사회활동이 매
우 취약했던 식민지 조선에서는 여성인재의 양성이라는 가정학에 내
포된 또다른 의의가 거의 누락된 채 발달했던 것이다.[33]

1924년 5월 미국으로 귀국한 마일럼은 장래의 중국인 가정학자를
미국에서 1, 2년 동안 교육시켜 양성하는 계획을 세워 실행에 옮긴다.

"서양인은 길을 만들고 사고방식을 안내하지만 가정학을 토착적인 것으로 만들기 위해서는—다시 말해 가정학이 유익한 것이 되기 위해서는 토착적인 것이 되지 않으면 안되는데—현지인 지도자를 키우는 것이 무엇보다 중요하다."[34]고 인식했기 때문이다. 오레곤농과대학 당국과 교직원, 학생, 지역주민에게 가정학을 보급해 동양 여성의 지위를 향상시키자고 호소해 자금을 모아 국제가정학장학금(International Home Economics Scholarship)을 설치했다. 1924년 가을 중국인 여성이 처음으로 오레곤농과대학 가정학부에 유학했다. 그뒤 해마다 중국, 조선, 일본, 인도 출신의 여성들이 장학금을 받아 오레곤농과대학에서 배웠고, 본국의 가정학 발전에 기여했다.[35]

마일럼은 그뒤 중국, 조선, 일본을 두 차례(1931년과 1937년, 해방된 뒤에도 방문) 더 방문해 미션계 여자대학 가정학과의 발전방안을 조언하는 등 동아시아에 가정학을 보급하고자 계속 노력했다.

앞서 설명한 바와 같이 마일럼이 미국 여성의 해외 전도활동에 공명해 아시아로 눈을 돌리게 되었듯이, 그의 활동은 미국 여성의 세계적 역할을 강하게 의식한 데서 비롯되었다. 1860년대 이래 미국 프로테스탄트 여성들은 선교자로서 세계 각지로 나가 여성교육을 실시하고 가정을 개선해 현지 여성들의 지위를 높이고자 했듯이(이에 대한 역사적 평가는 별도의 문제로 하더라도), 마일럼도 그러한 정신의 소유자였다. 마일럼은 "가정학이 (미국) 가정을 개선하는 수단으로 인식되어 발달되어온 오늘날, 가정학은 전세계 사람들의 지위를 개선하는 매체가 될 수 있다는 확신을 가지고 동양으로 갔다."[36]고 증언했다. 또 중국, 조선, 일본의 여성교육과 가정학의 현황을 직접 보고 파악한 뒤에는 "미국 여성으로서 책임감을 더욱 자각하지 않으면 안된다."[37]는 소감을 1923년 7월 21일자 편지에 남기기도 했다.

마일럼의 활동은 19세기 중·말엽에 대두해 제1차 미국 여성운동으로까지 평가받는 미국 프로테스탄트 여성운동(특히 해외 전도운동)이[38] 미국 여성의 세계적 역할을 강조하는 사상적·문화적 영향을 어떻게 미국 여성에게 미쳤는지를 고찰하는 데 중요한 사례가 될 것이다.

마일럼의 활동에서 또 한 가지 주목해야 할 점은, 동아시아에서 미국 가정학이 보급된 것은 근대적 성역할 규범을 형성해온 서구의 지식과 담론이 세계로 퍼져간 20세기적 현상의 일환이었다는 점이다.

미국 가정학의 발달에 지대한 공헌을 한 레이크 플라시드 가정학 회의(Lake Placid Conference on Home Economics, 1899~1908)에서는 제2차 회의 때부터 대학 가정학과의 교육목적과 교과과정에 관한 논의가 본격화되었다. 제2차 회의에서는 가정학과 커리큘럼에 적어도 과학 관련 과목(화학, 물리학, 생물학, 세균학 등), 경제 관련 과목, 사회학 관련 과목, 개인위생과 공중위생 과목이 포함되어야 한다고 논의되었다.[39] 그뒤 해마다 개최된 회의 때마다 각 대학 가정학과의 현황이 보고되었고, 지역과 대학의 특성을 살린 가정학 교육의 기본방안이 만들어졌다. 1904년도 회의에서는 시카고대학을 비롯하여 당시 가정학 교육의 발달을 위해 중심적 역할을 담당해온 다른 몇몇 대학의 가정학이 보고되었다.

1892년에 개설된 시카고대학 가정학과는 자연과학과 사회학, 경제학의 첨단지식을 기초로 의식주, 가정위생, 가정예술, 가족에 관한 학과 과정을 설치해 다른 대학의 가정학을 개척해갈 선구자를 많이 배출했는데,[40] 마일럼도 그러한 인재 가운데 한 사람이었다. 마일럼은 1908년에서 1911년까지 시카고대학 가정학과의 학부와 석사과정을 마친 뒤 오레곤농과대학 가정학부에 부임해 가정학 발전을 위해 중추적 역할을 했다.

시카고대학 가정학과는 설치목적을 "사회 내 가정의 위치와 의미를 가르칠 것. 사회의 기본단위인 가정을 합리적으로 과학적으로 관리하는 훈련을 시킬 것. 가사과 교사, 사회복지 종사자의 전문 훈련을 실시할 것."[41]에 두어 가정학 교육을 받은 전문적 주부의 양성은 물론 교사나 사회복지 종사자도 배출하고자 했다. 이러한 이념은 앞서 검토했듯이 마일럼과 여성선교사의 협력으로 중국에 보급된 가정학에도 그대로 반영되었다.

그리고 마일럼이 동아시아에서 활약하기 이전부터 이미 일본은 미국의 가정서를 번역해 소개하거나[42] 미국에 유학해 미국 가정학의 영향을 받아왔는데, 그중에서도 시카고대학 가정학의 영향을 빼놓을 수 없다. 니혼여자대학교의 이노우에가 시카고대학에 유학했고 그 영향으로 니혼여자대학교 가정학부는 가사처리의 과학화 외에 사회학적 가족 연구를 중요시했다. 나아가 1910년대 가정학부 개혁시에는 시카고대학과 똑같이 전문적 주부, 가사과 교사, 사회복지 종사자 양성을 교육목적으로 내걸었고 학과과정을 개정해 가정과학, 가정예술, 가정관리, 가정간호, 가정복지, 사회복지 등을 설치했다.[43]

이상에서 본 것처럼 아내, 어머니, 주부로서의 여성의 가정 내 역할을 과학적으로 확립하기 위해, 나아가 사회봉사자, 교사, 사회복지 종사자라는 종래에는 없던 여성의 새로운 사회적 역할을 창출하기 위해 구축된 근대적 지식은 동아시아에 보급되어갔다. 조선 여성이 일본으로 건너가서 배운 가정학은, 말하자면 세계 규모로 확산·통일되어간 여성들의 근대적 지식에 다름아니었다.

4. 가정학 수학의 행방·지적 회유 : 가사과 교사의 역할을 중심으로

여자유학생의 '회유(回游)'에 의해 가정학적 지식은 조선에 보급되었다. 산업화·도시화·소비화가 수반되지 않은 상황에서는 가정학적 지식이 여성들에 의해 소비되어 가정생활을 바꿔나가는 파괴력을 지질 수 없다 하더라도, 조선에서 가정학적 지식은 학교교육이나 여성잡지 등을 통해 특히 도시에 거주하는 신여성에게 영향을 미쳤고, 농촌에서는 계몽운동을 통해 보급되었다.

이 절에서는 가정학이라는 지적 경험이 식민지 조선의 개별여성에게 또 조선사회 속에서 어떻게 발휘되어 나타났는지 살펴보기로 한다.

첫째, 가정학은 여성들의 생활감각을 이른바 서구적으로 변화시켜 감과 동시에 그러한 변화를 뒷받침하고 정당화하는 지식이자 지적 경험이었다. 물론 『신여성』『신가정』 등의 여성잡지에 종종 소개된 여성들의 소위 '신구 충돌'에서도 알 수 있듯이, 여성들이 학교에서 가정학을 배웠더라도 구습이 뿌리 깊게 남아 있는 대가족 생활에서, 그리고 근대적 설비가 제대로 갖춰지지 못한 조선 가옥의 형편 속에서 부부와 자녀 중심의 근대 핵가족을 모델로 하는 가정관리의 과학적 지식을 그대로 활용하는 것은 매우 어려웠고 한계가 컸다. 그러나 가정학이 개별여성의 생활감각이나 가정생활, 사고와 행동, 그리고 조선사회 전체에 미친 영향은 적지 않았을 것으로 짐작된다.

예를 들어 나혜석이 1918년에 발표한 「경희」라는 소설 속에는 주인공 경희가 일본에서 가정학을 배워 받은 영향이 다음과 같이 그려지고 있다. 나혜석은 1910년대 일본에서 서양미술을 전공했지만, 일본의 여성 고등교육 기관에서 가르치는 가정학에서 깊은 인상을 받아 그러한 지적 경험을 소설 속에 담아놓은 것으로 해석된다. 주인공 경희는 방학중 귀국해 가정학에서 배운 것을 실행에 옮기고자 하는데, 종래에 답습해온 방식과는 달리 가사 처리가 과학적·예술적으로 바뀌고, 생활감각도 근대화되어간다.

이번 경희의 소제방법은 전과는 전혀 달느다. 전에 경희의 소제 방법은 기계적이었다. (…) 동쪽에 노핫든 제기며 서쪽 벽에 걸닌 표주박을 씰고 문질너서는 그 노핫든 자리에 그대로 노흘 줄만 알앗다. 그래서 잇던 검의 줄만 업고 싸혓든 몬지만 터르면 이거시 소제인 줄만 알앗다. 그러나 이번 소제방법은 달느다. 건조적(建造的)이고 응용적이다. 가정학에서 배흔 질서, 위생학에서 배흔 정리, 또 도화(圖畵) 시간에 배흔 색과 색이 조화, 음악 시간에 배흔 장단의 음률을 이용하야, 지금까지의 위치를 전혀 뜨더 고치게 된다.[44]

둘째, 가정학 수학이 낳은 가장 큰 현상은 여성 전문가의 출현이었다. 가정학을 통해 며느리에서 주부(가정책임자), 어머니(자녀교육자), 아내(남편의 내조자)로 여성의 역할을 재구성·근대화하는, 이른바 과학적 지식과 언설을 배움으로써 여성영역(가정)의 전문가로서 조선사회에 등장한 것이다.

1914년 토오꾜오여자고등사범학교 가사과에 조선인으로서는 처음으로 입학한 김덕성(金德成)은 졸업을 앞두고 1918년 3월 『여자계』에 "아해에게 어머니는 신의 대리 천사의 현실이라고 하겟소. 유아에게는 어머니의 얼골은 하날이오 그의 눈은 별이겟지요. (…) 인류 문화의 역사는 어머니의 감화라 하겟소."[45]라며 어머니 역할의 중요성을 강조하는 글을 기고했다. 이와같이 여자유학생은 귀국한 뒤 여성의 가정

내 역할을 새로이 규정하고 여러가지 지식을 보급했다.

특히 1920, 30년대 여자유학생의 양적 증가와 함께 여성지식인층의 사상과 사회활동 또한 다양해졌으나, 가정개량과 여성교육에 관한 관심은 공통적이었다. 가정학은 물론 의학을 전공한 여성들(예를 들어 다음 장에서 다룰 허영숙許英肅)이 여성의 가정 내 역할에 관한 논의를 전개하며 과학적 지식도 보급했다.

예를 들어 그들은 가정은 사회와 분리된 사적 공간이라는 근대적 가족관에 입각해 한 집안의 중심인 주부가 합리적이고 위생적인 의식주생활, 예산생활, 화목하고 단란한 가족생활을 어떻게 만들어가야 하는지를 알리고자 했다. 또 자녀양육에 관한 조선 어머니의 무지를 비판하면서 과학적인 육아지식을 보급하고, 부부 사이의 동반자적인 협력관계와 애정관계에 대해 계몽했다. 반면 여성의 사회경제적 활동에 관해서는 '여성의 천직과 본분을 다한 뒤 여유가 있는 한에서 허락된다'는 식의 소극적인 자세를 취했다[46](이 점은 앞서 살펴본 일본인 가정학자 이노우에의 의식과 일치됨). 이와같은 여자유학생의 역할은 다음 장에서 자세히 분석하기로 한다.

셋째, 가정학이 여성의 역할을 가정 내에 한정하는 학문이면서도 동시에 여성이 어머니와 주부와 같은 역할을 사회봉사자, 사회복지 종사자, 교사로서 사회에 나가서도 펼칠 수 있도록 여성을 훈련하는 학문인 덕분에 가정학을 배운 많은 여자유학생이 귀국한 뒤 중등교육기관의 가사과 교사가 되었다.[47] 예를 들어 구술조사를 한 여자유학생 64명 중에서 가정학을 전공한 사람은 34명으로, 그중 24명이 귀국한 뒤 바로 가사과 교사가 되었다.

가사과 교사는 앞서 언급한 여성전문가의 핵심 그룹이었는데, 그들의 역할에 대해 살펴보자.

손정규(孫貞圭)는 토오꾜오여자고등사범학교(1918~1922)에서 가정학을 전공한 뒤 경성여자고등보통학교 교사로 부임했는데, 가사과 교사는 차세대 교육을 위해 참다운 어머니 역할을 학교에서 담당해야 한다고 인식했다.[48] 이는 가사과 교사를 학생의 어머니, 사회의 어머니로 자리매김한 것으로, 실제로 가사과 교사들은 학교에서 여학생을 가르치는 일 외에도 지역주민의 계몽자·교육자의 역할을 담당했다.

예를 들면 1925년 토오꾜오여자고등사범학교 가사과를 졸업한 송금선(宋今璇)은 같은 해 경성의 숙명여자고등보통학교 교사가 되었고, 이듬해 경남 진주 일신여자고등보통학교에 부임했다. 송금선은 당시의 경험에 대해, 지역주민에게서 일거수일투족을 주시받는 여교사로서, 더욱이 가사과 교사는 주민계몽과 그들의 생활개선을 의식하면서 생활하지 않으면 안되었다고 술회했다. 복장개량, 미신타파, 위생적인 육아 등을 가사과 수업시간이나 기숙사에서 가르쳤을 뿐만 아니라 길에서 만나는 마을 부녀들의 잘못된 육아습관을 지적하면서 고쳐주는 일 등 또한 가사과 교사의 역할이었다.[49]

그리고 1929년에 역시 토오꾜오여자고등사범학교 가사과를 졸업한 조기홍은 경성의 진명여자고등보통학교에서 가르치면서 "가정학은 단지 의복의 제작이나 조리 같은 기술적인 학문에 그치는 것이 아니다. 그것은 결국 인간생활 전반에 있어 더 나은 삶을 영위할 수 있도록 기술은 물론 지적·정의적인 면까지 개선에 이바지해야 하는 학문적인 것이다."[50]는 생각으로 생활개선 캠페인을 벌였고 신문이나 잡지에 생활개선 구체안을 발표했으며 생활개선 전람회를 개최하기도 했다.

이와같이 학교와 지역 내 가사과 교사의 역할이 매우 컸고, 그들은 1920, 30년대에 가정전문가로 살림, 육아, 위생·건강, 가족생활, 부부관계 등에 관한 새로운 지식을 알리고 새로운 의식을 촉구하는 여성지식인의 핵심 그룹의 하나가 되었다. 그러나 바로 그 점 때문에 그들은 1930년대 말 전시체제가 형성되자 조선인 생활개선운동을 주도하는 식민지 권력측에 흡수되어갔다. 즉 1933년 녹기연맹 결성 때 함께 설치된 녹기연맹부인부(綠旗聯盟婦人部, 이하 부인부)는 1938년부터 조선 가정의 개선운동에 나섰는데, 일본에서 가정학을 배워 가사과 교사로 활약중인 조선여성들이 부인부의 활동에 협력하게 된 것이다.

부인부의 중심 인물인 쯔다 세쯔꼬(津田節子)는 부인부가 조선가정의 개선운동에 가담하게 된 배경에 대해 다음과 같이 언급했다.

> 우리들은 지금까지 내지(內地) 부인들과 함께 연맹부인부를 조직하고, 여학교를 나온 이들과 세이와여숙(淸和女塾)에서 함께 배우며 '사람들과 더불어 배운다'를 모토로 10년간(부인부의 전신인 일요회가 1928년에 조직됨) 걸어왔습니다. 이번에 현씨(현영섭 玄永燮을 가리킴)와 같은 분의 생각에 감동되어 또 시국의 움직임이 동기가 되어, 조선의 여러분들과 함께 향상의 길로 나아가고 싶다는 염원을 갖게 되었습니다.[51]

위의 쯔다의 언급에서 다음의 내용을 추측할 수 있다. 녹기연맹은 재조선 일본인 수양단체로 결성되었으나, 1938년에 내선일체운동을 시작함으로써 조선총독부에 협력하는 사상단체로 변질되어갔다. 이와 마찬가지로 재조선 일본 여성 간의 교류단체에 지나지 않던 부인부도 조선인으로 녹기연맹의 내선일체론을 체계화하는 데 앞장서온 현영섭(玄永燮)[52]의 영향을 받아[53] 조선인에 '관심'을 갖게 되었고, 조선 가정의 개선운동에 앞장서게 되었다.

그뒤 쯔다의 "내선일체를 부르짖는 오늘날, 같은 황국신민인 반도인의 생활을 함께 걱정하고, 함께 생각하고, 함께 그 향상을 꾀하는 것

이야말로 우리 내지(內地) 부인들에게 부여된 일 중 하나라고 생각합니다."[54]라는 말에서 엿볼 수 있듯이 조선인의 생활향상이 내선일체를 위한 당면과제로 떠오른 것이다. 그리고 부인부의 좌담회에서 미야기 타마요(宮城たまよ)라는 일본 여성이 "조선에 오셔서 내지(內地) 생활 중 이것만은 꼭 (조선에) 도입해주었으면 좋겠다고 생각하신 점은"[55]이라는 쯔다의 질문에 "융화는 마음만이 아니라 오히려 생활에서 오는 것이라 생각합니다. (일본의) 좋은 점과 (조선의) 좋은 점을 합치는 것이 중요합니다."[56]라고 대답했듯이 조선인의 생활향상이야말로 향후 내선융화·내선일체를 내걸고 조선을 지배해나가는 데 중요한 과제라는 인식이 일본인 사이에서 퍼져갔던 것이다.

물론 뒤에서 인용하듯이 쯔다가 조선인의 생활을 일방적으로 '내지화(內地化)'하려는 입장에 선 것은 아니라고 해도 조선인의 생활을 개선해 내선융화·내선일체의 문화적 기반을 만들려 하면 조선인의 생활 개선은 자연히 '내지화' '일본화'로 향할 수밖에 없었다.

1938년 부인부가 부인문제연구회(이하 연구회)를 만들어 조선 여성의 협력을 촉구한 데서 볼 수 있듯이 처음부터 이 단체는 조선 여성을 포섭해 조선 가정의 개선운동을 전개했다. 연구회에는 손정규(孫貞圭), 이숙종(李淑鍾, 1926년 일본의 여자미술학교 졸업), 송금선(宋今璇), 조기홍(趙圻烘), 김활란(金活蘭, 1918년 이화학당 대학과 졸업, 1922년, 1930년, 2회에 걸쳐 미국에 유학), 고황경(高凰京, 1928년 도시샤여자전문학교 영문과 졸업, 1931년 도시샤대학 법학부 경제학과 졸업, 1935년 미시간대학 대학원 사회학과 졸업) 등 일본이나 미국에 유학한 경험이 있는 조선 여성(15명)이 참가했다.[57] 연구회에 소속된 10명의 조선 여성은 같은 해 9월 조선총독부 사회교육과 후원으로 각도에 파견되어 생활개선 강연회를 개최하는 것으로 활동을 개시했다. 그리고 같은 해 11월에는 '조선인의 생활을 말하는 좌담회'가 열려 앞서 언급한 연구회의 멤버 외에 김현실(金懸實, 1928년 니혼여자대학교 가정학부 졸업) 등이 참가하여 조선인 생활개선 문제에 대한 여론을 불러일으켰다.

쓰다는 이같은 조선 여성들에 대해 "조선의 선각자이자 지도자, 지식인이며, 오랫동안 여자교육에 종사해온 분들뿐입니다. 그리고 저의 오랜 친구들입니다."[58]라고 말했다. 이 말에서 짐작할 수 있듯이, 부인부의 조선 가정 개선운동에 일본에 유학한 조선 여성들이 발탁되어 협력하게 된 데에는 귀국한 뒤의 사회활동으로 이름이 알려져 있어서이기도 했지만 일본 여성과 조선 여성 사이에 이미 어떤 형태의 유대나 연결망이 형성되어 양측의 친목이 깊어져왔기 때문이 아닌가 생각해볼 수 있다.

예를 들어 1930년 이숙종의 발기로 총독부인 등의 고관부인을 비롯한 각계 각층의 일본 여성과 조선 여성(손정규, 이숙종, 송금선 등)이 '내선부인의 융화'를 내걸고, 신화회(信化會, 뒤에 청담회淸潭會로 개칭)라는 친목단체를 만들어 조선인의 의복문제와 생활문제 등을 협의했다.[59] 이 단체의 활동은 두드러지지 않았지만 이 모임을 계기로 조선 여성과 부인부의 쓰다가 교류하게 되었고, 쓰다의 요청에 호응해 부인부의 사업에 조선 여성들이 협력하게 된 것이 아닌가 추측된다.

그런데 왜 부인부는 일본에서 가정학을 배운 조선 여성의 협력을 필요로 한 것일까. 1939년 조선 여성의 협력을 얻어 진행돼온 부인부운동의 성과가 『현대 조선의 생활과 그 개선(現代朝鮮の生活とその改善)』이라는 책자로 정리되어 간행되었는데 그 서문에서 쓰다는 "내선일체의 입장에서 생활개선이라 함은 내선 양쪽의 가정생활을 무엇보다도 올바르게 있는 그대로 응시하고, 철두철미하게 반성해 황국신민다운 생활에 맞도록 고치는 것입니다. (…) 조선의 가정생활을 개선하자고

말하더라도 그것은 조선의 생활을 내지화하자고 말함이 아니고, 그렇다고 해서 또 조선 본래 그대로로 좋다고 말함도 아닙니다. 좋은 점은 두고, 나쁜 점은 없애서 새로운 일본인의 생활을 만들어내고자 함입니다."[60]라고 서술한 다음, 조선인이 일본인다운 가정생활을 영위하도록 계몽해가기 위해서는 일본에 유학하고 돌아온 조선인 가사과 교사의 역할이 중요하다며 다음과 같이 지적했다.

> 우리들은 많은 조선 부인의 언니로서 책임과 자각을 가지고 살아가야 합니다. 그러나 그 생활향상의 일은 우리들 내지 부인의 손이 닿지 않는— 우리들로서는 할 수 없는 일이 있습니다. 그때 가장 큰 힘을 가진 구원의 손길은 조선 부인 가운데 눈뜬 분들, 선각자, 교육자 분들의 힘입니다. 이에 지난달 손정규 여사, 조기홍 여사에게 조선의 가정생활 개선의 요점이나 급무, 방향에 대해 여러 가지 들을 기회를 가져 (…) 우리들 내지인의 생각이 미치지 않는 다양한 사정을 알 수 있었으므로 많은 분들의 도움이 되리라 믿고 그 기록을 정리해본 것이 이 저서의 제1편입니다. (…) 특히 농촌 교화, 지방 지도에 앞장서 연구를 축적해온 임숙재(任淑宰) 여사(1924년 토오꾜오여자고등사범학교 가사과 졸업)로부터 농촌의 생활개선에 대해 따로 말씀을 듣고, 그것을 정리한 것을 제2편으로 했습니다.[61]

즉 쯔다는 일본에 유학해 일본인 생활을 체험하며 연구하고, 또 귀국해서는 사회활동의 경험을 쌓으면서 조선사회에 영향을 미쳐온 조선 여성이야말로 누구보다도 조선 가정의 문제를 잘 알고 있을 뿐만 아니라 이름있는 전문가로서, 내선일체의 생활을 창출해가는 데 반드시 필요한 존재라고 인식했던 것이다.

이와같이 여자유학생은 일본에서 가정학을 배워 귀국한 뒤 1920,

30년대에는 그 지식을 학교와 지역에 보급하는 교육가나 여성전문가가 되었고 1930년대 말에는 조선 가정의 개선을 위해 부인부운동에 협력해가게 되었다. 그들은 반드시 일본 여성의 생각이나 식민지 권력측의 의도에 영합해 행동했다고는 할 수 없을지라도 식민지 권력측이 이용하려는 인재가 된 것이다.

그들은 가정학이라는 근대적 지식을 획득함으로써 사회에 나가 활동하게 되었지만, 그들의 활동은 여성의 가정 내 역할을 근대적으로 확립하는 데 소용되었다. 앞서 본 것처럼 부인부의 운동에 협력한 김현실은 『조선일보』 기자가 여학생을 가르치는 교육가로서의 마음가짐에 대해 묻자, "저는 가사에 대한 것을 맡쳐스니까요 어데까지든지 가뎡을 떠난 훈련은 피하는 동시에 언제든지 한개의 진실한 녀성을 만들어놋키에 노력합니다."[62]고 대답한 뒤 여성의 직업에 관해서는 "직업! 물론 직업이 있서야지요. 또 직업을 갓는 것이 당연한 일이지요. 별일업는 동안에는 계속하려고 합니다."[63]라고 대답했다. 비록 단편적인 진술이지만 여기서 엿볼 수 있듯이 여자유학생은 귀국한 뒤 많은 경우 스스로는 여성의 역할을 사회로 넓히는 에이전트가 되었지만, 여성의 가정 내 역할을 확립하는 데 앞장선 이중적 의미의 에이전트로서 조선 사회에 등장했고, 근대적 지식을 획득해 유통하는 바로 그 역할을 맡음으로 인해 식민지 권력측에 흡수되어갔던 것이다. 이러한 여자유학생의 역할은 다음 장에서 더 자세히 고찰하기로 한다.

| 제7장 |

여자유학생의 귀국 후 역할

현모양처론의 보급을 중심으로

1. 귀국 후 역할 개요와 분석시각

무엇보다 여자유학생이 귀국한 뒤에 독립운동이나 여성운동의 지도 자가 된 사실은 특필할 만하다. 예를 들어 잘 알려져 있다시피 3·1독 립운동에 참여한 김마리아(여자학원 고등과 졸업), 황애덕(黃愛德, 토오꾜오 여자의학전문학교 졸업)을 비롯하여 1910, 20년대 신여성의 기수로 자유 주의적 여성해방론을 제창한 나혜석(여자미술학교 졸업), 김명순(金明淳, 토오꾜오여자전문학교 졸업), 김원주(金元周, 토오꾜오애이와英和학교 졸업), 그 리고 1920년대 사회주의 여성운동의 리더인 황신덕(黃信德, 니혼여자대 학교 졸업), 이현경(李賢卿, 니혼여자대학교 졸업) 등을 들 수 있다.

4장의 나혜석의 예에서 이미 지적했듯이 그들의 의식이 유학중에 어떻게 성장·확립되었는지 구체적으로 밝히는 것은 매우 어렵다. 여자유학생의 글이나 자서전에서도 그 점의 언급은 거의 없다시피 하다.

그러나 여성운동 지도자들의 다수가 유학 중에 새로운 의식이나 사상을 받아들이고 발전시켰음은 분명하다. 예를 들어 여성노동자에 대한 관심으로 1922년에 니혼여자대학교 사회사업학부 여공보전과(女工保全科)에 입학한 황신덕은 야마까와 키꾸에(山川菊榮)의 영향을 받아 입학한 이듬해 여자유학생과 야마까와의 좌담회를 열었고, 야마까와의 논문 일부를 한국어로 번역해『룩셈부르크와 립크네흐트』라는 제목으로 출판하기도 했다.[1] 그리고 재학중에 여성노동문제와 노동운동론을 연구해「노동부인의 현상과 조합운동(勞動婦人の現狀と組合運動)」이라는 제목의 졸업논문(1926년 졸업)을 제출했다.[2]

이순애가 지적했듯이[3] 여자유학생의 여성운동은 조선 내 여성운동과 밀접히 연계되어 있었으며, 그들이 졸업해 귀국해서는 여성운동의 리더가 되었다. 예를 들어 1920년대 여자유학생의 사회주의 운동이 활발했는데, 최초의 재일 조선 여성 사회주의 사상단체인 삼월회(三月會, 1925년 3월 결성)의 중심멤버인 황신덕과 이현경 등은 귀국한 뒤에 경성에서 중앙여자청년동맹(中央女子靑年同盟, 1926년 12월)을 결성했다. 또 이들은 1927년 5월 사회주의 계열과 민족주의 계열의 통일전선조직인 근우회(槿友會)의 리더가 되었다.

여자유학생이 귀국한 뒤 담당한 또 하나의 중요한 역할은 연애결혼에서 양장, 헤어스타일 등의 패션에 이르기까지, 변화하는 문화의 선도자였다는 것이다. 이러한 동향은 1920, 30년대『신여성』『신가정』등의 잡지에 소개되었다. 여자유학생의 구술 중에서도, 처음에 조선옷을 입고 일본에 건너갔으나 여름방학에 양장에다 단발 모습으로 귀향해 가족과 주민들을 놀라게 한 예가 적지 않았다.

이와같이 여자유학생은 신문화(물건, 사고방식, 생활양식, 패션, 유행 등)를 들여와, 앞 장에서 다룬 「경희」와 같은 소설 속의 주인공처럼 자신들도 모르는 사이에 가족과 마을주민들에게 영향을 끼쳤다. 물론 여자유학생이 일본에서 가지고 들어온 신기한 물건·상품, 일본 도서, 양장옷 등은 마을 대다수 사람들에게는 손에 닿지 않는 것들로 쉽사리 소비·향유될 수 없었다. 그러나 주민들이 여자유학생의 몸에서 풍겨나오는 새로운 것, 이질적인 것에 반감을 가졌든 아니면 호기심이나 호의를 가졌든 일본과 일본 근대문화를 가까이에서 느끼며 어떤 형태로든 영향을 받을 수밖에 없었던 것이다.

또한 여자유학생은 귀국한 뒤 교사, 의사, 신문이나 잡지의 언론 종사자, 예술가 등 다양한 분야의 전문가로 사회에 진출했다. 구술조사 대상자인 여자유학생 64명에 한해서 보면 다음 〈표 17〉에 나타나듯이, 특히 중등학교 교사가 된 사람이 많았다. 그중에서 24명은 가사과 교사가 되었고, 체육교사가 4명, 국어(일본어)교사가 2명, 미술교사가 2명, 영어교사가 1명이었다.

다음 〈표 18〉은 여교사수를 제시한 것인데, 예를 들어 1936년에 중등학교 및 전문학교 여교사수는 모두 153명으로, 그들 대다수가 일본에 유학해 교사 면허를 가진 자로 봐도 무방할 것이다. 당시 중등학교

〈표 17〉 여자유학생의 귀국 후 직업

직업	명수	백분율
교사	33	51.2
의사	8	12.6
연구원	3	4.8
방송인	1	1.6
교회전도사	1	1.6
연주가	1	1.6
없음	17	26.6
계	64	100.0

〈표 18〉 일제시기 여교사수

연도	초등학교	중등학교	전문학교 이상	계
1922	282(93.1)	21(6.9)	–	303(100.0)
1926	650(94.9)	29(4.2)	6(0.9)	685(100.0)
1931	1,005(93.6)	61(5.7)	7(0.7)	1,073(100.0)
1936	1,412(90.2)	141(9.0)	12(0.8)	1,565(100.0)
1940	2,462(92.1)	178(6.7)	31(1.2)	2,671(100.0)
1943	3,256(94.6)	167(4.9)	18(0.5)	3,441(100.0)

주: 1) 초등학교 교사의 경우 1922, 26년에는 관공사립 보통학교 교사만, 1931년 이후에는 각종학교의
　　 교사도 포함시킴. 단 1936년의 각종학교 교사수에는 간이학교 교사수가 포함되어 있지 않음.
　　2) 중등학교 교사의 경우 여자고등보통학교 외에 고등여학교, 실업학교, 실업보습학교의 교사도 포
　　 함시킴.
　　3) 전문학교 이상이란 전문학교, 전문학교 수준의 각종학교, 사범학교를 합한 것임.
　　4) 조선총독부『조선제학교일람(朝鮮諸學校一覽)』(1922~43)에 의함.

교사는 가장 권위가 높은 여성의 직업 중 하나였다.

　구술조사를 한 여자유학생 중 첫 교사 부임지에서의 평균 근무기간
은 2~3년 정도이고, 그뒤 결혼, 출산, 육아 등의 이유로 퇴직한 경우
도 적지 않았는데, 이로 미루어보아 교사 한 사람 한 사람의 역할이 그
다지 컸다고는 말하기 어렵다. 물론 앞 장에서 살펴본 가사과 교사의
예에서 보듯, 학생이나 지역주민에게 끼친 영향은 아무리 강조해도 지
나치지 않을 것이다. 그러나 무엇보다 강조할 점은 다름아닌 바로 그
들 존재 자체가 마을 사람들에게 커다란 영향을 끼쳤다는 점이다.

　예를 들어 귀국한 여자유학생들이 모델이 되어 새로운 여자유학생
이 배출되었다. 구술조사 대상자인 여자유학생 64명 중에서 32명
(50.0%)이 일본유학 경험자에게서 영향을 받아 자신도 일본유학을 고
려했다고 대답했다. 구체적으로 보면 19명은 학교 여교사에게서, 7명
은 가족이나 친척언니에게서, 5명은 여학교 선배에게서, 1명은 여성계
지도자로부터 영향을 받았다.

앞서 서술했듯이 그들은 변화하는 문화와 여성 역할의 상징이었지만 무엇보다 '변화하는 시대의 모범'으로서 큰 의미를 지녔다. 여성의 사회진출에 대한 뿌리 깊은 편견과 반대의견이 있었지만, 그들은 향학심에 불타는 학생이나 주민들의 동경의 대상이 되었던 것이다.

이상과 같이 여자유학생이 귀국한 뒤의 역할은 다양하며 조선으로 들여온 것도 여러가지 있겠으나, 이 장에서는 그들이 여성의 성역할론을 전개해 현모양처라는 근대적 젠더규범을 보급시킨 과정을 분석한다. 여자유학생의 역할을 젠더사적 관점에서 평가하기 위해서는 당시 조선 여성에게 여성해방론보다도 강한 영향을 끼친 가정학적 젠더론인 현모양처론과 이를 보급시킨 여성지식인의 역할을 분석하는 것이 무엇보다 중요하다고 하겠다.

한국과 일본에서의 조선 근대 젠더사 연구는 1980년대까지는 여성의 독립운동·교육운동·노동운동·여성해방운동이 중심이었다. 1990년대 이후에는 1920년대 신여성의 의식과 행동, 총력전체제 아래서 여성지도자의 전쟁협력과 종군위안부 문제가 중심이 되었다.[5] 같은 시기 여성학적 젠더연구는 크게 진전되었지만, 역사분석에 있어서 여성의 의식과 행동에 큰 영향을 끼친 현모양처론의 형성과 전개를 고찰한 연구는 거의 없었다.

그 이유를 선행 연구의 여성사관에서 찾을 수 있다. 종래의 조선 근대 젠더사 연구는 여성을 한편으로는 수난자·피해자로, 다른 한편으로는 민족운동·여성운동의 선각자로 규정해왔다. 이러한 분석틀의 강고함이 이 두 여성상에서 벗어난 여성을 역사적으로 분석하고 평가하는 것을 어렵게 해온 것이다.[6]

최근 현모양처를 전통적 여성관으로서가 아니라 조선 여성을 일본 국민으로 통합하고 동원하고자 했던 식민지 지배권력의 근대적 이데올로기로 보는 연구가 발표되었다.[7] 현모양처는 일제가 근대 학교교육을 통해 조선 여성에게 주입하려고 했던 근대적 여성관이라는 것이다.

그러나 식민지 지배정책을 중심으로 하는 이러한 연구들에서는 조선 여성들의 주체의식이나 행동에 대한 분석이 거의 빠져 있다. 이 장에서는 이 연구들의 현모양처관을 일정 공유하면서 젠더론 형성에 여성들이 실제 어떻게 관여해왔는가를 분석과제로 한다.

조선 근대 젠더사 연구의 문제점을 하나 더 들자면 연구시기와 연구과제가 따로 따로 분리된 채 연구되어왔다는 점이다. 다시 말해 각 연구과제에서 다루는 여성의 문제의식이 한말에서 일제시기로, 1920, 30년대에서 1940년대로, 그리고 일제시기에서 해방후로 어떻게 계승되고 전개되어갔는지를 분석할 필요가 있다.

예를 들어 여성의 전쟁협력 문제를 보면 카와 카오루(河かおる)는 "(일제시기 조선 여성의 전쟁협력에 관한 한국의 선행 연구에서) 박인덕(朴仁德)의 '친일' 행위는 '매국적 행위 중에서도 여권신장에 대한 희망이 나타나' 있으며, '민족문제와 여성문제를 분리시킨' '자유주의 여권론자'의 전형적인 예이자 '민족'이나 '조국'보다도 '나'를 우선시한 결과로 분석되었다. 그러나 만일 그렇다면 왜 그러한 자유주의·개인주의를 비판한 총력전체제에 적극적으로 '협력'했는지 알 수 없게 된다. 반대로 총력전 아래서의 '공적인 영역'의 비대에 친화감을 가진 것이 오히려 적극적인 '협력'을 하게 했다는 점이 박인덕의 경우에도 지적될 수 있으며, 어떤 의미에서 총력전체제 아래서의 지식인(민족·성별을 불문하고)의 체제'협력' 전반을 말할 수 있는 것이 아닐까 생각한다."[8] 고 밝혔다.

카와의 문제제기는 여성들이 총력전체제에 구체적으로 어떠한 친화감을 가졌으며, 그것이 1920, 30년대 그들의 주장·활동과 어떠한 관계를 갖는가를 분석할 때 비로소 충분히 뒷받침될 수 있다. 이 장에서는 1920, 30년대 여성지식인층의 성별 역할론을 분석함으로써 여성의 전쟁협력이 1920, 30년대의 여성들의 관심사와 어떻게 관련되는지 고찰하고자 한다.

이상과 같은 분석시각을 토대로 다음 절에서는 한말에 대두한 여성의 역할에 관한 새로운 젠더론을 분석한다. 이어 3절에서는 유학을 통해 확립된 여성들의 젠더론이 한말의 새로운 젠더론을 어떻게 계승해 전개되었으며 나아가 총력전체제 아래서 어떻게 변용되어갔는지를 고찰한다.

2. 개화기·한말의 새로운 젠더론

1876년 개국 이래 근대국가의 국민형성이 중심과제가 되었고, 개화사상가들의 '여성공론화'도 그 노력에서 비롯되었다. 예를 들어 초기 개화사상가인 유길준(兪吉濬)의 여성교육사상은 차세대 어린이를 교육할 '자모(慈母)' 양성의 필요성을 주장한 것으로 개화기 젠더론은 여성을 어머니(자녀교육자)로 새롭게 규정하는 것에서 출발했다.

1890년대의 계몽운동론과 20세기 초의 애국자강운동론에서 남성지식인들은 여성을 어머니, 아내, 주부로 규정하는 새로운 젠더론을 제기했는데, 먼저 그 특징부터 살펴보기로 하자.

오라비는 정부 학교에 가셔 공부하는 권이 잇스되 불상한 계집아이들은 집에 가두워 노코 가라치 안거슨 다만 사나희의게 종노릇 할 직무만 가르치니 우리는 그 계집아이들을 위하야 분히 넉이노라. (…) 사나희 아이들은 자라면 관인과 학사와 상고와 농민이 될 터이요 계집아이는 자라거드면 이 사내들의 안해가 될 터이니 그 안해가 남편만큼 학문이 잇고 지식이 잇스면 집안일이 잘될 터이요 또 그 부인네들이 자식을 낫커드면 그 자식 기라는 법과 가라치는 방칙을 알 터이니 그 자식들이 충실할 터이요 학교에 가기 전에 어미의 손에 교휵을 만히 밧을 터이라. 그런즉 녀인네 직무가 사나희 직무보다 쇼중하기가 덜하지 아니하고 나라 후손을 배양할 권이 모도 녀인네의게 잇슨즉 엇지 그 녀인네들을 사나희보다 천대하며 교휵을 함에도 등분이 잇게 하리요.[9]

1890년대 계몽운동의 선구자인 『독립신문』의 논설은 여성은 남성의 몸종과 같은 처지에서 집안일을 해온 것에 지나지 않고, 아내와 어머니 역할을 하고 있는 것으로 볼 수 없다고 지적했다. 이러한 논점은 『독립신문』의 다음 논설에서 더 명확하게 드러난다. 이 논설에 따르면 문명국의 여성은 가정에서 아이들을 교육하고 남편 일을 돕는 존재이나, 조선 여성은 부계·부권 중심의 가족제도 속에서 남성에게 예속된 단순한 가사종사자에 불과하다고 했다.

안해는 밥이나 짓고 빨래나 하고 심부름이나 하는 노예로 대접받니 엇지 내죠가 되리요. 개화한 나라의 녀인은 학문이 남자와 다를 것이 업셔셔 무슨 일이던지 가히 의른할 만한 고로 안해가 되면 남편을 도아 대쇼사를 갓치 분별하며 자녀를 올혼 길노 교육하야 집안이 몬져 흥륭(興隆)한 고로 전국이 자연 흥왕(興旺)하나니. 셔양 녀인은 과연 내죠라 칭하는 것이 올커니와 동양 녀인들은 불과 사나희의 노복이라 엇지 통탄하지 안으리요.[10]

이와같이 한말에 등장한 젠더론은 '남자는 일, 여자는 가정'이라는 성별 역할분담을 개화한 나라의 앞선 '체제'로 보고, 어머니(자녀교육자)와 아내(남편 내조자)를 여성의 새로운 성역할로 규정했다. 또 여성이 교육을 받는 것은 어머니·아내 역할을 잘 수행하기 위함이며, 여성의 역할이 한 집안과 한 나라의 흥륭에 관계됨을 강조했다. 이렇게 서양의 근대적 여성상에서 배우고 본따 전개된 '어머니·아내론'은 어머니를 "자녀의 스승"으로, 아내를 "남편의 벗"으로 개념화하기도 했다.[11]

한말의 젠더론은 노예상태의 여성을 '해방'하는 근대적 담론으로서 도입되었다. 어머니와 아내로서의 여성의 새로운 역할은 남녀의 대등성을 어느정도 상정하고 있기 때문이다. 그리고 앞의 논설에서도 알 수 있듯이 어머니·아내 역할은 남성의 일과 비교해 결코 열등하지 않는 것으로 간주되었다. 이러한 인식은 "하나님이 세계인류를 나으실 때에 사나히나 녀편네나 사람은 다 한가지라. 녀자도 남자의 학문을 교휵밧고 녀자도 남자의 동등권을 가져 인류에 당한 사업을 다 각기 하는 것이 당연한 도리어나 동양 풍속은 엇지하여 녀자가 남자의게 압졔만 밧고 죽은 목숨갓치 지새는지."[12]라고 주장했듯이 서양 근대정치사상의 천부인권설(天賦人權說)의 영향을 받은 것이었다.

한말의 젠더론은 남존여비라는 종래의 여성차별 관념을 부정하고 남녀의 인격과 능력은 같고 남녀 각각의 역할도 우열과 상하가 없다는 새로운 인식에 기반해 여성은 남성의 일과 같은 가치를 갖는 어머니와 아내의 역할을 함으로써 비로소 남성과 동등한 지위를 획득할 수 있다고 했다.

20세기에 들어와 여성의 역할은 가정(家政)의 책임자, 주부로 개념화되었다. 주부라는 개념은 개화지식인이나 남자 일본유학생이 일본에서 출판된 시모다 우따꼬(下田歌子)의 『가정학(家政學)』 등의 가정서를 번역해 단행본으로 출판하거나[13] 잡지에 연재함으로써[14] 사용되기 시작했다. 주부의 구체적인 역할에 관해서는 다음과 같이 언급되었다. 주부는 가정의 책임자로 가계를 관리하고, 여러 인간관계와 가족관계를 원만하고 두텁게 해야 한다는 것이다.

주부의 직(職)은 능(能)의 가정을 치(治)함에 재(在)하고 가장의 요(要)도 또한 차(此)에 불외(不外)니라. (…) 주부가 가정을 치(治)하기 맛당히 극근극검(克勤克儉)하야 장부로 하야금 외(外)에 재(在)하야 기(其)직(職)에 진력(盡力)함을 득(得)하야 다시 내고(內顧)할 우(虞)가 무(無)케 하지니. (…) 주부가 능히 일가(一家)의 재정을 제(制)하며 비복(婢僕)을 통하야 외(外)으로 향당(鄕黨)과 붕우(朋友)의 교(交)함을 후(厚)케하고 내(內)으로 자제(子弟)와 종족(宗族)의 화(和)를 도(圖)함은 주부의 책임이오. 일가의 행복을 득(得)함은 주부의 공(功)이오 일가가 비경(悲境)에 함(陷)함도 또한 주부의 죄라. 연(然)한 즉(則) 총이언지(總而言之)하면 주부의 직분이 일가의 복지를 증진함에 재(在)한다 하리로다.[15]

요약하면 개국 이래 대두한 새로운 젠더론은 여성을 자녀교육자(어머니), 남편의 내조자(아내), 나아가 가정책임자(주부)로 규정해 여성의 가정 내 역할을 새롭게 확립하고자 했다.

이상과 같은 여성의 역할은 여성의 천직으로 간주되었고, 현모양처가 여학교 교육이념으로 주창되었다. 1906년 5월 경성의 양반부인과 개화지식인에 의해 조직된 여자교육회(女子敎育會)가 일본의 여학교를 모델로 양규의숙(養閨義塾)을 설치했을 때 "화족급사서여자(華族及士庶女子)를 모집하야 유신(維新)의 학문과 여공(女工)에 정예(精藝)와 부덕순철(婦德順哲)을 교육하야 현모양처의 자질을 양성 완비"[16]한다는 여성교육의 이념을 명백히 제시했다. 또 같은 해 7월 일본의 영향

아래 조선 정부가 처음으로 개설한 한성여학원(漢城女學阮)도 "현배 (賢配) 자모(慈母)"의 본분을 충실히 수행할 여자를 훈육하기 위해 수신, 독서, 습자, 예술, 지리대요, 물리대요, 위생, 간병, 육아, 가사경제, 가계부기 등의 학과목을 개설했다.[17] 1880년대부터 시작된 미션계 여자교육도 '좋은 아내, 좋은 어머니, 좋은 기독교인'의 양성을 교육이념으로 내걸었던 점을 고려한다면 사립과 공립, 민족계와 미션계를 불문하고 현모양처주의에 입각한 여성교육이 형성되어갔던 것이다.

물론 이 세 계통의 여성교육은 각각 다른 특징도 가지고 있었다. 예를 들어 미션 여학교의 경우 문학, 음악, 양재교육을 좀더 충실히 실시했듯이 여학생이 현모양처가 되기 위해 습득하도록 강조된 교양과 지식은 여학교에 따라 조금씩 달랐다. 또 여성선교사들이 사회나 지역주민을 위해 활동·봉사하는 여성이 될 것을 장려한 점에서 볼 때 미션여학교에서는 여성의 입장에서 사회와도 연결되는 좀더 폭넓은 현모양처주의 교육을 실시했음을 알 수 있다.

요컨대 한말의 새로운 젠더론의 물결 속에서 현모양처는 여성의 새로운 젠더규범으로 구축되어갔지만, 자료의 부족으로 그 형성과정을 더 상세히 분석하기는 어렵다. 단 현모양처는 한말의 신지식인들이 서양 근대사상(혹은 일본에 의해 여과된 서양 근대사상)에 압도되어 그것을 조선에 수입해 전파하려고 하는 과정에서 형성된 근대적 여성상이자 성역할이었음은 분명하다.

한편 한말에 여성의 사회적 활동에 관한 담론들도 제기되었다. 예를 들어 여성의 경제활동이 여성의 자립기반을 만들고 가계를 도와 가정을 안정시키며, 나아가서는 국가경제에 기여한다고 하면서 여성의 농가 부업(양잠·양돈)이나 여성 특유의 성격에 알맞는 의료·교육 분야의 사회활동을 권장하기도 했다.[18] 이러한 논의는 일본의 식민지로 전락

할 국가적 위기를 맞아 농촌여성과 도회지 인텔리 여성이 어떻게 각자의 입장에서 국가에 기여할 것인가 하는 애국자강운동론적인 촉구에 그쳤고 여성의 영역을 가정 내에 국한하는 현모양처주의를 비판하는 데까지는 이르지 못했다.

여성의 경제활동에 비해 여성의 정치활동이 쟁점이 된 경우는 아주 드물었다. 여성이 교육을 받으면 국사를 논하고 정치의 발전을 도모하게 된다며 여성의 정치참가를 찬동하는 입장과[19] 서양에서도 여성의 정치참가가 없다는 예를 들면서 그에 반대하는 입장이 있었다.[20] 그러나 정당운동·정치운동이 약체였던 당시 여성의 정치활동을 담론의 도마 위에 올리는 것은 사실상 시기상조였다.

이상과 같이 한말 새로운 성역할 담론을 주도한 인물은 구미나 일본에서 근대학문을 배운 남성지식인이었다. 당시 남자교육에 비해 여자교육의 제도화는 크게 뒤떨어져 있었고, 여성의 해외유학도 거의 불가능에 가까웠다. 그러나 여성들도 매우 드물기는 했지만 다음과 같이 자신들의 생각을 밝히기 시작했다.

이목구비와 사지오관(四肢五官), 육례가 남녀가 다름이 잇는가? 엇지하야 병신 모양으로 사나희의 버려쥬난 것만 안져 먹고 평생을 심규(深閨)에 처하야 남의 절제만 밧으리오. 이왕에 우리보다 몬져 문명개화한 나라들을 보면 남녀가 동등권이 잇는지라. 어려서보터 각각 학교에 단니며 각종 학문을 다 배호아 이목을 널펴 쟝성헌 후에 사나희와 부부지의을 결허여 평생을 살더라도 그 사나희의게 일호도 압제를 밧지 아니허고 후대함을 밧음은 다름아니라 그 학문과 지식이 사나희와 못지아니헌 고로 권리도 일반이니 엇지 아름답지 아니허리오. (…) 이겨는 녯풍규를 전폐하고 개명 진보하야 우리나라도 타국과 갓치 녀학교를 설립하고 각각 여아들을 보내여

194

각 항 재죠를 배호아 일 후에 녀즁 군자들이 되게 하을차로 방쟝 여학교를 창셩허오니 (…). [21]

이 인용문은 이소사(李召史)와 김소사(金召史)의 이름으로 1898년 9월 1일에 발표한 「여학교 통문」(1898년 9월 9일자 『황성신문』 『독립신문』에 게재)의 일부로 한말에 조선 여성이 처음으로 언론에 자신의 생각을 밝힌 획기적인 글로 평가받고 있다. 이 글에서 여성들은 앞서 언급한 남성 지식인과 마찬가지로 문명국 여성의 높은 지위에 눈뜨면서 조선 여성의 억압받는 처지를 문제시하고 여성이 교육을 받으면 종래의 봉건적인 억압에서 벗어날 수 있다고 인식했음을 알 수 있다.

한말 정당 정치운동을 주도했던 대한협회(大韓協會, 1907년 설립)의 중심인물인 윤효정(尹孝定)의 딸인 윤정원(尹貞媛)은 1898년 아버지가 일본에 망명할 때 따라 건너가 토오꾜오음악학교에 유학했는데(유학시기 불명)*, 1906년 유학생 단체(태극학회太極學會)가 간행한 『태극학보』에 여성의 역할에 대해 다음과 같이 서술했다.

---

* 야마시따 영애(山下英愛)씨는 서평(젠더사학회ジェンダー史學會, 『ジェンダー史學』 (Gender History) 제3호, 2007년)에서, 윤정원에 대한 자세한 보충설명을 해주었다. 일찍이 야마시따씨가 윤정원에 대해 쓴 글을 미처 읽지 못해 미흡한 점이 있었다. 지적에 감사하며 여기서 소개한다. 윤정원은 1898년 여름 일본으로 망명하는 아버지를 따라가 15세의 나이로 메이지여학교 보통과에 입학했다. 1905년 고등과를 졸업한 뒤 3년 정도 일본과 유럽에서 생활하고 1909년 3월에 조선으로 귀국해 관립 한성고등여학교의 교사가 되었다. 결혼한 후 남편 최석하가 신민회의 회원으로 간도에 파견되어 거기서 사망하자, 윤정원은 자녀들을 데리고 1911년에 뻬이징으로 이주하여 그곳에서 음악과 외국어 가정교사를 하면서 생활을 꾸려갔는데, 1945년 6월 조선의 가족에게 보낸 서신을 마지막으로 소식이 끊겼다고 한다.

녀자라 하는 것은 국민지모요 샤회지화요 인류지태양이니 국민지모라
함은 불비다언이라도 가디 할 거시오 샤회지화라 함은 녀자를 교졔샤회에
나셔게 하고 그즁에라도 지식슉덕의 츌듕한 녀자로 교졔사회의 화로 삼고
이인의 언행동졍과 범백만사로 모범을 삼아 흠모 존대하고 (…) 인류지태
양이라 함은 가령 일개 가뎡을 화원으로 칠 지경이면 (…) 쥬모의 안색의
하여함이 조곰도 화원지태양과 다르지 아니함은 혹 쥬모의 안색이 팔면령
룡하여 조곰도 불평한 빗치 업사면 반다시 그 가듕혼솔이 희희락락히 셰월
을 보나터히오 혹 불연한 디경이면 일가의 평화 안녕을 보젼치 못함은 때
때 목도하는 일일 듯하도다. (…) 일가를 화긔만실케 하고 못하기도 녀자
지수즁에 잇고 샤회를 번화찬란케 하고 못하기도 녀자의 수즁에 잇고 지어
국가를 번화 챵셩케 하고 못하기도 절반 이상은 녀자의 힘이 잇셔야 될 터
힌즉 엇지 녀자의 힘임이 젹고 가바엽다 하리오.[22]

개국 이래 활발히 논의된 어머니의 역할이 윤정원에 의해 '국민의
어머니'로 개념화되어 여성의 사회적 위상이 한층 더 명확하게 되었
다. 또 윤정원은 새로운 문화를 사회에 전파하는 여성의 역할(사회의 꽃)
을 논하며, 여성도 사회적 문화형성의 역할을 담당해야 한다고 주장했
다. 이 점은 당시 남성지식인에게서는 찾아보기 어려운 여성지식인 특
유의 사고로 평가할 수 있다. 윤정원이 말하는 '인류의 태양'은 일가의
중심으로서의 주부의 역할을 칭한 것이었는데, 주부 역할이 갖는 국가
사회적 중요성을 남성지식인 이상으로 자각하고 강조하려 했던 여성
지식인의 인식을 엿볼 수 있다.

남성지식인에 의한 젠더론이 사회에 보급되어 10여년이 경과한
1900년대 말, 여성들은 어머니 역할 중심의 젠더론에 강한 영향을 받

고 있었음을 다음의 예에서 알 수 있다. 국가적 책임과 의무에 남녀차이가 있을 수 없지만, 단 여성의 역할은 국민을 기르는 어머니라는 천직에 있다고 인식했다. 이러한 여성들의 국민의식의 싹은 역으로 여성의 가정 내 역할을 강조하는 논리를 초래함도 주목할 필요가 있다.[23]

나라는 백성이 모이여 성립하고 백성은 나라의 분자에 근본된 것과 의무를 부담한 것이 엇지 남녀가 다르리오. 그런 고로 남녀의 책임은 다르다 할지언정 의무는 죠곰도 상하 우렬이 업나니. (…) 남자에 책임이 특즁한 듯하나 실상을 보면 녀자에 책임이 특즁하고 일국을 총거하야 공론할지라도 남자에 책임보다 녀자의 책임이 특즁할지니. 엇지 하여 녀자에 책임이 특즁하난고. 항상에 남자 책임말 할 것을 여자가 당할 슈 없스나 녀자난 특별히 하날로서 쥬신 책임은 아해 낫난 책임이라. 녀자의 책임즁으로서 성현 군자 영웅호걸 국무대신 일반국민이 다 나오니 이 책임으로 말하면 남자가 엇지 녀자를 향하야 천대하며 셰상 책임에 귀치 안타 하리오.[24]

또 다음의 예와 같이 여성들은 나라의 장래를 좌우하는 어머니임을 자부하며 이에 감격했다. 이러한 모습에서 여성들은 자신들에게 주어진 역할을 충실히 수행함으로써 이전의 낮은 사회적 지위를 개선할 수 있다고 기대했음을 알 수 있다.

이런 때를 당하여서 타국에 노례를 면하고자 하면 그 근원은 교육에 잇고 그 교육 근원은 일천만된 일반부인에 달엿스니 그 부인은 힘을 얼마콤 쓸 줄 모로노라 하리오. (…) 만약 그 부인이 우매하면 그 자녀도 교육이 엇던 것인 줄 알지 못하리니 여차하면 그 나라 망하기를 근심하리오. 고로 그 국에 문명발달이며 부국강병은 부인에게 잇난 줄을 확신하노니 깃부고

깃부다.[25]

한편 적지 않은 수의 여성들이 여학교 설립운동이나 국채보상운동에 참가했던 한말, 이러한 애국계몽·자강운동의 틀을 넘어 어느 정도로 여성 스스로의 사회진출의식이 확립되었는지는 알 수 없다. 그러나 적어도 가정 내에서 여러 억압을 받아온 여성의 입장에서 볼 때 여성을 자녀교육자, 남편의 벗·내조자, 가정책임자라 규정한 한말의 젠더론은 신선하고 진보적이며 희망을 준 것이었음에 틀림없다. 그렇기에 여성들은 새로운 젠더론의 조류에 합류해 자신들의 목소리를 내고자 했던 것이다.

근대 국가건설이 중심과제였던 한말, 여성과 국가의 관계가 젠더론의 출발점이 되어 여성에게 국가의 장래인 아이들의 교육자라는 역할이 부여되었고, 여성들 스스로도 그 역할을 국민의 어머니로 높이 평가했다. 그러나 민족독립이 최대 과제가 된 일제시기에 여성의 역할은 민족문제와의 관계 속에서 논의된다.

3. 일제시기 여성지식인의 젠더론·현모양처론

허영숙의 젠더론 — 국민의 어머니에서 민족의 어머니로

허영숙(許英肅)은 일제시기 일본유학을 통해 양성된 제1세대 여의사로, 조선 근대문학의 아버지이자 친일파의 대표적 인물인 이광수(李光洙)의 부인으로 알려져 있을 뿐 자세한 연구는 거의 없다. 관련 자료가 적고 단편적이기는 하지만 허영숙은 1920년대 여성지식인의 젠더론을 이해하는 데 있어 중요하고 유용한 인물이다.

여기서는 한말에 움튼 국민의 어머니라는 여성의 자기인식이 식민지지배 아래서 어떻게 변화되어갔는지를 허영숙의 예로 살펴보고, 식민지 조선의 현모양처론의 특징을 밝혀보고자 한다.

허영숙은 1912년에 진명여자고등보통학교를 졸업한 뒤 토오꾜오여자의학전문학교에 유학했다. 재학중에 여자유학생의 친목단체인 여자친목회에 참가했음은 알 수 있지만,[26] 귀국한 뒤 3·1독립운동이나 여성운동에 지도자로 참가했다는 기록은 남아 있지 않다. 1920년 경성에서 영혜의원(英惠醫院)을 개업한 허영숙은 같은 해『동아일보』(5월 10일자)에「화류병자의 혼인을 금할 일」이라는 글을 기고했고, 또 같은 해 6월에는『신여자(新女子)』에「처음 사랑」이라는 시를 발표하면서 문필활동을 시작했다. 1923년경『동아일보』기자로 경력을 쌓은 뒤 1925년부터 약 2~3년 동안 민중계몽적인 언론활동을 활발히 펼쳤다. 의사로서 과학적인 지식에 근거해 가정위생 문제, 여성건강 문제, 자녀육아 문제를 집필하는 한편,[27] 여성의 역할에 관한 몇편의 글을 남겼다.

허영숙의 논의의 특징은 일제시기 여성의 역할을 '민족의 어머니'로 규정했다는 점이다. 특히 민족의 실력을 양성한 뒤에야 비로소 독립이 가능하다는 실력양성론의 입장에 선 허영숙은 어머니 역할을 민족의 재발견·개신(改新)이라는 관점에서 고찰하고자 했다. 허영숙이 말하는 어머니는 옛부터 내려오는 낡은 사고방식이나 습관을 무비판적으로 어린이들에게 답습시키지 않고 취사선택해 좋은 생활습관과 민족문화(민족의 재발견)를 어린이들에게 가르쳐서 신세대를 기르고 나아가서는 조선 민족을 개신하는 존재이다.

부인의 힘은 오늘날 조선에서 가장 커야 할 것이라고 생각합니다. 웨 그런고 하면 오늘날 조선에서 가장 긴급하고 중요한 일은 조선 민족을 새롭게 하여 새 조선을 세우고 유지할 만한 힘잇는 민족이 되게 하는 것인데 그러케 함에는 부인의 힘이 첫재로 중요한 까닭입니다. (…) 이와갓치 새로운 민족을 만드는 첫 길은 새로 나는 자녀로 하여금 조치 못한 녯 습관에 물들리지 아니하고 애초부터 조흔 습관——습관이 곳 민족성입니다——을 짓게 함에 잇습니다. 그런데 이 힘은 어머니만 가진 것입니다. 그럼으로 어머니는 진실로 새 민족을 만드는 어머니가 되는 것이니 부인의 힘이 얼마나 큼닛가. (…) 가뎡의 공긔를 만드는 이는 부인입니다. (…) 부인의 감화력은 형언할 수 업게 큰 것입니다. (…) 부인의 감화력은 웬 집안을 지배하거니와 가장 힘잇게 그 자녀들의 성격을 지배하는 것입니다. (…) 모든 습관이 가뎡에서 어머니의 모법과 감화로 이로어지는 것입니다. 부인의 힘이 얼마나 큼닛가. 더욱 부인의 감화력이 위대한 곳이 하나 잇습니다. 그것은 민족뎍 정신과 습관과 제도를 보존하고 전하는 것입니다. (…) 또 명절에 모든 습관이며 귀신을 섬기는 종교뎍 정신과 례식이며 민족뎍으로 뎐하여 오는 여러가지 례법이며 이런 것을 유지하여 후대에 뎐하는 것이 어머니의 일인 것은 누구나 조곰만 생각하면 알 것이어니와 (…) 이러케 생각하면 우리 민족의 흥망성쇠가 진실로 부인의 손에 달렷다고 할 수 잇스니. 이 속에서 나는 조선 부인의 크고 무겁고 거룩하고 위대한 새 텬직을 발견하엿다고 생각합니다. (…) 조선의 딸아! 너희는 새 조선의 어머니다.[28]

허영숙은 여성의 감화력을 민족의 어머니라는 천직의 근거로 보았다. 한말에도 "모친은 원래 온유하고 쟈비심이 깊어 자녀를 거느려 가르침에 애정과 감동이 압셔 주려고 한다."[29]고 하여 여성 특유의 성격이 여성의 가정 내 역할의 논거가 되기도 했으나, 일제시기에 와서 성차(性差)에 대한 '과학적' 논의가 더욱 활발해졌다. 여성의 천품(天稟)이나 여성다움에서 볼 때 여성은 무엇보다도 따뜻하고 섬세한 배려를 필요로 하는 가정생활에 적합하다는 것이다.

　허영숙은 한말의 여성과 마찬가지로 여성의 역할에 민족의 장래가 달려 있다고 인식해 여성으로서 강한 자부심을 가지고 있었다. 그리고 다음과 같이 어머니 역할을 신성시했다.

　　아기를 나하서 기르는 것은 인류의 하는 일 가운데 가장 크고 거룩한 일이다. 아기를 낫는 것은 인류를 보호하는 일, 즉 생명에 관한 크고 거룩한 일이오. 아기를 기르는 것—몸을 기르고 정신을 가르치는 것—은 그 아기가 혹은 중생이 되고 혹은 사람이 되게 하는 크고 거룩하고 무서운 일이다. 그런데 이 크고 거룩한 의무의 대부분은 녀자가 마튼 또 텬리로 녀자만이 마틀 수 잇는 텬직이다. 남자는 이 일 하나만으로도 녀자에게 대하여 무한한 감사와 존경을 줄 의무가 잇는 것이다.[30]

　허영숙은 여성해방은 "가뎡을 버리고 자녀를 버리는 것(입쎈Henrik Ibsen의 노라Nora 모양으로)"으로써 얻을 수 있는 것이 아니라 "녀자는 자기의 인격의 존엄과 천직의 가치를 자각"해 "각각 자긔의 갈라 맛튼 천직을 자각하고 잘함으로 진정한 해방과 자유와 깁붓을 어들 수 잇는 것이다."라고 주장했다.[31] 물론 허영숙은 당시의 여성해방론과 마찬가지로 남성의 여성차별적 태도나 남성중심적인 성규범을 강하게 비판했다.[32] 그러나 남녀의 생리적 차이를 무엇보다 중요시했던 허영숙은 모성을 중심으로 하는 여성의 역할에 대한 확고한 입장을 가지고 있었고 때문에 어머니 역할을 주축으로 젠더론을 전개했던 것이다.

　허영숙은 조선 여성이 "자녀의 생산과 교육"(민족의 어머니)을 하고, "가뎡의 지배"(가정의 책임자)를 하기 위해서는 "잘 생각되고 계획된 교육"을 받을 필요가 있다며 여학교에서 남녀 공통 과목 외에 "① 국어와 제 나라 력사에 대하여 남자보다도 더욱 깁흔 교양을 가지게 할 것 ② 생리학, 위생학, 생물학의 지식을 힘써 줄 것 ③ 심리학——교육심리학, 아동심리학, 사회심리학을 포함하야 교육학자의 지식을 줄 것 ④ 가정학과 기타 가사——료리, 재봉, 교제, 기타에 대한 과학력 통찰력과 훈련을 줄 것 ⑤ 문학, 음악, 미술의 놉흔 감상력을 엇게 할 것"[33]을 주장했다. 다시 말해 민족의 어머니와 가정(家政)의 책임자가 되기 위해서는 조선어나 조선 역사 외에 자연과학적 지식과 심리학·교육학적 지식이 필요하고, 또 전습되어온 가사지식이나 기술보다는 과학적 지식과 훈련, 인문·예술적 교양이 요구된다는 것이다.

따라서 허영숙의 민족의 어머니란 민족의식뿐만 아니라 근대적인 지식을 갖춘 여성상·여성의 역할이며, 가정의 책임자는 근대적인 지식을 갖출 때만 가능하다. 허영숙은, 여성은 근대적인 지식을 바탕으로 민족과 가정을 재발견하고 민족의 발전을 위해 과학적 정신으로 가정에서 역할을 다해야 한다는 근대 민족주의적 젠더론을 주창한 것이다.

허영숙의 젠더론은 어머니(자녀교육자)와 주부(가정책임자)의 역할을 여성의 천직으로 보았다는 점에서, 또 여성의 이러한 역할이 사회와 민족발전의 토양이 된다고 본 점에서 한말의 젠더론을 계승한 것이며, 또한 앞 장에서 고찰한 일본의 가정학적 젠더론과도 유사하다. 다시 말해 허영숙의 젠더론은 한말 젠더론의 '과학화'이자 일본의 가정학적 젠더론·현모양처론의 '민족주의화'이기도 했다.

한편 허영숙의 젠더론은 처음에 국가의 모성보호를 요구하고, 나아가 우생학적 관점에서 국가의 모성관리를 용인하는 듯한 사상적 특징을 내포하고 있었다. 이 점은 허영숙이 1920년 5월, 결혼과 출산이 개인의 자유의사에 의해서만 성립되어서는 안되며 강건한 국민을 필요로 하는 국가의 요구에 합치되지 않는, 예를 들어 화류병자(花柳病者)

의 결혼을 국가가 금할 것을 주장한 데서 알 수 있다.[34] 허영숙의 이런 주장은 1920년 2월 화류병 남자의 결혼제한법 제정을 요구하는 청원서를 귀족원(貴族院)과 중의원(衆議院)에 제출한 일본의 신부인협회(新婦人協會)의 여성운동에서 영향을 받은 것으로 생각된다.

화류병자의 결혼을 금하라는 글을 발표한 직후, 이 주장이 식민지 지배권력이 정하는 법률에 기초해 결혼제도를 개선하자는, 따라서 결과적으로 식민지통치를 긍정하는 의견이라는 비판이 쏟아졌다.[35] 허영숙은 이 비판에 대해 아무런 반론을 제기하지 않았으나, 앞서 분석했듯이 그뒤 민족과 여성과의 관계를 중심으로 논의를 전개해갔다. 민족의 어머니가 될 여성에게 조선어와 조선 역사교육을 좀더 강화해야 한다고 주장하거나[36] 모성교육의 중요성을 민족개량과 관련지어 말했고,[37] 국가의 모성보호와 모성관리론은 다시 제기하지 않았다. 모성을 중심으로 한 허영숙의 젠더론은 모자보호를 위한 대국가·대사회운동으로 발전하지는 않았던 것이다.

허영숙은 1920년대 후반에 사회활동을 그만두고 가정생활에 몰두했다. 그러나 모자보호를 위한 산원(産院)이 필요하다는 생각을 가졌던 허영숙은[38] 1935년 다시 토오꾜오로 건너가 약 3년 동안 적십자산원에서 연구했고 1938년에는 경성에서 허영숙산원을 개원했다.

허영숙은 총력전체제에 이르기까지 다른 여성지식인들과 마찬가지로 여성과 국가의 관계를 명확히 밝힐 필요성을 느끼지 못했다. 그리고 총력전체제를 맞이했으나, 허영숙의 경우 어떤 형태로든 전쟁에 협력했다고 알려진 바는 없다. 만약 허영숙이 우생학적 입장과 국가의 모성보호론을 계속 발전시켜왔다면 모성과 가정의 총관리체제이기도 한 총력전체제는 그녀의 젠더론에 있어 새로운 전환기가 되었음에 틀림없다. 물론 허영숙이 국가권력과 한편이 되거나 이에 편승해 총력전체제 아래서 모성보호의 대국가·대사회 운동을 전개하려고 했을지 단언할 수 없음은 말할 나위 없다.

1920, 30년대 현모양처론의 전개

1910년 합방된 뒤 부덕함양(婦德涵養)이라는 조선총독부의 여성교육정책 아래서 현모양처는 젠더규범으로 더욱 정착되어갔다. 여기서는 1920, 30년대에 여성들의 현모양처론이 자유주의와 사회주의 여성해방론의 영향을 받아, 또 일하는 여성의 증가라는 사회적 변화 속에서 어떻게 변모해가며 사회에 보급되어갔는지를 분석하고자 한다.

분석자료로 유학 경험자 외에 학력이나 경력이 불명확한 여성의 것도 이용했다. 1920, 30년대의 현모양처론의 전개를 분석하는 데 유용한 자료는 유학 경험자의 것이 아니거나 확인되지 못한 것일지라도 포함시켜 분석한 것이다. 글쓴이의 경력을 밝혀낼 수 있다면 모든 자료를 유학 경험 유무별로 나눠 경험자의 자료만 분석하거나 현모양처론의 변화를 다양한 각도에서, 예를 들어 유학 경험자와 무경험자 사이의 의견차이 등을 더 자세히 분석할 수 있겠지만, 그렇게까지 구체화하지 못했음을 미리 밝혀둔다.

4장에서 살펴보았듯이 현모양처론에 대한 비판의 목소리가 1910년대 중반부터 여성해방의식에 눈뜬 여자 일본유학생 가운데서 높아져갔다. 그들은 어머니나 아내로서의 여성의 역할을 결코 부정하지 않았으나, 성별 직분(분업)에 구속되고 인간으로서의 개체의식과 욕구가 억압받는 것에 이의를 제기했다.

이에 현모양처론자는 현모양처는 일부 여성이 비판하듯이 가정에서 속박받는 여성의 낮은 사회적 지위를 나타내는 것이 아니라 사회·국가의 일원으로서 남성과 대등하게 여성에게 부여된 책임과 권리라면서 반론을 제기했다.

그러면 여자의 분(分)이란 것은 무엇인가요──완전한 인(人) 우에슨 현모양처라는 것이 곳 이것이겟슴니다. 이갓치 말을 하면 너머 추상적일 뿐만 아니라 시대에 뒤진 말이라 하겟스나. 우리 여자로서 내조(內助)의 실(實)을 나타내이고 일국의 장래 운명을 다할 제2국민, 즉 여자교육의 책임을 다함이 엇지 우리 여자의 불명예(不名譽)한 천역(賤役)이요 노예적 봉사라 하겟슴닛가. (…) 소위 남녀의 동등이란 것은 완전한 인격의 대립에서부터 출발한다 하겟슴니다. 즉 여자를 남자에게 예속된 일개 사유물 혹은 오락품 심지어 침모(針母) 유모(乳母)나 또는 밥장사 마누라가 아니요 국가사회에 대하야 남자와 완전 동일한 권리와 책임을 진 일개의 대등한 인격자로 간주치 안으면 아니되겟다 함이외다. 또 가정생활상 일체(一切)의 책임, 다시 말하면 여자의 교육생활비의 지변(支辨), 가정 평화의 유지 등 정신 급(及) 물질의 모든 책임이 남녀 동등하여야 할 것은 물론이요 또 이것이 장래에 우리가 득달(得達)하라는 이상이겟지요만은 우리 여자가 현상(現狀)과 갓튼 처지에 잇슬 동안은 자연 남자에게 사회적 공헌과 물질적 공급을 더 기대하지 안으면 아니될 상태인 고(故)로 그 대신에 여자가 가정적 봉사와 정신적 공헌을 남자보다 더하지 안으면 안된다는 데에 지나지 안슴니다. 함으로 나는 이 의미하에서 상술(上述)한바 여자의 직분이 결코 천역(賤役)도 아니요 노예적 봉사가 안일 뿐 아니라 내조라 함은 여자가 사회에 진(盡)할바 책임을 간접으로 수행하는 일대사명(一大使命)이라 할 수 잇스며.[39]

이 글은 창간된 지 얼마 지나지 않은 『동아일보』에 이일정(李一貞, 이른바 구여성으로 국채보상운동을 함)이 기고한 것인데(1920), 이 글에서 다음 사항을 확인할 수 있다. 즉 어머니 역할을 국민된 여성의 역할로 새로이 규정한 한말의 젠더론적 사고가 어느정도 뿌리를 내려 아내나 어머니 역할을 여성의 전근대적 지위·역할에서 벗어나게 하는 '힘'으로 보는 가정학적 논리(앞 장 참조)가 여성해방론에 대항하면서 확산되고 있었다는 것이다.

이와같이 현모양처론은 일본을 경유한 혹은 남녀 일본유학생이 수입한 여성해방론과 충돌하고 있었다. 이 충돌은 첫째, 여성해방론이 인간으로서 가져야 할 여성의 자유와 권리를 어머니나 아내, 주부의 역할보다 우선시하거나 여성의 가정 내 역할을 부정하며 젠더변화를 초래하고자 할 때 생긴다. 둘째, 현모양처주의에 의해 여성의 카테고리(좋은 여성·나쁜 여성)가 필연적으로 생겨나 여성해방론자가 이 카테고리의 검열을 받을 때 일어난다. 1920, 30년대의 조선사회에서 첫째 경우와 같은 충돌은 매우 적었고, 당시 신여성들이 사회에서 비난받은 것은 둘째 타입의 충돌에 크게 기인했다고 볼 수 있다.

현모양처론자는 앞서 분석한 허영숙의 예에서도 알 수 있듯이 노라로 상징되는 자유주의적 여성해방론에 비판적이었으며[40] 여성의 지위 향상 문제에 대해서도 다른 입장을 지녔다. 다음 글은 경성의 근화여학교(槿花女學校) 재학생이 학교 대표로 쓴 것인데, 이 학교 여교사의 생각과 가르침이 반영되어 있다고 봐도 무방할 것이다.

그러면 이와가튼 조선을 살리는 책임이 남자에게만히 잇느냐? 여자에게만히 잇느냐? 생각건대 남자보단 여자에게 더 중대한 책임이 잇는 줄 안다. 그런 고로 조선 여자의 포부와 이상은 엇더케 하여야 이 부패한 조선을 완전히 개량하야 활기잇는 새 조선을 건설할가 하는 문제에 잇는 줄 안다. 그러면 우리는 엇더케 하여야 이 중대한 책임을 다할 수 잇슬가? 현금 우리 여자가 흔히 부르짖는 해방운동, 즉 여권(女權)을 찾자고 부르짖는 것으로 할 수 잇슬 것이냐? 이것이 아니다. (…) 여자로써 여자의 책임을 다하면 해방도 거긔 잇고 권리도 거긔 잇다. 그러면 여자가 사회에 나아가 남자와 엇개를 견주어 남자가 할 일이라도 덥허노코 하여야만 하겟느냐 하면 그럴 때도 아니다. 지금 우리는 한걸음 물러가서 여자가 하지 안흐면 안 될 일을 충실히 다하지 안흐면 안될 것이다. 그리하야 안과 밧기 일치한 연후에야 우리는 밧게 일도 할 때가 잇게 될 것이다. (…) 사회를 부패케 한 원인은 가정에 잇다. 가정은 곧 사회와 떠나지 못할 관계가 잇다. 사회와 국가의 근본은 곧 가정에 잇다. 연즉(然卽) 가정이 부패한 곳에 엇지 국가나 사회 가 완전할 수가 잇기를 바라랴. 그러면 이 가정은 오로지 누구의 힘으로 다 스려갈 것인가? 이것은 아모도 관계업고 여자된 우리 손에 잇다. (…) 우리 는 우리의 품성과 인격을 완전히 양성하야 여자다운 여자가 되어 새 조선 을 건설하고 새 사회를 만들어 조선으로 하야금 행복스러운 조선이 되게 함에 힘을 다하는 것이 우리의 이상이라면 이상이라 할는지.[41]

현모양처론자는 여성은 가정 내 역할을 수행함으로써 비로소 사회 적 지위를 얻을 수 있다고 간주해 여성의 사회진출을 우선시하는 남녀 동권주의를 비판적으로 보았다. 그리고 현모양처 역할에 '여성해방'으 로 향하는 길이 있고 조선 민족을 '구하는' 길이 있다며, 현모양처를 여성의식이나 민족의식과 연계해 이념적으로 더 공고히하고자 했다.

한편 자유주의적 남녀동권론자는 현모양처론에 내포된 남녀 동등의 식을 '환상'이라고 반론했다. 예를 들어 여성의 사회적 지위를 향상시 키기 위해서는 여성이 사회에 진출해 남녀 능력의 차이가 없음을 증명 해야 한다고 주장했다.[42] 또 여성이 가정에 안주하지 않고 사회로 진출 해야 한다고 주장했다. 다음 인용문은 이화여자전문학교를 졸업하고

큐우슈우(九州)제국대학 법문학부 사학과(입학·졸업년도 불명)에 유학한 뒤 협성여자신학교에서 교편을 잡은 조현경(趙賢景)의 글이다.

가정에 드러갈 녀성들에게 말하고 십흔 것은 가정이란 그곳을 일생의 너른 활무대로 알어 가정에 한 노예 노릇으로 만족히 알기보다 우리는 일만코 책임 만은 조선의 따님이요 부인이라는 것을 잘 고찰하여 사회란 더 큰 무대에서 어린애를 등에 업고라도 나가서 엇더한 부내(部內)에서든지 활약해야 할 것입니다. (…) 아가도 말하엿거니와 다른 나라 녀성과 다른 만큼 가정이란 그곳 이외에 잇서서 우리가 차저야 할 길, 즉 사회란 더 큰 활무대에서 우리가 맛흔 직분에서 교육 방면에 종사한다든지 부인운동을 한다든지 또한 경제적으로 독립하기 위하야 직업전선에서 일하여본다든지 하는 것이 조치 안을까요?[43]

장금산(張金山, 학력·경력 불명)은 여성의 경제적 권리를 보장하지 않는 현모양처주의에서 여성의 지위향상을 바라는 것은 잘못된 생각이며 가정에서 사회로 나가 경제적 자립을 획득함으로써 여성의 권리가 확립될 수 있다고 주장했다. 이 주장에는 여성의 사회활동은 가정 내 역할과 결코 모순되는 것이 아니며 더 나은 형태의 양립이 가능하다는 관점도 포함되어 있다.[44]

현모양처론자가 여성해방론에 대해 무엇보다 우려한 것은 다음 두 여성(학력·경력 불명)의 주장에서 알 수 있듯이 현모양처론의 본질적인 부분이 흔들리게 되는 문제였다. 여성해방론은 여성의 영역, 아내의 직분 등을 기초로 하는 '선긋기' 젠더 질서를 동요시킨다는 것이다.

부(夫)는 부(夫)의 직분이 유(有)한 것이오 부(婦)는 부(婦)의 직분이

유(有)한 것이니. 부(夫)의 사(事)를 부(婦)가 위할 수 업는 것이요 부(婦)의 사(事)를 부(夫)가 위할 수 업는 것임니다. 그러며 정치의 활동과 사회의 활동은 차(此)가 남자의 할 사(事)이요 여자가 차(此)에까지 참여할 수 업는 것이외다. 하고(何故)인고하면 만일 여자로서 각(脚)을 사회에 출(出)하고 두(頭)를 정치에 몰(沒)하게 된다 하면 의복의 사(事)를 수(誰)가 위하며 음식의 절(節)을 수(誰)가 위할 것임니가. 부(婦)가 부(夫)로 더부러 갓치 활동한다 하면 가정의 사(事)를 처리할 자가 무(無)하게 될 것임니다. 명언(明言)하면 의복도 의복이며 음식도 음식이려니와 부부가 결합하야 일실(一室)에 동거한 후에는 반다시 자녀를 생산하며 이를 생산하야서는 반다시 양육하는 것임니다. 차(此) 생산의 책임은 남자가 안이라 여자일 것이며 양육도 남자의 사(事)가 안이라 여자의 사(事)임니다. 그러면 부인이 만일 남자와 갓치 사회에서 활동한다 하면 자녀의 양육을 위할 자가 무(無)한 것이 이닛가.[45]

시대의 변천과 여자의 교육이 진보발전됨을 따러 우리 부녀계(婦女界)에서도 직업적 관념이 점점 전개되야 각각 자기의 자신에 적합한 직업 방면에 나아가 종사하는 부녀가 매일 증가하여감을 본다. (…) 그러나 부녀로서는 안이 직히지 못할 가장 귀중하고 위대한 사명이 잇다. 그것은 필자의 말을 요(要)할 것도 업시 우리 부녀자의 천분(天分)인 자녀를 출산하고 포육(哺育)하야 교육하는 책임이다. 다시 말하자면 우리가 아해(兒孩)를 나코 길너서 교육식인 연후에라야 비로소 사명을 다하엿다 할 것이오. 남자를 도아서 가정에 봉사하고 사회에 봉사하야 문화생활의 공헌이 될 것이니 이것이 곳 우리 부녀가 특히 점유(占有)한 신성하고도 영광스러운 사명이오 노작(勞作)이라. (…) (부녀의 사명을) 유감업시 실현함에는 무엇보다도 먼저 가정의 단란과 평화를 요한다. 부부가 서로 나이 네이하고 자아의 권리를 주장하지 말고 거짓이 업는 참마음으로 상양(相讓) 상조(相助)하야 고락을 갓치하고 일심동체가 된 연후에라야 비로소 부(夫)는 자기의 직무에 나아가 심쓰게 되고 처(妻)는 가정에 잇서서 모든 일을 자미잇게 처리하게 될 것이다. (…) 그러나 이 가정의 단란과 평화란 것은 말노는 쉬우나 그것을 실행함에는 결코 우연이 될 이치(理治)가 업다. 반드시 교양 잇는 남녀 새이에 인격과 인격이 결합됨을 따러서 비로소 실현될 것이나 그 성(成) 불성(不成)의 대한 책임은 다부분(多部分) 여자의게 잇다는 것을 이저서는 안된다. 그럼으로 부인의 인격과 교육이 필요하다는 것은 이 점으로 보아서 가장 명백한 증거가 된다. (…) 자기의 존중한 사명과 천분(天分)을 저바리고 다른 데에서 향락(享樂)을 취하며 만족을 구하랴고 허영에 날뛰는 비트러진 가장(假裝) 신여성(新女性)들아? 여성다운 여성이 될야거든 신성하고 영광스러운 우리 부녀자의 참다운 사명을 차지라. 우리 부녀가 비록 가정에 잠겨 잇다 하드래도 천하 억천만사(億千萬事)를 지배함에 만흔 책임이 잇다고 필자는 절절(切切)히 성명(聲明)하노라 일가(一家)에 동량(棟梁)이고 일국(一國)에 중추(中樞)가 될 만한 인재를 길음에는 현모양처의 공로(功勞)가 업고야 되겟느냐.[46]

그러나 앞서 살펴본 허영숙의 생각에서 알 수 있듯이 현모양처론과 여성해방론은 여성 자신의 자각과 이를 위한 여성교육을 중요시하고 남존여비(男尊女卑)라는 사회악덕과 남성중심적인 성이중규범을 문제시하는 등의 점에서 비슷한 입장에 있었다. 또한 현모양처론이 여성해방론의 개인의식에서 영향을 받기도 했다.

예를 들어 현모양처론은 1920년대에 여성해방론자들이 활발히 주장했던 자유연애·자유결혼이라는 새로운 성도덕을 받아들였다. 최의순(崔義順, 1927년 토오꾜오여자고등사범학교 이과 졸업)이 "연애 업는 남녀의 결합은 이미 식자들의 경고한 바와 가티 그것이 가정의 경제적 보증을 조건으로 하는 한에서 여성에게 대하야는 가증한 매음행위와 동일하게까지 볼 수 있다. 그럼으로 남녀의 결혼과 가정생활은 반듯이 연애의 성립으로 말미암아 결실하는 것이 아니면 안될 것이다. 이 가장 큰 조건을 제외하고는 엇더한 경우에든지 진정한 결혼이나 가정생활이 존재할 수 업는 것이다. 관습으로서 강요된 결혼이나 혹은 법률적 제도로서 인정되는 결혼이 결코 진정한 의미의 것이 아니요 완전한 연애만이 참된 결혼과 가정생활을 형성하게 되어야만 될 것이다."[47]고 했듯이 진정한 현모양처는 자유연애·자유결혼에서 출발한다고 인식되기도 했다. "아모리 여성해방을 부르짓고 여성의 사회적 진출을 논하는 시대라고 할지라도 여자의 근본적 욕망 또는 기원(祈願)은 현모양처 됨에 잇다. 물론 그 내용에 변화는 잇겟지마는 여성의 절대다수는 누가 강제하지 안트라도 저 스스로가 현모양처가 되고 십흔 본능적 충동을 내포하고 잇는 것이다. 신여성은 결혼의 자유를 부르짓는다. 그 이유는 곳 자유연애하고 자유연애함으로써 진정한 의미의 현모양처, 외부의 강제에 의한 가식적(假飾的) 현모양처가 아니라 자기 진심에서 울어나오는 참된 현모양처가 되여보겟다는 절규인 것이다."[48]라는 남성 지식인의 관찰을 그대로 근거로 삼으려고 하는 것은 아니지만, 자유의사에 따라 행동하는 여성이라야 진정한 현모양처를 꿈꿀 수 있다는 지적에서 알 수 있듯이, 현모양처가 매력적인 여성의 삶으로 통하고 있었음도 엿볼 수 있다.

한편 현모양처론은 사회주의 여성해방론자의 반론에 부딪히기도 했다. 조선 최초의 사회주의 여성단체로 평가받는 조선여성동우회(朝鮮女性同友會, 1924년 결성)의 중심인물인 박원희(朴元熙)는 "현하 조선 녀자교육의 일반현상을 해부하여 보면 교육의 주지(主旨)는 일선동화

(日鮮同化)의 현모량처주의로써 녀자를 도구화(道具化) 상품화(商品化)하는 것이다."[49]라고 비판했다. 또 먹고살기 위해서 일하는 노동계급의 여성들을 향해 여성의 지위향상을 위해 현모양처가 되라고 하는 것은 현실과 괴리된 공상이자 기만이라는 비판도 있었다.[50] 여성 사회주의자들은 현모양처를 일제의 이데올로기이자 부르주아의 허위의식으로 부정했던 것이다.

이 반론·비판에 대해 현모양처론자들이 어떻게 응답·반박했는지 알 수 없으나 최낭사(崔浪士, 현대여성사 여기자)가 「양처현모주의의 재인식」이라는 글에서, "여성으로써 할 일은 무었인가. 만히 생각할 때 남과 여는 생리적으로 성(性) 그것이 달라. 천분(天分)의 소질에 있어 또한 다른 것이다. 남성을 경제상 생산활동에 있어 적당한 자라고 하면 여성은 자기 특유한 주밀(周密)하고 자세한 마음으로써 인생의 세소(細少)한 문제 일상생활에 생기는 조고마한 일이라도 다 처리하기에 적당할 뿐 아니라 그 아름다운 소질은 쓸쓸한 집안도 따뜻하게 할 수가 있는 것이다. (…) 말하자면 여성의 직분은 생활을 정화하고 미화하고 신성화하는 것이라 할 것이다. 가정에 있어서 여성의 지위는 참으로 크고 넓어 그 존중(尊重)한 책임을 참으로 두 어깨에 지고 있는 것이다. 그러나 무반성(無反省)한 습관으로 말미암아 그 존귀(尊貴)한 여성 특유의 근본적 성능(性能)을 잊어버리고 남성을 위한 노예적 행동을 감수하고 있음은 참으로 딱한 일이다. (…) 그리하야 이 원만한 가정의 전형적 표본을 자기의 사랑하는 아해(兒孩)들에게 산 표본으로 보여주는 것이야말로 여성에게 특유(特有)한 산 힘인 것이다. 참으로 양처현모(良妻賢母)라고 하는 것은 이 힘을 발휘해서 가정을 애(愛)의 전당으로 신성한 인생의 학숙(學塾)으로 인도하지 아니하면 아니될 것이다."[51]라고 주장한 것처럼, 현모양처론자에게는 자신의 주의주장을 이념적으로 더욱 강화해나가는 길밖에 없었다고 하겠다.

동시에 현모양처론자는 노동여성과 화이트칼라 여성의 사회진출이 늘어나는 현실에서 이상과 같은 반론에 입각해 스스로를 재고하고 변용시킬 수밖에 없기도 했다. 현모양처론의 변화는 여성의 사회진출을 어느정도 인정하고자 한 다음 네가지 형태로 나타났다.

첫째, 송금선(宋今璇, 1925년 토오꾜오여자고등사범학교 가사과 졸업)의 "여성의 천직을 소홀히하여가면서까지 여성이 직업전선에 나설 것은 업다는 말씀입니다. 여기는 여성으로서도 아조 특별되는 경우도 잇겟지요만은 대부분의 여성은 우리 여성의 천직과 사명을 온전이 하고도 직업전선에 나설 만한 여유가 잇는 사람은 나서는 것이 물론 조읍니다."[52]는 의견과, 니혼여자대학교 가정학부 재학중이던 정관영(鄭寬榮)의 "결국은 우리의 사명은 가정을 중심으로 나가야 합니다. 특히 문화, 과학 등에서 떨어저 있는 조선 가정을 개선하는 데에는 첫째, 가정생활을 원만히 한 후에 그 여력을 사회에 바친다는 것, 다시 말하면 가정과 사회의 합리적 건설이라고 할까요. 하여튼 가정생활을 주로 하면서 여력을 이용하야 사회생활에 접촉하는 것이 우리들의 중요한 사명이 아닐까 생각합니다."[53]는 의견에서 알 수 있듯이 여유시간·여력의 사회화라는 입장에서 여성의 사회진출을 인정하려고 했다.

둘째, 기혼여성의 사회진출은 비판적으로 보나 미혼여성의 사회진출은 용인하고자 했다. 『신동아』 기자 김자혜(金慈惠, 이화여자전문학교 졸업)는 다음과 같이 말했다.

결혼하지 안흔 여성으로서 직업선상에 나서는 것은 별 이의가 업지만 가정을 가진 남의 안해로 직업을 위해서 나서는 것이 올흐냐 글으냐는 것은 여러번 구론거리가 되여 만흔 사람의 회자가 되엿든 것이다. (…) 현재

조선의 가족제도 가정제도는 너머나 불완전하기 때문에 한 여성으로 주부
노릇과 직업인 노릇을 가티 하게 만들어놋치 못한다. 의복제도의 까다라움
은 주부들의 시간을 거의 다 빨내 다듬이 바누질노만 늙어버리게 하고 음
식제도의 번잡스러움은 주부들의 노력을 부억에서만 허비하게 만들어준
다. 가옥제도며 대가족제의 엄격한 규율은 주부들로서 직업을 가지는 것이
일종의 고통으로박게는 더 볼 수 업게까지 만들어준다. 그러기에 이런 가
정제도 아레서 직업을 가지고 나서 일한다는 것은 무리로박게는 더 생각할
수가 업다. 멋푼 밧는 직업 때문에 가정의 풍파가 일어나고 집안꼴이 말이
니 되는 것보다는 찰아리 한 주부로서 사회의 기초가 되는 가정만을 완전
히 만들어나가는 것만 갓치 못하다. (…) 가정제도를 외국처럼 간단히 꿈
이고 편의하게 해서 주부의 힘이 아조 적데 들도록 만들기 전에 직업계로
나스는 것은 가정과 사회를 위해서 큰 잘못이라고 본다. (…) 자녀가 잇는
이로 직업 가지는 것은 자녀에게 대한 죄악이라고 본다. 자녀가 어머니 업
시 자란다는 것은 위험천만의 일이라고 본다. (…) 한 가정에서 안해 노릇
과 어머니 노릇을 다하고 난 뒤 자녀들이 장성해서 가정의 책임이 적은 때
에는 물론 직업을 가지고 사회를 위해서 일하는 것도 조타고 본다. 그러나
십년이나 이십년 동안 가정에 잇는 동안에는 사조도 훨신 압스고 진보될
터이닛가 그동안에는 독서와 사회와의 연결을 끈치 말어 자기도 사회와 꼭
가튼 보조로 향상해나갈 것이다.[54]

셋째, 나아가 모성보호에 위배되지 않는 한 기혼여성의 사회진출도
용인한다는 입장이다. 예를 들어 메이까(明華)여자치과의학전문학교
에 재학중이던 박봉남(朴鳳南)은 여성의 지위향상을 위해 경제적 자립
이 중요하지만, 이를 위해 모성을 희생하는 것은 생각해볼 문제라며
여성은 모성이 존중되는 범위 내에서 사회활동을 하고 사회는 일하는

여성의 모성을 보호하기 위한 시설을 갖추어야 한다고 주장했다.[55]

넷째, 미혼·기혼에 관계없이 직업을 갖더라도 여성의 특성과 합치되는 직업을 갖기를 권장하는 입장이다. 송금선은 앞서 살펴본 여성의 사회진출에 대한 이전의 자세를 약간 바꾸어 다음과 같은 입장을 발표(일본어 문장)했다.

> 소비자이기만 했던 조선 부인이, 이제부터는 생산자이기도 해야 한다고 생각합니다. (⋯) 직업이(직업을 갖는 것이) 부인에게 적합한지 아닌지 논란하는 시대는 지나갔습니다. 부인에게 적당한 직업을 구하는 것, 반드시 부인이 아니면 안되는 일에까지 나아가 완성하기 위해 노력해야 합니다. 그렇다고 해서 여자의 대부분이 직업만 좇아 가정을 돌보지 않는 것도 곤란한 현상의 하나로 되었습니다. (⋯) 40, 50엔의 월급을 위해 매일 밖에 나다니고, 소중한 아이들을 식모에게 맡기고, 가정의 공기나 관리 등을 등한시함의 좋고 나쁨을 생각하지 않으면 안됩니다.[56]

요컨대 1920, 30년대 여성지식인의 현모양처론은 가정을 여성의 영역으로 고집하면서도 어머니와 주부의 입장에서 사회와의 접점, 사회를 향한 진로를 개척해 여성의 영역을 확장·비대화하고자 했다. 현모양처론은 앞 장에서 분석한 가정학적 젠더론과 동일한 인식의 폭을 유지하거나 혹은 그 이상으로 확장되어 전개되었지만, 다른 한편으로 앞서 분석한 허영숙과 같은 민족주의적인 담론은 점점 줄어들어갔다.

이상 여성지식인들의 현모양처론은 남성지식인의 현모양처론과 비교할 때[57] 특별히 다르거나 독특한 내용이 없으며, 남녀 동등주의로서 현모양처주의를 주장한 점도 양쪽 모두 공통적이었다.[58] 그러나 남성지식인들이 찬동하는 여성의 활동범위가 주로 가정에서 사회봉사까지였다면,[59] 여성지식인들은 한발 더 나아가 직업활동의 필요성도 어느 정도 수긍했다. 단 이 점은 여자수신(女子修身) 교과서에 나타나 있듯, 현모양처주의의 이념 아래서도 여성의 직업활동을 어느정도 인정한 식민지 지배권력의 담론과도 기본적으로는 일맥상통하는 것이었다.[60]

그렇다면 여성들에 의해 전개된 현모양처론의 의의는 무엇인가. 이 점을 고찰하기 위해 다음으로 1920, 30년대 여성지식인들의 가정개량론을 분석하고자 한다. 여성이 어머니, 아내, 주부로 역사에 등장한 것을 계기로 자신의 문제를 주체적·적극적으로 공론화하고 여성의 전문영역을 구축해나간 점을 살펴보고자 한다.

1920, 30년대 가정개량론과 현모양처론의 보급

1920년대 실력양성론의 입장에서 개인의 정신과 민족성 개조, 풍속이나 농촌 등의 사회개량을 제창하는 신문화운동이 전개되는 가운데,[61] 여성들도 사회개량·가정개량·생활개선에 관심을 기울이게 되었다. 아래의 『신여자』[62] 창간사는 여성의 개조의식을 강하게 표명한 것으로 이 잡지의 편집인인 김원주가 쓴 것이다. 김원주는 1918년에 이화학당의 중등과를 중퇴한 뒤 일본으로 건너가 토오꾜오애이와학교에 유학했고, 1920년에 귀국하자 곧 이 잡지 창간에 관여했다.

아- 새로운 시대가 왔습니다. 모-든 헌 것을 걱구러치고 온-갓 새것을 셰울 때가 왔습니다. 모든 비(非) 모든 악(惡)의 사라질 때가 왔습니다. 가신 것을 모다 개조하여야 될 때가 왔습니다. 그러면 무엇부터 개조하여야겟슴닛가. 무엇무엇 할 것 업시 통트러 사회를 개조하여야겟습니다. 사회를 개조하랴면 먼져 사회의 원소(原素)인 가정을 개조하여야 하고 가정을 개조하랴면 가정의 주인될 여자를 해방하여야 할 것은 물론입니다.

조선의 가정개량론은 '근대가족'을 이상으로 했다. 예를 들어 주은월(朱銀月, 학력·경력 불명)은『신여자』창간호에 게재된「현대가 요구하는 신가정」이라는 글에서 가정은 남자가 일하는 산업사회에서 분리된 여성의 영역이며, 여성의 자각과 궁리에 의해서 비로소 꾸려질 수 있는 안락한 사적 공간이라 했고, 이어 제2호에서는 주부를 중심으로 한 가정생활을 구체적으로 묘사했다.[63]

우리들이 현대에 요구하는바 가정은 아름답고 맑은 가정이 올시다. 가정의 의미를 밧구어 말하면 사회에 활동하는 사람을 위하는 안락소(安樂所)이요 낙원이올시다. 종일 일하든 피곤을 이곳에서 잇고, 그 다음날 활동한 영기(英氣)를 이곳에서 엇습니다. 그러면 가정이라는 것은 어대까지든지 안락한 곳 유쾌한 곳을 맨들지 아니하면 아니되겟습니다. (…) 언제나 우리의 이상적 가장이 실현되겟습니가. 그것은 다언(多言)을 요(要)치 아니하고 나의 사랑하는 여러분께서 각각 가정의 경영자가 되고 건설가 될 때인 줄 생각하옵니다. 또 여러분께서난 반듯이 이러한 아름다운 가정을 질거운 가정을 지을 각오가 잇슬 줄노 나난 밋습니다. 아름다운 가정이라난 것은 광명(光明)하고 쾌활하고 또난 건전한 가정을 지칭함이외다. 이럿케 말하면 누구나 다 용이(容易)히 조성할 듯이 생각되지마는 실제 이러한 가정이 이 세상에 극히 희소한 것을 보면 결코 누구든지 용이(容易)히 지을 수 읍난 것은 사실이올시다. 부(否)라 이것은 여자의 각오가 아즉 충분치 못한 까닭이올시다. (…) 남자는 사회에 나서 활동하야 처자를 부양하닛가 여자난 집안에 들어 업듸려 잇스면 고만이다. 난 가정에 잇셔셔도 몸소 노동하난 것은 하인배(下人輩)의 할 일이라난 착각을 가지고 안방 구석 화장경대(化粧鏡臺) 압혜 안져 일하지 아니하고 노력치 아니하고 귀부인으로 자처하난 사람들을 나의 안목으로 보면 여하히 비열약행자(卑劣弱行者)이라고 타매(唾罵)하옵니다. 그것이 엇지 각성된 여자의 할 바이릿가. 새로운 바람이 부러오고 새로운 사상에 의하야 날노날노 새로워가는 신시대에난 만흔 일하난 사람을 요구하난 소래가 더욱더욱 고조(高調)에 달하엿습니다. (…) 기변기화(幾變幾化)하난 세사(世事)에 피로한 남자에게 불굴불요(不屈不撓)하난 용기를 내이게 하난 것은 전혀 가정을 주관하난 부인의 기능 여하에 잇습니다. (…) 개인개인이 다 각각 자기의 할 직분을 다하야 일가족 전체가 활동하야 그 보수로 위대한 안락을 으드면 거긔에 비로소 우리의 이상(理想)하난 바 질겁고 아름다운 가정은 스사로 조성될 거이올시다. 그리하야 비로소 이러한 가정을 가진 남자난 마음대로 활동하야 사업에 공헌할 수가 잇슬 것이올시다. 그리한 후에난 비로소 부인의 행복이 완전하야 질 것이올시다.[64]

또 미국 오레곤농과대학 가정학부(1925~28)에 유학한 뒤 이화여자전문학교 가사과에 취임한 김합라(金哈羅)도 근대적 가족관에 입각해 가정개량을 논했다. 사회는 경쟁과 대립과 부조리의 세계인 반면, 가정은 평온히 휴식을 취하는 신성한 장소이며, 가정이 잘못되면 범죄나 부조리가 발생한다고 했다. 또 가정은 여성의 책임영역이므로 여성들은 가정에 관한 전문지식을 갖고 모범적인 가정을 만들어야 한다고 했다.[65]

이와같이 근대가족을 이념형으로 하는 가정개량론은 지식인의 공동 관심사로 등장했는데, 특히 1920, 30년대 일본에서 가정학과 의학 등의 전문지식을 배운 여성들이 가정개량을 시급히 해결해야 할 과제로 인식하고 이에 필요한 과학적 지식을 보급하고자 했다.

가정개량론은 가정생활의 합리화·과학화·문화화를 지향한 것으로, 구체적으로는 요리·영양·식단 짜기 등의 식생활, 재래주택의 결함과 위생문제, 의복개량, 예산생활이나 가계, 가족제도, 가정의 사교나 취미·오락 등을 다루었다. 특히 가정(家政)의 책임자인 주부의 역할을 더욱 확립하는 데 주안을 두었다.[66]

예를 들어 송금선은 주부 역할을 다음과 같이 논한 다음, 가계를 통솔하고 합리적이고 문화적인 가정생활을 운영하는 주부의 일을 구체적으로 하나하나 나열하며 서술했다.

> 조선 가정에 살림사리는 재래로는 여자가 하지 안코 남자가 해왓읍니다. 여자는 남자 하라는 대로 순종했을 따름이였음으로 그 책임도 남자에게 있엇음니다. (…) 가정에 일은 전부를 주부가 맡어야 할 것은 재론할 필요가 없읍니다. 그럼으로 조선 가정에서도 주부가 가정을 관리해야 하겠는데 재래식으로 보면 주부가 가무(家務)에 부분적 일에는 기술이 능란하였는지 모르나 관리하는 두뇌와 통(統)활하는 수완은 적다는 것보다 서투르다고 볼 수가 있읍니다. (…) 시대는 흘너서 단연코 주부가 가정에 권리를 가저야 할 시대가 왔는데도 불고하고 재래에 습관이 남어서 남자가 가정관리에 대부분을 하다 십히 하는 고로 가정생활은 뒤죽박죽이 되는 일이 만음니다. (…) 우리 조선 가정서 첫재로는 예산(豫算)생활을 해야 할 것이요. 둘재로는 잡무를 정리해서 간단히 하며 시간과 노력에 여유을 내야 할 것이요. 셋재로는 문화생활에 유의(留意)을 하야서 신문명시대에 뒤지지 안케 생활하면서 아동교육에 전심(專心)할 필요가 있읍니다.[67]

말하자면 '양처'를 근대적 지식과 의욕으로 충만한 '전업주부'로 더욱 향상시키고자 한 것이 여성지식인의 가정개량론이었다고 할 수 있다. 이 절에서 따로 분석하지는 않지만 여성지식인들은 육아에 관한

과학적인 지식을 보급해 '현모'의 역할도 더욱 더 과학화하고자 했다.[68]

가정개량론의 보급은 앞서 살펴본 현모양처론의 변용을 의미하기도 했다. 다음의 세 인용문에서 알 수 있듯이 가사합리화로 여성이 자기향상을 위한 독서나 수양할 시간을 가질 수 있으며, 가정교육에 충실할 수 있고, 나아가 사회를 위한 역할도 어느정도 수행할 수 있게 된다고 주장했다.

조선 가뎡부녀들은 음식과 의복의 종이 되어 아츰부터 밤까지 음식과 의복에만 붓드려서 헤처 날 사이가 업스니 그외의 모든 일에 엇더케 마음이 쓰일 사이가 잇겟슴닛가. 신문이나 잡지 한 장 드려다 볼 사이조차 업스니 아동지도에 뜻을 두어볼 사이 업는 것이 사실이오. 가정(家政)에 관한 연구나 사회경향(社會傾向)에 눈떠보기는 꿈에도 바랄 수 업는 것이 또한 사실임니다. 조선의 각 가정의 부녀는 의식과 의복의 노예가 되어 있습니다.[69]

요리와 세탁이 녀자의 정력을 지나치게 소모식히는 것을 깨다랏스면 그것을 간편화하도록 연구할 것이다. 모든 녀성은 자기의 그날그날의 생활에 대하야 자기반성과 자기비판을 하여봄이 필요하다. 그래서 종래 녀가가 그 전 정력을 쓰다 바치는 집안일 잡무에서 착착 해방되어 거기서 생기는 녀자의 여력을 전부 중요한 사회적 문화사업과 사회적 생산사업에 참가하기를 힘써야 할 것이다.[70]

하로밧비 우리들의 집안에서 군더덕이 일을 몰아내여 무서운 정력람비(精力濫費) 시간람비(時間濫費)에서 구원되고 해방되지 아니하면 안되겟습니다. 그리하자면 먼저 장(간장, 된장, 고초장)과 김치가튼 것을 맨드는 일을 집에서 하지 말고 밧게 여러 사람 공공의 힘으로 회사를 경영하야 거긔서 제조하야 공급하게 하고 일반은 아모때나 필요한 만침 돈주고 사먹을 수 잇게 되여야 하겟습니다. 그리고 세탁-빨래도 세탁회사가 잇서 각각 집에서 귀한 시간과 정력을 써가면서 하지 말고 회사에 맛기여서 입게 되여야 하겟습니다. 그리하면 첫재로는 새로히 만흔 직업이 생기여 무직업한 남녀자에게 직업을 주게 될 것이요 집안에서는 공연히 허비 랑비하든 시간과 정력을 더러 그보다 더 필요한 일에 유익하게 쓰게 될 것입니다. 우선 종래의 가뎡에서는 먹고 입는 일에 매달려서 귀중한 자녀교육을 생각할 사이가 업슬 뿐 아니라 도리혀 그 일을 위하야 자녀들을 따리여내여 쫏기만 하든 것을 시간의 여유가 생기면 자녀의 교육을 위하야 만흔 생각과 주의를 할 수 잇게 될 것이고 또 자긔의 향상과 가운 향상을 위하야 연구하고 로력을 할 수 잇게 될 것입니다.[71]

이와같이 여성지식인들은 가정·가정개량이라는 여성의 전문영역을 발견했는데, 그러한 여성전문가들에 의해 현모양처론은 근대적 지식을 가미해가며 사회에 침투되어갔다.

총력전체제 아래서의 현모양처론

앞서 고찰해온 여성지식인의 젠더론에서 보면 총력전체제는 가정이나 민족과의 관계에서 규정되어온 여성의 역할을 식민지 지배권력(국가)과의 관계에서 재정립할 것을 요구한, 담론의 전환기라고 할 수 있다. 바꿔 말하면 총력전체제 아래서 여성지식인의 현모양처론은 지배이데올로기로서의 현모양처주의('일선동화'의 현모양처론)와 일체화되어간다. 국가정책과 여성지식인들의 대응 및 논리의 변질과정 등의 상세한 분석은 앞으로의 과제이지만, 여기서는 총력전체제 아래서 여성지식인들의 현모양처론이 어떻게 변용되었는지 그 특징을 살펴보고자 한다.

1920, 30년대에 현모양처론을 구축해온 여성지식인들은 총력전체제 아래서 현모양처를 '총후(銃後) 부인' '군국의 어머니'(국가의 젠더구상·현모양처의 국가화)로 전환하는 임무를 맡게 되었다. 특히 그들은 가사 합리화로 물자와 에너지의 절약방법을 연구하거나 국가의 전쟁에 기여하는 주부상을 일반여성들에게 심어주기 위한 선전활동을 했다.[72] 이 점은 일본제국의 '내지'와는 달리 조선에서는 가정부인의 물자절약 역할만이 주로 강조되고, 아이를 '낳고 기르는' 역할은 1942년 내각이 징병제를 시행한다는 결정을 내린 뒤조차도 그다지 중시되지 않았던 사정과도 관련이 있다.

현모양처의 국가화는 조선여성에 의한 내선일체의 생활양식의 창출과 황국신민을 낳아 기르는 역할로 귀착되는 것이었고, 여성지식인들의 현모양처론은 그러한 식민지지배측의 논리에 회수되어갔던 것이다.

지금부터는 남녀 동지가 국가적 입장에서 내선일체의 사업에 단결협력해 나아가기를 희망하야 마지않읍니다. 현재에는 조선의 부인 문제도 내선일체의 입장에서 생각하는 것이 가장 이상적이오 또 그것만이 가장 바른 현설성을 가지고 있다고 생각합니다. 그 때문에 우리들은 내선의 부인동지가 서루 사랑이고 이해하지 않었어는 않될 것이라고 생각합니다. 녀자라는 것은 천성적으로 아름다운 감정을 가지고 있음으로 이유보다 마음과 마음이 서루 합하야 잘 이해될 것이라고 압니다. (…) 내선인을 물론하고 사회사업에 나선 부인들은 대개가 다 인테리층의 부인으로 깊은 이미에서 부인 문제 가정문제를 연구해서 내선간의 생활양식과 문화의 교류는 이들의 힘으로 쌓여져야 할 것입니다. 이제부터는 우리 조선에도 부인 문제가 내선일체의 크다란 역사를 지으면서 해결되여갈 것이라고 믿거니와 과거에 있었어의 부인운동는 한참 화려한 시대도 있었지만 지금 생각을 더듬어보면 참으로 그것은 떠도는데 지나지 못하였든 것으로 부끄럽기 짝이 없는 일입니다. 이제부터는 내선일체의 대업에 있어 참으로 현실성있는 부인운동이 전개되리라고 압니다. 바라건댄 조선부인은 내지(內地)부인들과 서로 손을 마조 잡고 동생으로 형으로 다시 말하면 동기의 자매로 서로 사랑하야 나아가기를 심절이 바라마지않는 것입니다.[73]

현모양처론에서 보면 총력전체제는 한말에서 1920, 30년대를 거쳐 구축되어온 현모양처라는 여성의 역할·규범을 결코 뒤흔드는 것이 아니라 오히려 공적으로 강화하는 것이었다. 그러므로 다음의 글에 나타나듯이 여성지식인들은 국가의 젠더 구상(현모양처의 국가화)에 크게 모순을 느끼지 않고 따를 수 있었다고 생각된다.

남자는 밖에서 보국활동(報國活動)에 참가하고 잇는 대신 여자는 안에서 내조의 역할을 완전히 다함으로써 국민으로서의 사명을 다하고 잇습니다. 그런데 이 내조라는 말은 남자를 돕는다는 것을 의미하는 말이겠스나 실상인즉 이 내조라는 것은 우리 생활의 대부분이라고 할 것입니다. 그러고 보면 이 비상시국이 요구하는 국민생활의 원리는 대부분 이곳에서 구현되지 안흐면 안될 것입니다. 총후(銃後) 여성의 임무도 이 점에서 얼마나 크다는 것을 알 것입니다. 성냥 한 개피 설탕 한 숟가락 쌀 한 알 석탄 한 조각의 처치가 모다 주부이 손에 달린 것이오. 또 이것의 처리 여하가 곧 국책수행(國策遂行)과 지대한 관계를 가진 것이매 주부의 임무가 어찌 적다 하리오. 우리는 의미잇는 (조선총독부) 시정(施政) 30주년을 마지하여 첫째 내선일체의 이상을 일보전진시킴과 동시에 황국국민으로서의 책무를 다하지 안흐면 안되겠거니와 특히 우리 여성에게는 실생활부면(實生活部面)을 국책선(國策線)에 제합(制合)시키는 것이 첫째로 부담되는 임무입니다. 우리는 이 임무를 완전히 수행함으로써 내선일체의 실(實)을 거(擧)할 것이며 또 황국신민으로서의 직책을 다하는 것이라 하겠습니다. 물론 국민으로서의 보국(報國)의 심정이야 전평(戰平)의 때의 구별이 잇스리오만 그 활동방법에 잇서서도 때의 구별이 업슬 수 업슬 것입니다. 만일 국민으로서 보국봉사(報國奉仕)의 최고 능력을 발휘할 때가 잇다면 실로 이때를 지낼 때가 업슬 것입니다. 기념할 시정(施政) 30주년을 당하여 우리 여성은 한층 더 각오를 굳게 하여써 국민의 도(道)를 다하지 안으면 안될 것입니다.[74]

내조는 비대화했다. 앞서 서술했듯이 여성의 역할을 사회로 확대해가는 방향으로 변화해온 현모양처론에서 볼 때 총력전체제는 그러한 방향성을 실현하는 계기로 읽히기도 했던 것이다. 예를 들어 1939년 성신가정여숙(誠信家政女塾) 교장으로 근무중이던 이숙종(李淑鍾, 1926년 여자미술학교 졸업)은 다음과 같이 말했다.

　우리들 반도 여성은 지금까지 그 대부분이 규방에 칩거하여 자신들이 하는 가정생활 이외에는 외계와 교섭하지 않고, 또한 교섭시키지 않았기 때문에 반도 여성은 비활동적인 의뢰심에 빠져 있었으나 이 누습(陋習)을 깨부수고 비상시국 아래서 실제적 부인으로서 중요한 역할과 의무를 다해야 하는 훌륭한 기회가 주어진 것으로 확신하고 있습니다.[75]

이와같이 현모양처론을 주도해온 여성지식인들은 총력전체제 아래

224

서 여성의 자각으로 사회·국가에서의 여성의 공적 위상을 한층 더 높일 수 있다고 전망했다.

그러나 현모양처론자들이 생각한 여성의 역할은 대개 주부, 어머니, 그리고 주민 대상의 계몽활동이 전부였고, 오히려 국가와의 관계를 재해석해 여성의 새롭고도 적극적인 역할을 제기한 쪽은 자유주의적 여성해방론자였다. 그 예로 박인덕(朴仁德)의 글을 살펴보기로 하자.

박인덕은 전시체제 아래서의 조선 여성의 역할을 다음과 같이 정리했다. 즉 조선 여성은 주부나 어머니로서의 천직을 잘 수행해 물자를 절약함은 물론 튼튼한 국민을 많이 낳아야 할 뿐만 아니라 국가가 요구한다면 생산활동 나아가 전투활동도 해야 한다고 주장했다.

우리는 첫째 여성의 천직을 다시 한번 엄격히 생각하고 그 직을 다하여야겠습니다. 과거에 중류계급이나 그 이상의 계급의 여자들 중에 향락주의를 가지고 생산을 피하려는 경향이 있었습니다. 그러나 오늘 이때는 장차 대동아(大東亞)의 주인이 될 어린이들을 체질은 튼튼하고 힘세고 정신은 건전하고 씩씩하게 많이 생산하고 양육하여야겠습니다. 우생학적(優生學的)으로 장차의 제국신민(帝國臣民)은 세계에 어느 민족보다도 가장 우세하게 되어야 하겠습니다. 이 점에 특히 착안하여 특출한 어린이들을 개인본위를 떠나 국가를 위하여 많이 생산하고 양육하여야겠습니다. (…) 둘째로 이때에 우리 여성으로 밟어야 할 승전의 길은 가정살림을 하는데 남자들로 맘을 퍽 놓고 밖에 나가서 활동할 수 있게 하고 또는 극도로 살림에 소비절약을 할 것입니다. (…) 셋째로 이렇게 소비절약을 하는 동시에 우리 여성으로서 하로 한 시간 물자생산확충운동(物資生産擴充運動)을 일으키는 것이 또한 승전(勝戰)의 길입니다. 물론 우리의 생활 전부를 국가를 위하여 할 것이나 그중에도 특히 우리 1200만 여성이 하로에 적어도 한 시간씩을 국가를 위하여 물자생활확충(物資生活擴充)에 쓴다면 그야말로 큰 운동일 것입니다. (…) 넷째로 우리 여성들이 밟어야 할 승전의 길은 농사에 노력을 받치는 것입니다. (…) 끝으로 우리 여성들이 필요한 경우에는 군수품 만드는 공장으로 철과 석탄을 파내는 광산에까지 우리의 노력을 다 받칠 것이요 한 거름 더 나아가 폭탄이 빗발칠 듯하고 창검이 수림 같은 때라도 담대하게 두렴없이 단니며 군수품을 공급할 것이오. 최후로 총를 메고 제1선에 나가서 싸호기까지라도 할 각오를 가지고 맘을 준비하고 체육을 단련식힐 것입니다. 즉 다시 말씀하면 피 흘릴 각오까지 하여야 하겠고 때가 오면 피를 흘리기까지 하여야겠습니다.[76]

또 박인덕은 사람을 감화시키는 능력이 뛰어난 여성이 황국사상을 전파하는 제국의 첨병으로 제국의 새 영토에 진출해 활동해야 한다며 다음과 같이 주장했다.

우리는 우으로 천황폐하의 높으신 은덕과 황군(皇軍)의 혁혁한 승전 속에서 우리 앞에 전개된 무대로 발을 넙뜨게 되었읍니다. 황국신민이 된 이는 누구나 남녀노소를 물론하고 대동아(大東亞) 건설에 각기의 진가를 발휘할 때가 왔읍니다. 훌륭한 뇌를 가진 이는 생각으로, 튼튼한 몸을 가진 이는 체력으로, 좋은 음성을 가진 이는 목소리로, 하여튼 무슨 재주를 가진 이면 재주를, 돈을 가진 이면 돈을, 각기 가진 대로 대동아건설에 밧쳐야 할 것입니다. 기(其) 중에서 반도(半島) 여성으로서는 이 대동아건설에 어떠한 역할을 할 것인가. 남자들은 경제적·정치적으로 대동아건설을 하는 때에 우리 여자들은 정신적 역할을 맡어야 할 것이외다. 대동아공영권(大東亞共榮圈)에 들어온 사람들도 황국정신을 함양하여 우리와 같이 공존공영하도록 하는 데에는 누구보다도 우리 여성들의 힘이 들어야 할 것이외다. 여자는 자연적으로 사람을 감화시키는 천품을 타고 났으니까요. 우리들에는 장차 북지(北支)나 중지(中支) 남지(南支)로, 마레(말레이시아)나 란영(蘭領)인도로, 비률빈(필리핀)이나 남양군도로 가서 거기 사는 사람들에게 행동으로 언어로 생활로 가르치고 지도할 기회가 올 것이외다. (…) 우리는 배우고 생각하고 남을 사랑하는 맘을 가지고 대표적 황국신민이 되어서 우리 스스로가 지도자도 되고 또는 우리 여자들을 길러 그들로 지도자 되게 합시다. 우리 전에도 몇억천만 명 사람이 왔다 가고, 우리 앞으로 여러 억천만 명이 왔다 갈 테나 유독히 우리에게 오늘 이러한 기회가 온 것은 필시 큰 뜻이 있는 것이외다. 그럼 반도의 일천이백만 명 여성은 유감없이 대동아건설에 한목을 단단히 봅시다.[77]

조선 여성을 '대표적 황국신민'이라며 아시아 여성의 지도자로 삼으려는 박인덕의 구상은 다른 여성지식인들에 비해서도 특이한 것이지만 식민지 지배권력의 젠더구상보다도 한발 더 앞서 나간 것이었다.

이화학당 대학과(1916년 졸업)에서 교육받은 박인덕은 근대화된 어머니이자 주부이면서도 자유롭게 사회에 진출해 활동하는 미국 여성들의 삶에 큰 매력을 느꼈으며,[78] 미국유학(1926~28) 동안 자유주의적 남녀동등권을 체득했다.[79] 그러나 전시체제 아래서는 녹기연맹(綠旗聯盟)의 세이와여숙을 본떠 덕화여숙(德和女塾)을 개설(1941)하는 등 누구보다도 적극적으로 식민지 지배권력에 협력했다.

앞서 소개한 박인덕의 주장은 현모양처의 국가화 논리에 함몰된 것이나, 한편으로 식민지 국가권력을 빌려 여성의 역할·활동을 최대한 확대하고자 한 '독자적' 젠더구상에서 비롯된 것이기도 하다. 다시 말해 이것이 출구 없는 곳으로 내몰린 조선 여성지식인들의 자기합리화 논리이자 자기기만이었다고 해도, 스스로 앞장서 황국사상에 충성을 맹세한 그들이 총력전체제 아래서 모색한 '젠더전략'이기도 했던 것이다. 마지막으로 박인덕과 같은 자유주의적 여성해방론자가 현모양처론자보다 일본국가의 지배이데올로기에 과잉 동조한 사실은 유의해봄직하다.

이상에서 살펴본바, 1890년대 '노예'상태의 여성을 '해방'하는 근대적 담론으로 도입된 '어머니·아내론'(19세기 말의 현모양처론)은 20세기에 들어와 국가·사회에서의 여성의 위상을 더욱 명확히한 '국민의 어머니론'으로 전개되었다. 또 1920, 30년대의 일제시기에는 여성의 가정내 역할을 '민족주의화' '과학화'하고자 한 '민족(개량)의 어머니론'으로, 젠더질서(여성의 자리는 가정)의 동요에 반대해 여성해방론과 충돌하면서도 스스로 변용해 여성의 영역을 확장·비대화하고자 한 '열린 현모양처론'으로, 그리고 근대가족을 모델로 한 '근대화된 주부와 어머니론'으로 전개되었다. 나아가 여성지식인들의 현모양처론은 총력전체제 아래서는 식민지지배측의 젠더구상 속으로 흡수되어갔다. 그러나 식민지 본국에서와 같이 군국의 어머니상을 강조하는 담론이 식민지 조선을 무대로 제기되었을 경우 상이한 영향력을 가졌을 가능성에도 주목해볼 필요가 있다. 그러한 담론의 심화는 조선 여성이 적극적으로 아이를 낳도록 강제하려 하지 않았던 식민지 지배권력측의 젠더구상과의 모순을 초래하기 때문이다.

한말에서 일제시기에 이르기까지 여성지식인들의 젠더론의 전개는 여성들이 젠더규범의 단순한 수용자가 아니라 젠더규범의 주체적 창조자로서 스스로 역할을 다해왔음을 말해준다. 기존의 조선 근대사 연구가 답습해온 고정관념과는 달리 현모양처는 유교적인 사고방식에 의한 것이 아닐 뿐 아니라 '남성' 혹은 일본 제국주의가 만들어낸 이데올로기만도 아니었던 것이다. 현모양처는 한말의 새로운 젠더론의 등장 이후, 여성들이 근대 민족주의적인 입장이나 가정학적 인식의 지평에서 구축해온 근대적 젠더론이자 근대화에 대한 여성의 젠더론적 응답으로 평가하는 것이 타당할 것이다.

최근 현모양처가 주로 사상, 국가정책·이데올로기, 근대적 젠더규범의 문제로서만 논의돼온 것을 비판하며 현모양처를 일본 근대의 '문화'로 규정하는 새로운 시각이 제시되었다.[80] 즉 '근대일본'에 있어서 하층 사람을 멸시·차별하는 중산층 문화의 중핵을 이룬 것이 '현모양처 문화'이고, 그러한 중산층 문화는 다른 아시아 민족문화에 대한 멸시감정과 함께 일본인의 교화·지도의식(형님·언니의식)을 육성하는 국민문화의 토양이 되었다는 것이다.

이 논의를 한층 진전시키면, 일본에서는 하층과 타 아시아 민족을 차별하는 '현모양처 문화'가 형성되어갔던 것에 비해 조선을 비롯한 식민지에서는 일본의 중산층 문화·메트로폴리스 문화를 동경하는 '현모양처 문화'가 형성되어갔다고 볼 수 있다. 그렇다면 조선을 비롯한 아시아 각국에 있어서의 현모양처론의 확산을, 일본에서 아시아라는 단순히 기원의 문제로 한정시키지 않고 '차별과 동경'이라는 일종의 제국적 문화구조의 시각에서도 분석해야 할 것이다.

이러한 시각에 입각한 역사분석은 앞으로의 과제로 남아 있지만, 이 장에서는 여러 제약과 역사적 과제를 안고 있던 식민지 조선의 현모양처론이 다면적·중층적인 양상을 띠면서 전개되었음을 밝히고자 했다.

| 종장 |

조선 여성의 일본유학이란 무엇이었나

1. 제국의 문화지배장치로서의 유학

여기 한 여자유학생이 얇은 대학노트에 일본어로 쓴 일기장이 있다. 이 일기는 1945년 4월부터 6월까지 쓴 것으로 표지에는 "사색하는 자는 감상의 유혹에 져서는 안된다."는 좌우명이 적혀 있다. 관념적인 정신수양론으로 가득 채워진 일기장에는 식민지 사람들의 구체적인 생활상이 잘 보이지 않는다. 다만 "하루 종일 아무것도 못했다. 신체의 피로로 어디 나가는 것도 피해야만 한다. 기영씨가 나온 것 같다는 말에 가만히 있을 수 없어서 정자씨와 같이 가봤는데, 아직 안 나왔다고 한다. 도대체 그이는 얼마나 고통스러울까?"(6월 3일)라고 적혀 있어서 누군가 아는 사람이 투옥되었음을 짐작할 수 있을 뿐이다. 또 "오늘 아침 월광곡을 들으니 오랫동안 듣지 않아서 그런지 한층 가슴을 울리는 것이 있었다. 다만 말할 수 없는 비탄에 잠겨 강하게 씩씩하게 살아라고 채찍질해온 자신인데 어떤 불안을 씻지 못하는 것은 이상하다. 회의와 불안에 떠돌고 있는 듯하다는 말은 나에게 맞는 말인지도 모른다."(6월 14일)는 글에서 막연한 불안감은 느낄 수 있으나 일기장의 어디에서도 전쟁의 긴박감이나 사람들의 고충, 정치정세 등은 찾아볼 수 없고 칸트나 두보, 영어와 중국어 학습, 음악과 영화와 피아노, 가족과의 갈등, 신변잡기, 그날그날의 여러 감상이나 심리상태 등이 대부분이다. 일기가 내면세계의 토로이자 혼잣말에 불과할지라도 일본의 패전을 눈앞에 두고, 조선 민족의 미래를 예측할 수 없었던 당시에, 조선인·조선 민족의 고난의 현실과는 거리가 먼 정신수양주의의 폐쇄된 세계에 갇혀 있을 뿐만 아니라 나아가 그것에 아무런 의문이나 갈등도 느끼지 않은 채 안주하는 식민지 지식인 정신세계의 한 단면이 엿보인다.

이 일기를 쓴 여성은 7장의 박인덕, 손정규, 송금선처럼 사회의 최일선에서 활동한 지도자격 인물은 아니지만, 공공기관에 근무하고 있었다. 물론 불과 1~2개월분의 일기에 그녀의 생각과 의식이 모두 드러난다고는 할 수 없으나, 탄압과 통제를 강화해간 전시체제 아래서 관념 일변도로 흐르며, 파편화되어 자신의 내면과 생활 속에 매몰되는 허약한 지식인의 모습이 투영되어 있다. 아마도 이는 당시 지식인의 평균적 모습이 아니었을까.

그 허약함 속에 의식의 식민지성이 묻어난다. 4월이라고만 적혀 있는 면에 "香山光郎(이광수) 선생님을 뵐 수 있어서 여러가지 생각이 짧았던 점, 주의받았다. 경험 많은 사람의 말씀이었고 고통과 노력의 결과인 숭고한 말씀이었다."고 감동을 표현하고 있다. 그날 그녀는 이광수의 강연회에 참석한 모양이다. 대표적 친일파로서 조선인 청년들을 선동해 전쟁에 동원해온 그가 구체적으로 어떠한 주제나 내용의 강연을 했는지 알 수 없으나 대동아 성전(聖戰)수행을 고취하는 시국강연이었음에 틀림없다.

물론 거대한 폭력이 압도하는 시대가 개개인의 의지를 위축시키고 전쟁에 동원했다고 말할 수 있으나, 조선인의 입장과 관점을 잃고 자신이 누구에게 무엇을 위해 '봉사'하고 있는지를 생각해볼 기력도 의지도 사라진 무기력한 지식인이 붕붕 떠돌고 있었다. 이러한 정신상태에 대해 이 일기를 쓴 이는 인터뷰에서 이렇게 말했다. "우리가 시대에 따라 흘러서 왔지마는 (해방후) 내 작품에 나와. '나도 떳떳한 나라의 떳떳한 국민으로 한번 살아보고 싶은 거야. 내가 이렇게 불행한 나라에서 이렇게 살고 싶었던 것도 아니잖아. 추세에 따라 이렇게 됐지만, 나도 한번 떳떳한 나라에서 다시 나서 살고 싶은 거야.'"라고. 이처럼 어느새 자신의 입장을 잃고, '시대에 따라서' '추세에 따라서' 행동하고 그 책임을 '불행한 나라'에 태어난 부조리에 모두 돌리면서도 어딘가 떳떳하지 못한 그런 지식인이었다. 또 나아가 스스로 제국에 충성을 바치는 '식민지적 지성'이 제국의 지배구조의 한 귀퉁이를 받쳐주고 있었다. 1940년대는 그런 시대였던 것이다.

군국주의 일본은 '붓(문화)'으로 지배에 '성공'하고, '칼(무력)'로 망했다고 할 수 있을지도 모른다. 일본은 동화·황민화 교육을 통해 '지배 가치의 내면화' '지배에 대한 자발적 혹은 암묵적 동의'를 조달하는 데 상당히 성공했다고 할 수 있다. 물론 본질적인 민족 모순이 존재하며 여성교육을 비롯해 농촌을 포함한 광범위한 교육피라미드의 저변이 완성되지 않았으나, 그 상층부인 중등·고등교육으로 나아가면 나아갈수록 동의의 조달에 성공했다고 할 수 있다. 그 성공의 적지 않은 부분은 유학제도·유학이라는 사회문화적 현상에 힘입은 것이다.

조선총독부의 유학생정책은 시기에 따라 변했고 모순을 내포하고 있었다. 조선총독부는 조선인의 사상이 '악화'되거나 반일적인 인물이 배출되는 것을 두려워해 유학억제 노선을 기본으로 삼았다. 그러면서도 식민지지배를 위해 조선인 중간 관리층이 필요했고 3·1독립운동에서 분출된 조선인의 거절의 에너지를 학력 획득과 관료적 승진, 사회적 신분상승을 지향하는 경쟁으로 흡수함과 동시에 향학심과 근대 지식을 향한 욕구를 어느정도 충족시키지 않으면 안되었기에 때로는 유학억제 정책을 완화하기도 했다.

그러나 유학을 통해 지배문화에 대한 선의(善意)가 퍼지고 지배에 대한 동의(同意)가 조달되고 확산됐다는 성공적인 측면은 이러한 정책으로 가능했다기보다 메트로폴리스로 유학을 가는 것이 넘기 어려운 경계를 넘는 독특한 보편적 매력을 갖추고 있었기에 가능했다고 할 수 있다. 즉 중심과 주변과의 관계 속에서 중심에 저항하기 힘든 흡인력이 있었기에, 또한 중심을 동경하고 자신을 중심과 동일화하고자 했던 조선인의 바람이 작용했기에 성공할 수 있었던 것이다. 다시 말해 이 성공은 식민지지배에 의해 초래된 '주변·외지'(조선)와 '중심·메트로폴리스'(일본)라는 제국적 문화구조와 여기서 양산된 '마을에서 메트로폴리스로, 그리고 다시 마을로'라는 사람들의 식민지적 사회이동과 지적 회유에 의해 이루어졌다.

유학제도가 가져온 성공은 서구 근대 자본주의의 팽창 속에서 열병처럼 퍼져나간 근대적인 지식에 대한 욕구와 의존에서 비롯된 것이며, 일본은 동아시아의 '작은 서구'로서 그 중계점이 되었다. 그러나 일본은 단지 서구문화를 아시아에 교통시키는 단순한 중계점이 아니라 독자적인 군사력과 지배권역을 가진 '소문화 제국'으로서 서구문화의 해석과 변형에 일정한 권위를 부여하고, 지식 흐름의 수위를 조절할 수 있는 변압기와 같은 위치에 있었다. 근대적 지식의 욕구와 일본(근대적 지식의 중계자)에 대한 문화적 의존이 지배자의 의도를 훌쩍 넘어 '지적 회유로'를 만들어냈고, 중심에 편입되고자 신분상승을 이루고자 동기부여된 유학생들이 지배문화를 식민지에 순환·확산시킴으로써 유학은 제국의 문화지배장치로서 자리잡아갔다.

물론 유학은 지배문화를 일방통행으로 전달하는 통로만은 아니었다. 유학은 조선인에게 새로운 사상이나 사회운동과 접촉할 기회를 주었으며, 제국의 차별과 폭력성을 체험하게 하거나 저항을 촉발하는 경우도 많았다. 실제로 유학생들 중에서 독립운동이나 좌익운동, 여성운동의 투사가 많이 배출된 것이 그 점을 증명한다.

그러나 많은 유학생들은 제국의 힘과 위광 앞에서 꼼짝하지 못한 채 문명(지식과 자격)의 획득과 욕구충족, 신분상승(식민지 중간 엘리뜨화)에 만족하고, 의식적으로 아니면 자기도 모르는 사이에 일본문화와 제국적 가치를 내면화해 밖으로 확산·순환시킴으로써 제국의 문화지배 장치의 그물에 걸려들어갔다. 결국 식민지지배 아래서 일본유학이란 새로운 것, 더 높은 곳을 향한 근대적 열망에 의해 제국이 파놓은 물길을 따라 흘러간 식민지적 사회문화 이동의 싸이클이었으며, 식민지 사회의 유지·재생산의 장치이기도 했다.

유학을 통해 재생산·확대된 것은 사람들의 마음속에 움튼 새로운 의욕이기도 했다. 개항 이후 전통사회의 해체에 직면한 사람들은 새로운 정열과 지향을 스스로 찾고자 했다. 한말에 과거제도 대신 학력이 사회적 신분상승의 중요한 메커니즘이 되었고, 조선인의 역할을 근본적으로 제약하는 식민지지배 아래서도 피라미드식 교육제도가 이식되어 학력사회는 한층 더 공고해졌다.[1] 그러한 가운데 사람들은 '배우고 싶다'는 에너지를 분출시키며 '학교로, 상급학교로 가자'는 근대적 목표와 규율을 스스로에게 부과했다. 그러한 사람들에게 일본유학생은 나아가야 할 길의 안내자로서, 또 뒤떨어진 조선사회에 일본의 지배체제가 가져다주는 새로운 가능성으로 등장하여 사람들의 여러 불만이나 욕구·의지들을 흡수하고 그 결과 식민지지배를 안정시키는 역할을 했으며, 그에 따라 사람들의 거대한 에너지가 지배의 틀 속으로 빨려들어갔다.

이 유학제도는 조선총독부를 중심으로 한 관주도의 통로뿐만 아니라 미션조직의 사적 통로에 의해서도 실시되었고, 또 야나기하라 키찌베에와 같은 일본제국의 민간인 신봉자에 의해서 옹호되기도 했다. 조선인에게 제국의 문화와 중심적 가치를 전달하는 이른바 콜로니얼 미션너리의 역할을 스스로에게 부과한 야나기하라는 식민지통치 아래서 조선 여성의 일본유학의 의미를 누구보다도 잘 꿰뚫고 있었던 것이다.

해방후 이 순환체계는 단절되지만 일본을 대신해 미국이 강력한 흡인력을 가진 지식의 메트로폴리스가 되고, 미국유학이 사회현상화되어갔으며, 미국유학생이 한국의 파워 엘리뜨의 중요한 일각을 차지하게 된다.

2. 지적 회유와 근대적 젠더씨스템의 보급·변용

국민교육(공교육)의 실시는 제도로서의 근대의 시작을 알리는 중요한 지표의 하나라고 할 수 있다. 조선에서는 1886년 미국인 여성선교사에 의해 여성교육이 시작되었는데, 1906년에 관립 한성고등여학교가 설립되어 이른바 여성들에게도 근대의 시작이 고해졌다.

근대 여성교육은 기본적으로 근대적 젠더씨스템(성별 역할분담) 속으로 여성을 통합·재구성하기 위해 실시된 것이다. 그러나 여성교육을 위해서는 여교사가 필요하듯이 근대 여성교육은 이 젠더씨스템에 완전히 종속되지 않는 영역(가정 밖의 여성과 그에 필요한 이념·제도)을 처음부터 포함하고 있었고, 또 지식이나 학력을 얻은 여성이 사회로 진출했듯이 마침내 젠더씨스템을 침식시킬 요소를 내부에서 키우고 있었다. 일본유학은 이와같은 여성들의 '근대양식'의 첨단을 가는 행위였다고 할 수 있다. 일본유학은 여성의 사회진출의 가장 앞선 통로였기 때문이다.[2]

물론 사람마다 유학의 동기가 다르고 유학에 다다르는 과정도 저마다 차이가 났다. 그러나 중요한 점은 근대화가 여성에게 '학교에 간다'는 의식과 환경을 만들었다는 것이다. 최고 학부에까지 이르는 길을 간 사람은 매우 드물었다. 그러나 그 길이 있음으로 거기로 가기를 열망하고 행동한 사람은 적지 않았다. 이 책에서 분석한 메트로폴리스 지향도 식민지 근대화가 여성에게 부여한 맨 꼭대기를 향한 열망이었다고 할 수 있을 것이다.

메트로폴리스를 향해 둥지를 떠난 조선 여성은 대부분은 교사가 되어 다시 고향으로 돌아왔다. 구술조사를 한 여자유학생들(64명) 중에서 47명(73.4%)이 귀국한 뒤 사회로 나가 활동했고, 그중에서 33명(전체의 51.6%)이 교사가 되었다. 교사의 첫 부임지를 분석해보면 23명은 고향 혹은 인근 마을이고, 3명은 출신 여학교 소재지, 그리고 7명은 다른 지역이었다. 즉 여자유학생 64명 중에서 26명(40.6%)은 교사가 되어 자신을 키워준 곳으로 되돌아온 것이다.

이와같이 조선의 마을과 메트로폴리스 사이에는 눈에 보이지 않는 '지적 회유로'가 만들어졌다. 그리고 이 길을 여행하고 돌아오는 유학생의 회유에 의해 지식·사고방식·생활양식·감각·패션·상품 등이 조선의 마을로 유입되었다. 그 가운데에는 민족주의 운동이나 사회주의 운동 등 식민지 지배체제를 뒤흔드는 것도 있었고, 과학적 지식과 근대화된 생활양식, 신상품, 유행 등과 같이 메트로폴리스에 대한 사람들의 호기심이나 문화적 선의·모방(물론 거부감도 함께)을 퍼뜨리는 것도 있었다. 또한 근대적 젠더씨스템을 지탱하는 지식도, 이를 부정하는 의식과 사상도 포함되어 있었다. 즉 조선 여성의 일본유학은 여러 식민지적 사회현상이나 생활양식, 그리고 젠더를 규정하는 다양한 지식과 의식을 조선사회에 들여오고 형성해간 지적 여행이었다고 할 수 있을 것이다.

여자유학생은 학력이나 자격을 얻어 귀국한 뒤 교사를 비롯해 의사, 약제사, 예술가, 신문이나 잡지 기자 등으로 사회에 진출했고, 이로써 여성의 영역을 가정에서 사회로 확대하는 역할을 했다. 그러나 이와 동시에 6, 7장에서 분석했듯이 그들 대부분은 사회에 나가서 현모양처 의식을 보급하는 데 주력해 성별 역할분담의 젠더씨스템을 강화하는 역할을 담당했다고 말하지 않을 수 없다.

식민지 근대화의 과정 속에서 구축된 젠더론이나 이를 보급한 여성 지식인들의 역할은 해방후에도 계승되었다. 일본유학을 거쳐 1920, 30, 40년대에 활약했던 여성들은 해방후 미군정 아래서 현모양처를 양성하는 여자중고등학교 교육, 특히 가정과 교육의 기초를 닦는 역할을 했던 것이다.

앞서 서술했듯이 여성의 '근대양식', 즉 근대적 젠더씨스템에 규정받으면서도 여성 스스로가 식민지지배가 닦아놓은 '길'을 택해 지식과 학력을 얻고, 그 씨스템을 돌파해 사회로 나가며, 나가서는 그 씨스템을 강화하는 에이전트(식민지 권력이 이용하려는 인재)가 되어 식민지적 근대 젠더씨스템을 재생산하는 양식을 구축했다고 할 수 있다. 이 양식이야말로 조선 여성의 식민지적 근대성의 중핵을 이루는 것이다.

최근 들어 동아시아 각국에서 신여성 연구가 활발히 진행되어[3] 그 중에는 아시아와 서양의 신여성 비교나 조선, 타이완 등 일본 식민지의 신여성 비교연구도 있다.[4] 앞으로 이러한 일국사를 벗어난 동아시아 젠더사 연구의 관점을 도입해 일본의 각 식민지나 점령지 출신의 여자 일본유학생을 비교하며, 유학이라는 제국의 사회문화적 현상의 연구범위를 일본제국의 전 판도까지 넓혀서 종합적으로 분석하는 연구가 기대된다.

〈표 1〉 구술조사 대상 리스트

이름	출생연도	출생지	종교	부모직업	학교	학과	입학연도	졸업연도	졸업직후	조사날짜
고문혜(高蒙惠)	06	함남	기독교	상업	니혼(日本)체육회체조학교	체육	25	27	교사	961218
선우신영(鮮于信英)	10	평남	기독교	지주	니혼여자대학교	가정학부	26	30	교사	961217
강금복(姜今福)	11	경남	무	지주	니혼여자대학교	국문과	29	33	무직	961215
최귀란(崔貴蘭)	11	경북	무	지주	나라(奈良)여자고등사범학교	가사과	29	33	교사	960827
서경남(徐敬男)	12	전남	기독교	지주	나라여자고등사범학교	문과	30	34	교사	961213
정이란(鄭以蘭)	17	평북	무	광업	테이꼬꾸(帝國)여자의학약학전문학교	약학과	30	34	연구원	970219
박영희(朴英姬)	12	경성	가톨릭	상업	니혼여자대학교	가정학부	31	35	무직	961210
윤필순(尹畢純)	12	경남	가톨릭	관리	니혼여자대학교	가정학부	31	35	교사	970216
박정신(朴貞信)	14	평남	무	지주	토오꾜오(東京)여자의학전문학교	의학과	31	36	의사	961216
이인복(李仁福)	14	함남	가톨릭	지주	여자미술학교	서양화	32	35	교사	961228
최보경(崔寶卿)	11	황해	기독교	무역	쯔다쥬꾸(津田塾)전문학교	영문학과	33	37	교사	961212

이름					학교					
민병례(閔丙禮)	16	충남	무	지주	니혼여자대학교	33	가정학부	37	교사	961213
차원선(車元善)	17	평남	불교	상업	짓센(實踐)여자전문학교	34	가사과	37	교사	961207
양신호(楊信浩)	17	평남	무	상업	도시샤(同志社)여자전문학교	35	가정과	38	무직	960826
박화선(朴華善)	17	평남	무	상업	도시샤여자전문학교	35	가정과	38	무직	960902
옥인선(玉仁善)	18	평남	기독교	의사	도오꾜오여자고등사범학교	35	가사과	39	무직	961206
유계완(柳桂完)	16	전북	무	지주	니혼여자대학교	35	가정학부	39	교사	961205
윤병숙(尹丙淑)	16	황해	무	광업	테이꼬꾸여자의학전문학교	35	의학과	40	의사	970208
송두운(未斗云)	19	경남	무	상업	니혼여자대학교(중퇴)	36	가정학부	38	무직	970717
이봉애(李鳳愛)	19	충남	무	지주	니혼여자대학교	36	사회사업학부	39	무직	961216
이장봉(李張鳳)	17	함남	무	지주	여자미술학교	36	자수과	39	교사	960829
윤승숙(尹承淑)	18	평북	기독교	상업	도시샤여자전문학교	36	가정과	39	교사	960901
박정희(朴貞姬)	17	함남	기독교	목사	도시샤여자전문학교	36	가정과	39	무직	960826
전계조(全季祚)	17	경북	가톨릭	자작농	니혼여자대학교	36	가정학부	40	교사	960826
최애경(崔愛卿)	17	황해	무	무역	니혼여자대학교	36	가정학부	40	교사	961210
안현순(安賢順)	20	황해	가톨릭	금융업	테이꼬꾸여자약학전문학교	36	약학과	40	연구원	960827
박용길(朴容吉)	19	황해	기독교	회사원	요꼬하마(橫浜)여자신학교	37	신학	40	전도사	961218
이순희(李順熙)	20	경성	기독교	상업	무사시노(武藏野)음악학교	37	성악과	40	연주가	960827
황혜성(黃慧性)	20	충북	무	지주	교오또(京都)여자고등전문학교	37	가정과	40	교사	960903

이름	나이	출신지	종교	직업	학교	학과	연도	나이	직업	번호
이춘숙(李春淑)	19	평남	무	지주	교오또여자고등전문학교	가정과	37	40	교사	960903
장정옥(張晶玉)	20	황해	무	회사경영	테이꼬꾸여자전문학교	가정과	37	40	교사	961216
강복녀(姜福女)	21	함남	무	자작농	니혼여자체육전문학교	체육	37	40	교사	961223
정보성(鄭寶成)	19	충남	무	광업	테이꼬꾸여자의학약학전문학교	의학과	37	41	이사	961220
이원숙(李元淑)	20	강원	무	의사	테이꼬꾸여자의학약학전문학교	의학과	37	41	이사	970209
조창숙(趙昌淑)	20	평남	기독교	의사	니혼여자대학	가정학부	38	41	교사	961212
김명현(金明賢)	20	평남	기독교	정미용업	니혼여자대학	가정학부	38	41	교사	961218
김영변(金泳邊)	21	경성	무	언론인	테이꼬꾸여자의학약학전문학교	의학과	38	42	이사	970208
임복자(林福子)	20	함남	무	상업	테이꼬꾸여자의학약학전문학교	의학과	38	42	이사	970210
이인희(李仁喜)	21	경성	무	지주	니혼여자대학교	가정학부	39	41	교사	970210
이순애(李順愛)	17	강원	무	지주	테이꼬꾸여자전문학교	가사과	39	41	교사	960828
강제화(姜濟華)	22	황해	무	무역	도오꾜오여자체조음악학교	체육	39	41	교사	960829
윤서석(尹瑞石)	23	경성	무	은행원	도오꾜오여자고등사범학교	가사과	39	42	교사	961211
오선랑(吳仙娘)	21	황해	—	무역	테이꼬꾸여자의학약학전문학교	약학과	39	42	무직	970710
정필순(鄭必順)	21	함남	무	지주	테이꼬꾸여자의학약학전문학교	약학과	39	42	약제사	970220
남규남(南奎男)	22	함남	무	상업	테이꼬꾸여자의학약학전문학교	약학과	39	42	약제사	970221
노영숙(盧永淑)	22	황해	기독교	제조업	교오리쯔(共立)여자고등전문학교	약학과	39	42	무직	960831
강신주(姜信珠)	21	경북	무	건설회사	나라여자고등사범학교	가사과	39	42	교사	960902

이름	나이	출신지	종교	직업	학교	학과			현직	일자
조영임(趙英任)	24	평남	천도교	교사	짓센여자전문학교	가사과	40	42	교사	961218
박문복(朴文福)	23	만주	기독교	제조업	짓센여자전문학교	가사과	40	42	교사	970713
이신찬(李信燦)	20	평남	무	관리	쿄오리쯔여자전문학교	기예과	40	42	무직	960901
유병순(劉炳淳)	23	황해	기독교	지주	여자경제전문학교	경제	40	42	무직	970710
민혜림(閔惠林)	23	만주	기독교	상업	나훈여자고등상업학교	경제	40	43	무직	970715
황희자(黃姬子)	24	경성	기독교	무역	토오꾜오여자약학전문학교	약학과	40	43	무직	961217
최혜숙(崔惠淑)	24	황해	가톨릭	금융업	토오꾜오여자고등사범학교	문과	40	43	교사	970207
유영선(劉榮善)	23	평남	무	정미유통업	베이꾜꾸여자전문학교(중퇴)	가사과	40	41	교사	970711
김정옥(金貞郁)	25	함남	무	수산업	나훈여자체육전문학교	체육	41	43	교사	961212
조수복(趙壽福)	23	평남	무	지주	짓센여자전문학교	가사과	41	43	무직	960710
손호연(孫戶妍)	22	경성	무	관리	베이꾜꾸여자전문학교	가사과	41	43	무직	970712
김효덕(金孝德)	24	함남	무	상업	나훈여자대학교	가정학부	41	44	교사	970213
강성희(姜誠姬)	21	함북	기독교	무역	토오꾜오여자고등사범학교	문과	41	44	방송인	961220
김인숙(金仁淑)	22	경기	무	이사	나훈여자대학교	가정학부	41	44	교사	970211
김봉선(金鳳善)	22	평북	무	무역	베이꾜꾸여자약학전문학교	약학과	41	44	무직	980827
백진실(白眞實)	22	평남	기독교	상업	쿄오또여자고등전문학교	가정과	41	44	무직	970718
강순희(姜順姬)	22	전북	무	관리	와요오(和洋)여자전문학교	가사과	42	45	무직	961214

242

〈표 2〉 대학조사 리스트

학교명(폐전 진)	조사상황	유효샘수
토오꾜오여자고등사범학교	실시	53
나라여자고등사범학교	실시	59
나혼여자대학교	실시	69
쪼다쥬꾸전문학교	실시	6
쿄오또여자고등전문학교	실시	20
오오사까후여자전문학교	실시	1
쿄오또후여자전문학교	실시	1
짓센여자전문학교	실시	28
지요타(千代田)여자전문학교	겸절	—
토오꾜오가정전문학교	실시	9
쿄오리쯔여자전문학교	겸절	—
와요오여자전문학교	겸절	—
오오쯔마(大妻)여자전문학교	겸절	—
테이꼬꾸(帝國)여자전문학교	실시	83

244

학교	구분	인원
토오꾜오여자약학전문학교	거절	—
니혼여자체육전문학교	실시	80
여자미술학교	실시	107
무사시노(武藏野)음악학교	실시	22
토오꾜오잠사학교	자료 없음	—
니혼여자고등상업학교	실시	20
여자학습원	거절	—
오오사까음악학교	실시	6
여자경제전문학교	거절	—
바이꼬오(梅光)여학교전문부	실시	1
히로시마여학교보모사범과	실시	1
홋까이도오(北海道)제국대학	거절	—
도오호꾸(東北)제국대학	실시	3
큐우슈우(九州)제국대학	실시	1
와세다(早稻田)대학	거절	—
메이지(明治)대학	거절	—
총 47개교		835명

〈표 3〉 여자유학생 서간 리스트

이름	학교명	재학기간	학과	총편지수	재학중편지수	졸업후편지수	편별봉투	편지원래기간
김무희(金武熙)	나라(奈良)여자고등사범학교	1922-26	가사과	1	—	1		1927
이예행(李禮行)	상동	1923-27	문과	27	15	11	1	1924-41
박소제(朴小娣)	상동	1923-27	이과	31	23	7	1	1927-28
김숙배(金淑培)	상동	1923-27	가사과	60	30	30		1923-44
문남식(文南植)	상동	1924-28	이과	32	14	18		1927-44
표경조(表景祚)	상동	1925-29	가사과	34	21	13		1926-44
최경진(崔貝珍)	상동	1926-30	문과	72	43	29		1926-44
박정숙(朴貞淑)	상동	1926-30	문과	62	42	20		1926-36
손정순(孫貞順)	상동	1926-30	이과	52	41	11		1926-36
김동옥(金東玉)	상동	1926-30	가사과	12	—	12		1930-34
김인수(金仁洙)	상동	1927-31	문과	16	—	16		1931-44
김성철(金聖哲)	상동	1927-31	문과	105	69	36		1927-41
송옥진(宋玉璇)	상동	1927-31	가사과	48	36	12		1927-34
한순길(韓順吉)	상동	1928-32	문과	38	19	19		1930-44

정관숙(鄭寬淑)	상동	1928-32	가사과	6	5		1928-32
김낙신(金樂信)	상동	1928-32	가사과	35	14		1928-44
박봉호(朴奉浩)	상동	1929-33	문과	6	5		1929-33
오정아(吳正雅)	상동	1929-33	문과	5	1		1933
허하백(許河伯)	상동	1928-33	이과	15	11		1928-34
김 선(金 瑄)	상동	1929-33	이과	27	20		1930-40
최귀란(崔貴蘭)	상동	1929-33	가사과	31	23		1929-44
서경남(徐敏男)	상동	1930-34	문과	7	4	임학전 1	1930-44
김염숙(金廉淑)	상동	1930-34	가사과	13	11		1931-34
주월경(朱月瓊)	상동	1930-34	가사과	51	40		1930-39
변광주(卞光珠)	상동	1930-34	가사과	17	15		1931-34
유기주(柳奇珠)	상동	1931-35	문과	5	3		1931-35
임옥인(林玉仁)	상동	1931-35	문과	12	12		1931-34
박용경(朴容卿)	상동	1931-35	가사과	25	23	임학전 1	1931-36
임영길(林英吉)	상동	1932-36	문과	2	2		1932-34
최문희(崔文姬)	상동	1932-36	가사과	1	1		1932
최경주(崔景珠)	상동	1933-37	가사과	1	1		1936

마귀선(馬貴善)		상등	1933-37	가사과	1	1	—		1936
김영주(金榮主)		상등	1934-38	이과	1	1	—		1936
김복녀(金福女)		상등	1934-38	가사과	10	8	1	입학전 1	1934-40
김주완(金周婠)		상등	1935-39	문과	3	3	—		1936
최성률(崔成律)		상등	1935-39	문과	21	17	2	입학전 2	1934-41
홍음식(洪㤃植)		상등	1936-40	이과	4	4	—		1936
최선경(崔仙卿)		상등	1936-40	가사과	1	—	—	입학전 1	1936
박영자(朴英子)		상등	1939-42	문과	2	2	—		1939-40
이바라혜자(伊原惠子)		상등	1941-44	문과	1	1	—		1944
김금성(金金成)		상등(중퇴)	불명	불명	36	35	1		1927-33
윤덕희(尹德喜)		상등(중퇴)	상등	상등	10	—	10		1925-28
김복희(金福熙)		상등(중퇴)	상등	상등	12	12	—		1926-28
박정애(朴貞愛)		상등(중퇴)	상등	상등	18	18	—		1924-26
유수혜(柳誰惠)	도시샤(同志社)여자전문학교	상등		가정과	28	28	—		1927-29
박승일(朴昇一)	헤이안(平安)여학교	불명		불명	6	4	2		1924-34
최부녀(崔富年)	쇼오와(昭和)여자약학전문학교	상등		약학	11	9	2		1935-36
이춘숙(李春淑)	교오또(京都)여자고등전문학교	상등		가정과	3	3	—		1939

이름	학교	재학기간	과				입학전 3	기간
이정선(李貞善)	교오베여학원전문학교	불명	보육과	30	24	3		1928-35
이애나(李愛內)	상등	불명	음악과	31	25	6		1925-35
조경희(趙慶喜)	토오꾜오여자고등전문학교	불명	문과	37	37	—		1923-33
송금선(宋今璇)	상등	1921-25	가사과	11	—	10	1	1926-36
손정규(孫貞圭)	상등	불명	가사과	7	—	7		1926-33
임숙재(任淑宰)	상등	1920-24	가사과	32	—	31	1	1926-36
박영희(朴泳姬)	불명	불명	불명	6	1	4	1	1926-30
나혜석(羅蕙錫)	여자미술학교	1913-17	서양화	6	—	6		1919-34
배순금(裵順琴)	나죤여자체육전문학교	불명	체육	7	4	3		1929-34
나라여자고등사범학교 일동				5	5			1923-36
토오꾜오여자고등사범학교 일동				1	1			1924

총(개인 57명, 단체 2)   1,190통

| 후기 |

　내가 쿄오또대학 문학연구과 현대사 박사전기과정(석사과정)에 입학한 때는 1996년 4월로, 연구자로서 새로운 분야에서 훈련을 받기에 상당히 늦은 30대 중반에 접어든 때였다. 더구나 일본어는 초보 수준이었고, 일제하 여자유학생 연구의 전망도 불투명했다. 그때로부터 어언 10년 가까이 흘렀다.

　우선 일본의 여자전문학교(현 여자대학)에 조선인 유학생이 어느정도 재적했는지를 조사하기 시작해, 2학기 쎄미나에서 조사현황과 조선총독부의 조선인 일본유학생 관계자료 등을 발표했다. (쿄오또대학 문학연구과 현대사 박사전후기과정에서는 매학기마다 학생 전원과 교수 전원이 출석하는 쎄미나가 학과목으로 개설된다. 전기과정의 경우 1학기 쎄미나에서 연구계획서를 발표하고, 나머지 3학기 동안에 발표한 내용을 토대로 석사학위청구논문을 제출한다.) 쎄미나가 끝난 후 키히라 에이사꾸(紀平英作) 교수님께서 "박선미씨는 여자유학생의 실태를 좀 제대로 조사해서 정리해 내면 그것으로 충분해요."라고 말씀하셨다. 그 말씀에는 이 분야의 연구자료가 많지 않을 터이고, 보아하니 훌륭한 연구를 해내리라는 보장도 없는데다 일본어 능력까지 문제가 있는 학생에게 어찌 달리 해낼 수 없는 것을 하라고 요구할 수 있겠느냐는 배려와 판단이 묻어 있었다. 어찌되었든 입학한 학생이 무사히 과정을 마칠 수 있도록 명확한 과제를 제시해주고 계신 듯했다. 순간 비참했다. 이것만 하면 된다는 안도감이 아니었다. '나는 이 정도만 하면 족하구나. 아니 이 연구는 이 정도만 하면 끝나는구나.' 어디까지 끌고 갈 수 있을까를 나도 모르기에 남의 낮은 기대에 더욱 비참해지는 것인가보다. 그러나 다음 순간 마음을 고쳤다. '아니 아니야. 여자유학생의 인터뷰 조사가 아직 끝나지 않았잖아. 거기서 뭔가 찾을 수 있을지 모르잖아.'

1996년 5월, 도시샤여자대학동창회 사무실을 방문해 자료를 제공해달라고 협력을 구했다. 다행히 이 대학에 재적한 여자유학생을 조사할 수 있었고, 또 동급생이었던 일본인 졸업생 가운데 생존해 계신 분들이 누군지 파악할 수 있었다. 그분들께 조선인 유학생에 관한 증언을 부탁하는 편지를 수십 통 보내 답장으로 십여 통의 엽서와 편지를 받았으며, 그 가운데 몇분과는 직접 만나 말씀을 들을 수 있었다. 어떤 한 분이 야나기하라 키찌베에(柳原吉兵衛)의 손자 야나기하라 카즈오(柳原一男)씨와 결혼한 도시샤여자전문학교 졸업생 야나기하라 카네꼬(柳原周子)씨를 소개해줘 그 댁에 연락을 드렸고, 그 해 말에 사까이시(堺市)에 있는 자택으로 찾아뵙게 되었다.

야나기하라 카즈오씨는 "예전에 학생처럼 조선에서 멀리 멀리 우리 할아버지 집에 왔던 누나들이 생각난다."며 말씀을 이어가셨다. "우리

집에서는 내가 할아버지의 활동에 가장 관심을 가졌고 이해도 많이 했다고 생각합니다. 내게 있는 자료라면 전부 제공할 테니 열심히 해보세요."라며 격려해주셨다. 그 자료를 이용해 석사논문(제2장)에서 한 장으로 조선인 여자유학생에 대한 야나기하라 키찌베에의 인식을 분석했고, 이것이 나중에 졸고 「조선사회의 근대적 변용과 여자일본유학(朝鮮社會の近代的變容と女子日本留學) 1910~ 1945」(『사림(史林)』제82권 4호, 1999년)의 한 절이 되었다.

야냐기하라 키찌베에를 계속해서 연구할 수 있는 행운이 뒤따랐다. 모모야먀 학원에 기증되었던 야나기하라 키찌베에의 소장자료(서적, 문헌, 사진, 서간 등)의 정리가 착착 진행되어, 1999년 봄 무렵부터 열람할 수 있게 된 것이다. 그때부터 이듬해에 걸쳐 모모야마학원 사료실에 다니며 전에는 상상할 수조차 없었던 야나기하라의 다양한 면모와 폭넓은 활동을 알게 되었다. 이것을 어떻게 평가할지가 나의 새로운 과제가 되었고, 노력의 자그마한 성과물이 졸고 「야나기하라 키찌베에 연구——지역에서의 『제국』의 새로운 일꾼의 등장(柳原吉兵衛の研究—地域における『帝國』の新しい担い手の登場)」(『20세기연구(二十世紀研究)』창간호, 2000년)이다.

여자유학생들을 상대로 1996년 여름부터 시작한 구술조사에서는 전혀 예상치 못했던 유학동기 등을 듣고 놀랐다. 1997년 여름 무렵에 인터뷰를 거의 끝낸 나는 녹음했던 테이프를 풀어 몇번이나 읽고 또 읽었다. 그러는 가운데 그들 배움의 회유(回游)현상을 깨닫게 되었고 이 연구가 재미있게 느껴졌다. '도대체 일본유학이란 무엇이었던가?'라는 질문을 던지게 되면서, 이 질문에 답하는 것이야말로 내 연구의 핵심이라고 생각하게 되었다. 그렇다. 조선인은 식민지 본국의 '매력'에 끌려 그곳의 '선진문화'를 동경해 건너갔고, 무언가를 배워서는 출발지인 식민지로 다시 돌아왔다. 조선인의 일본유학이란 식민지 고유의 사회문화적 순환현상에 다름아니었던 것이다. 이렇게 납득하니 앞으로 여자유학생 연구를 계속 해나갈 수 있을 것 같았다.

석사학위 청구논문의 구두시험 때, 심사위원의 한 분인 쿄오또대학 인문과학연구소의 미즈노 나오끼(水野直樹) 교수님께서 "여자유학생을 인터뷰하면서 무엇이 가장 재미있었어요?" 하고 질문하셨다. 쎄미나에서 학생들의 발표를 듣고 선생님들이 하는 최고의 칭찬은 '재미있다' 이 한마디였다. 처음에는 발표 준비에 쏟은 학생들의 노력을 생각할 때, 칭찬이라 하기에 좀 어딘지 퉁명스럽고 충분치 않은 그 말에 위화감을 느꼈다. 그러나 '재미있다' '재미없다'는 것은 주제가 참신한지, 독창적인지, 관점이나 논의에 오리지널러티가 있는지, 따라서 읽는 사람이나 듣는 사람을 매료시키는 그 무엇이 있는지 없는지를 함축하는 말임을 알게 되었다. 그렇기에 미즈노 교수님의 질문은, "역사연구에서 연구자가 자료를 보고 무엇을 재미있게 느끼는지(독창성)가 출발점이고, 그 다음은 그것을 재미있는 것으로 만들어가는 작업(오리지널러티)이다. 따라서 앞으로 스스로가 재미있다고 생각한 부분을 더욱 깊이 발전시켜나가야 한다."는 메씨지로 이해할 수 있었다.

나는 '출발에서 귀국 이후까지', 여자유학생들의 유학이라는 여행의 전 과정을 역동적으로 그리는 연구를 하고 싶다고 생각했다. 일본에서 무엇을 체험하고 어떠한 지식을 획득했으며 귀국한 다음에는 어떠한 역할을 했는가. 이렇게 다음의 과제는 찾았지만, 그 어떤 것도 난제였다.

특히 1998년 봄 박사후기과정에 진학하고 얼마 지나지 않았을 무렵, 나가이 카즈(永井和) 교수님께서, "여자유학생의 역할을 조선근대사 안에서 박선미씨 나름대로 평가할 수 있을 때 비로소 박선미씨의 연구가 됩니다. 그런 의미에서도 앞으로 여자유학생이 귀국한 뒤에 무슨 역할을 했는지, 이를 어떻게 연구해갈지가 중요한 것이죠."라고 지적해주셨다. '친일적/반일적' '봉건적/근대적' '전통적(여성차별적)/선진적(여성해방적)' 등과 같은 기존의 고정관념의 틀에 매이지 말고 새로운 평가의 방식을 발견하라고 가르쳐주셨다. 이 말씀에서 나는 역사연구자의 하는 일이 무엇인지 다시 생각해보게 되었다.

이에 답할 수 있으려면 우선 여자유학생이 일본에서 무엇을 배웠고, 그것이 귀국한 뒤의 활동과 어떻게 관련되는지를 밝히지 않으면 안된다고 생각했다. 그래서 가정학을 연구하게 되었고, 여자유학생이 귀국한 다음 보급한 현모양처론을 조선근대 젠더사 안에서 어떻게 평가할 것인지가 과제로 되었다. 그 작은 성과는 2004년이 되어서야, 졸고「식민지 조선에서의 '양처현모'라는 젠더규범──여성지식인의 논의 분석을 중심으로(植民地朝鮮における'良妻賢母'というジェンダー規範──女性知識人の議論の分析を中心として)」(『여성사학(女性史學)』 제14호, 2004년), 「가정학이라는 근대적 지식의 획득──일제하 여자일본유학생을 중심으로」(『여성학논집』 제21집 2호, 2004년)로 발표되었다.

그리고 1999년 2학기 쎄미나에서 키히라 교수님께서, "일본유학을 정점으로 하는 조선의 교육피라미드는 분명 일본제국이 조선에 이식한 교육제도이다. 그러나 국가권력 외에도 다양한 힘이 그것을 만들었을 것이다. 역사를 더욱 다중적으로 분석할 수 있도록 상상력을 발휘하라."는 지적을 해주셨다. 그 말씀을 듣고 이전 자료를 보다가 어쩌면 '조선의 미션스쿨에서 일본의 미션스쿨로'라는 유학의 미션루트가 있었던 게 아닐까 흥미롭게 느꼈던 점이 굉장히 중요한 실마리로 되살아났다. 그래서 재조선 미국인 선교사의 여자교육사업을 공부하기 시작했고 연구의 폭도 점점 넓어졌다.

이렇듯 여러 교수님들의 지도에 촉발되어 다음 과제를 발견할 수 있었고, 이 책을 출판하기까지 된 것은 여러 행운이 뒤따른 덕분이었다.

나는 이화여자대학교 대학원 여성학과에서 연구자로서의 첫발을 내딛었다. 이화여자대학교는 1977년 9월에 선택교양 과목으로 한국에서는 처음으로 여성학을 개설했다. 이어 1982년 동대학원에 여성학과(석사과정)가 설치되었고, 1990년에는 박사과정도 마련되었다.

1984년, 학부 4학년 때 여성학 수업을 들으면서 인간이나 사회에 대한 분석이 재미있고 신선하다고 느꼈으며, 인간의 의식과 사회를 혁신하고자 하는 실천의 학문임을 알고 매우 놀랐다. 무엇보다 내 자신이 얼마나 성차별을 받아왔는가, 성차별에 대한 사회나 국가의 대응이 얼마나 빈약하고 뒤떨어져 있는가, 남성은 물론 여성 스스로조차 이러한 문제의식이 얼마나 부족한지를 배웠다. 그리고 성차별에 저항해온 여성들의 축적된 경험이야말로 여성학임을 깨달았다. 그것은 새로운 발견이었으며 인식의 전환이기도 했다. 그리고 처음으로 이러한 수업을 개설한 모교를 사랑하는 마음이 생겼다.

그래서 여성학과 석사과정에 진학했고 1989년에 나를 포함한 3명이 성폭력에 대한 사회적 편견을 비판하는 논문을 썼다. 나는 강간범죄 재판 법정을 참여관찰해 심리과정을 분석하고 또 수사기록, 재판기록, 판례 등을 분석해 형사소송과정에서의 강간 피해자에 대한 편견과 차별, 이로 인해 피해자 여성이 재차 피해를 입는 문제를 밝혔다(졸고「여성학적 관점에서 본 강간범죄의 재판과정」,『형사정책』제4호, 1989년).

마침 1980년대말 한국에서는 성범죄가 빈발하여 사회적 문제로 되었고 학문적 분석이 절실히 필요했다. 때마침 세 편의 논문이 발표되어 성폭력에 관한 새로운 인식을 넓히는 데 다소 보탬이 되었다. 마침 그 즈음 여성학과 설립 10주년을 앞두고 있었고 졸업생들도 각 분야에서 활발히 활동을 펼치고 있어, 여성학에 내재된 사회변혁의 힘을 결집하고 구체화하기 위한 한국성폭력상담소 설립운동이 시작되었고 1991년 4월에 그 창립을 보았다. 창립 준비위원회에 참가하면서 여성학이 지향하는 바와 그 힘, 사회적 역할을 몸으로 체험한 나는 한국여성학이 걸어온 발자취를 자랑스럽게 생각한다.

1980, 90년대를 거쳐 한국의 몇 대학에 설치된 여성학(석박사학위) 프로그램은 학제적 연구를 지향하여 여러 분야의 학과목을 개설해왔다. 그 가운데서도 사회과학적 방법론에 입각한 여성연구를 중요시해왔고 여성사연구 혹은 여성학적 역사연구는 그에 다소 못 미치고 있다. 1980, 90년대에 산업화·도시화·민주화 등 급속한 사회변동이 있었고, 이에 따른 다양한 사회문제가 발생한 한국에서는 사회과학적 연구가 급속히 발전했으며, 이러한 상황이 한국의 여성학을 특징지어온 것이다. 2004년 여름, 드디어 한국여성사학회가 설립되었지만, 여성 역사연구자 혹은 여성사 연구자는 소수에 불과하고, 연구서나 논문도 다른 분야에 비하면 매우 적다. 이 연구가 한국의 젠더사 연구에 조금이나마 보탬이 되기를 간절히 바라는 마음이다.

1989년 여름 이화여자대학교 여성학과 석사과정을 졸업하고 법무부 산하 한국형사정책연구원에서 3년간 여성에 대한 범죄(성폭력, 가정내 폭력 등)를 연구한 다음 미국으로 유학하게 되었다. 당시 미국에서는 영문학이 여성학 이론을 만들어내는 메카였다. 다시 말해 주로 텍스트 분석에서 생성된 이론이 여러 분야의 연구자에게 지적 자극을 주는 점이 인상적이었다. 또 한 가지, 미국유학생들의 박사학위논문은 거의 같은 구성으로 되어 있었다. 논문 전반부는 서구에서 발달되어온 이론을 비판적으로 검토하는 것이고, 후반부는 그 이론을 자료분석(대체로 출신국을 연구대상으로 하여 출신국에서 조사해서 모은 자료)에 적용하는 것이었다. 이에 대해 한국 출신의 한 교수님이, "미국에서 유학생은 결국 백인연구자들에게 출신국에 관한 자료를 제공하는 자가 된다."고 말했다. 이 말이 지금도 뇌리에서 떠나지 않는다.

일본으로 유학와 쿄오또대학에 적을 두게 된 것은 인생에서 다시없을 행운이었다. 석사과정에 입학하는 즉시 자기 연구과제에 몰두하는 것을 무엇보다 중요시하는 기풍이나, 자료에서 논의를 구성해나가는 실증주의적 학풍도 좋았다. '본인의 질문이나 알고 싶은 것, 문제의식과 연구과제가 있을 때 비로소 읽는 책이나 듣는 강의에서 영양을 섭취할 수 있다.'는 교육철학에서 나온 것이다. 코스워크를 중요시하고 그것을 끝내고 나서야 학위논문 주제를 생각하기 시작하는 것이 한국이나 미국 대학원의 보통의 현상임을 경험한 나로서는, 논문을 중요시하는 쿄오또대학 대학원의 교육에 크게 공감한 면이 있었다. 지금 다시 한번 훌륭하고 개성 넘치는 선생님들의 지도를 받으며 여유롭고 지적인 캠퍼스에서 공부할 수 있었던 행운을 되씹어본다.

지난 10년간 많은 분들의 지도와 협력 그리고 지원이 있었다. 우선 나에게 귀중한 구술을 해주시고 이 연구의 기초를 만들어주신, 한국에 계신 64분의 일본유학생분들께 진심으로 감사드리며 이미 돌아가신 분들의 명복을 빈다. 그리고 야나기하라 가족분들께 이 자리를 빌려 다시 한번 감사를 드리며 돌아가신 야나기하라 카즈오씨의 명복을 빈다.

키히라 에이사꾸 교수님, 나가이 카즈 교수님, 미즈노 나오끼 교수님, 카시와꾸라 야스오(柏倉康夫) 교수님(전 쿄오또대학 문학연구과 교수, 현 방송대학 교수), 나까쯔까 아끼라(中塚明) 선생님(나라여자대학 명예교수),

히로따 마사끼(ひろたまさき) 선생님(다치바나대학 명예교수), 이구찌 카즈끼(井口和起) 선생님(쿄오또부립대학 명예교수), 미야자와 마사노리(宮澤正典) 선생님(도시샤여자대학 명예교수), 사까모또 기요네(坂本淸音) 선생님(도시샤여자대학 명예교수), 송연옥 선생님(아오야마학원대학 교수), 그리고 쿄오또대학 인문과학연구소의 공동연구반(일본의 식민지연구—조선과 타이완, 1998~2001년)에서 신세를 진 여러 선생님들께 진심으로 감사의 말씀을 드린다. 그리고 선학으로서 나의 연구에 관심을 가지고 귀중한 시간을 할애해 친절히 자료 지도와 유익한 조언을 해주신 후지나가 다께시(藤永壯, 오사카산업대학 교수), 후지메 유끼(藤目ゆき, 오사카외국어대학 교수), 오사 시즈에(長志珠繪, 고베외국어대학 교수), 마쯔다 도시히꼬(松田利彦, 국제일본문화연구센터 교수), 오이가와 에이지로(及川英二郎, 토오꾜오학예대학 교수) 등 여러 선배 선생님들께도 깊이 감사드린다.

모모야마학원 사료실, 도시샤여자대학 동창회와 사료실, 니혼여자대학교 동창회 오오후우까이(櫻楓會)와 그밖에 여자유학생 관련자료를 제공해주신 많은 대학에 감사드린다. 그리고 재단법인 구신까이(俱進會)의 연구조성금이 이 연구에 큰 도움이 되었음을 밝히며 감사 말씀을 다시 한번 드린다.

이 책을 야마가와 역사모노그래프 씨리즈로 선정해 출판해주신 야마가와(山川)출판사와 선정위원회 분들, 특히 통계숫자와 한글이 섞여 있어 읽기 힘든 원고를 꼼꼼히 검토해주시고 적절한 코멘트를 해주신 편집부 분들께도 진심으로 감사 말씀 올린다.

지금까지 많은 분들께 신세를 졌지만 특히 나를 응원해주며 모든 협력을 아끼지 않았던 전춘복 님, 이미어 님, 남유혜 님께도 감사드리고 싶다. 그리고 무엇보다 가족에게 감사한다. 남편은 항상 유익한 조언을 해주었으며 원고를 여러 번 읽고 일본어를 바로잡아주었다. 1999년에 태어난 이란성 쌍둥이인 두 딸, 하연이와 긴나는 큰 병치레없이 잘 자라주었다. 우리 어머니께서는 말도 안 통하는 일본에서 4년 동안 아이들을 돌봐주고 집안일을 거들어주셨다. 가족과 이 책을 출판하는 기쁨을 함께 누리고 싶다.

마지막으로 일본의 보육소에 진심으로 감사드린다. 안심하고 아이들을 맡길 수 있는 보육소가 여성(그리고 육아를 자신의 책임 혹은 일로 인식하고 있는 남성, 물론 이러한 의식이 희박한 남성도 포함) 연구자를 앞으로도 더욱 잘 지원해주기를 바란다.

이 책의 제2장 3절, 제4장을 제외한 각 장은 앞에서 기술한 학술 잡지에 발표된 것으로, 자료를 첨가하거나 수정했다.[*] 서장과 종장은 이 책의 출판을 위해 쓴 것이다.

2005년 10월 10일
박선미

---

[*] 제1·2·3장: 「朝鮮社會の近代的變容と女子日本留學──九一○~一九四五」, 京都大學史學研究會編『史林』(제82권 4호, 1999)을 가필·수정. 단 제2장 3절은 다시 쓴 것임.

제5장: 「柳原吉兵衞の硏究──地域における『帝國』の新しい担い手の登場」, 京都大學二十世紀硏究編纂委員會『二十世紀硏究』(창간호, 2000)을 가필·수정.

제6장: 「가정학이라는 근대적 지식의 획득──일제하 여자일본유학생을 중심으로」, 이화여자대학교 한국여성연구원『여성학논집』(제21집 2호, 2004년)을 가필·수정.

제7장: 「植民地朝鮮における'良妻賢母'というジェンダー規範─女性知識人の議論の分析を中心として」, 女性史總合硏究會『女性史學』(제14호, 2004)을 가필·수정.

| 주 |

서장

1 中塚明「奈良女子高等師範學校の中國人·朝鮮人留學生」,『アジア女性交流史研究』(第
   10號, 1971) 18〜25면; 中塚明「『奈良女高師に學んだ朝鮮人生徒』再考」,『寧樂史苑』
   (第43號, 1998) 58〜62면.

2 李順愛a「在日朝鮮女性運動(1915〜26)——女子留學生を中心として」,『在日朝鮮人史
   研究』(第2號, 1978) 29〜44면; 李順愛b「在日朝鮮女性運動(上)——槿友會を中心とし
   て」,『在日朝鮮人史研究』(第3號, 1978) 13〜25면; 李順愛c「在日朝鮮女性運動(下)——
   槿友會を中心として」,『在日朝鮮人史研究』(第4號, 1979) 30〜41면; 李順愛d「黃信德の
   こと」,『三千里』(第17號, 1979) 100〜102면.

3 山崎朋子「解放の道を女子教育に」,『アジア女性交流史(明治·大正期篇)』(筑摩書房
   1995) 283〜310면.

4 宮澤正典「同志社女學校と朝鮮」,『同志社談叢』(第17號, 1997) 1〜32면.

5 박정애「1910년〜1920년대 초반 여자 일본유학생 연구」(숙명여자대학교 대학원 석
   사논문 1999).

6 橋谷弘「日本における朝鮮近代史研究の新たな潮流——最近の日本·アジア關係史研究
   の進展と關連して」,『東京經大學會誌』(第205號, 1997) 151〜58면.

제1장

1 개화기·한말의 유학생정책은 다음과 같은 선행 연구를 참조했다. 阿部洋「舊韓末
の日本留學(1)」,『韓』(第3卷 5號, 1974) 63~83면;「舊韓末の日本留學(2)」,『韓』(第3卷
6號, 1974) 95~116면;「舊韓末の日本留學(3)」,『韓』(第3卷 12號, 1974) 103~27면; 平
田賢一「明治期の朝鮮人留學生──大韓興學會を中心に」,『三千里』(第13號, 1978)
204~13면; 竹腰禮子「韓末の渡日學生について──保護條約期の留學生界」,『在日朝
鮮人史研究』(第6號, 1980) 24~42면; 이광린「개화초기 한국인의 일본유학」,『한국
개화사의 제문제』(일조각 1986) 39~63면; 최덕수「개화기, 일본의 조선인 유학정
책의 성격」,『국사관논총』(제72집, 1996) 275~96면; 朴贊勝「1890年代後半における
官費留學生の渡日留學」, 宮嶋博史·金容德 編『近代交流史と相互認識 I』(慶應義塾大學
出版會 2001) 69~130면.
2 1900년에 148명이었던 사비유학생은 점점 늘어나 1909년에는 886명에 이르렀다. 필
자 미상「일본유학생사」,『학지광』(제6호, 1915) 12~13면.
3 阿部洋의 논문(「解放前韓國における日本留學」,『韓』第5卷 12號, 1976, 5~73면)에는
학부소관일본국유학생규정이 1906년에 제정된 것으로 서술되어 있고, 개정에 대해
서는 아무런 언급도 없다. 반면 이원호『개화기 교육정책사』(문음사 1983)에는 이
규정의 제정년도가 1907년, 개정년도가 1908년으로 되어 있고, 각각의 전문도 실려
있어 이에 따랐다.
4 문부성은 1911년 4월에「조선인 유학생의 특별입학에 관한 건(朝鮮人留學生ノ特別
入學ニ關スル件)」이라는 지침을 내려 조선인이 특별생(별과·선과)으로 일본 내지
의 학교에 입학할 수 있도록 허가했다.
5 朝鮮總督府『朝鮮教育要覽』(1915) 79면.
6 이러한 조선총독부의 유학생 인식은 다음의 문건(朝鮮總督府「留學生ニ關スル件」,
1919)에 잘 나타나 있다. "유학생은 부령(府令) 유학생규정 및 유학생감독규정에 따
라 취체(取締)하는 것으로 하고, 토오꾜오에 감독부를 설치해 내지인 감독 1명, 조
선인 감독 1명을 두고 그들의 언동에 관해서는 경시청이 이들의 취체를 맡고 (…)
감독은 또 때때로 지방을 순회하며 유학생을 지도 감독함." 이 문건은 阿部洋『日本
植民地教育政策史料集成(朝鮮篇) 第51卷(下)』(龍溪書舍 1991)에 수록되어 있음.
7 朝鮮總督府『施政二十五年史』(1935) 176~77면.
8 朝鮮總督府『朝鮮統治三年間成績』(1914) 60면.

9 弓削幸太郎『朝鮮の教育』(自由討究社 1923) 221~22면.

10 幣原坦『朝鮮教育論』(六盟館 1919) 262면.

11 齋藤實「朝鮮民族運動=對スル對策」(齋藤實關係文書 95-10).

12 1920년대 친일세력의 육성정책에 대해서는 姜東鎭『日本の朝鮮支配政策史研究——1920年代を中心として』(東京大學出版會 1979)를 참조.

13 朝鮮總督府, 앞의 책(1935) 489면.

14 일제시기의 도일규제정책에 대해서는 金廣烈「戰間期における日本の朝鮮人渡日規制政策」,『朝鮮史研究會論文集』(第35號, 1997) 175~201면 참조.

15 朝鮮教育會獎學部『獎學部報』(第9號, 1930) 7면.

16 "앞으로는 각 학교에서 입학자격에 상당하는 시험을 행해 그 성적 우량한 합격자는 정과생(正科生)으로 입학시켜도 좋다는 성의(省議) 결정함에 따라 (…) 조선인 및 타이완인에 관해서는 당분간 외국인과 같이 취급할 것으로 함." 朝鮮總督府『文教の朝鮮』(1929年 5月號) 31면.

17 "타이쇼오 10년(1921) 5월 9일발 전66호 '외국인 및 식민지인 학생의 취급에 관한 건'에 의거해, 타이완인과 조선인의 입학에 관해서는 외국인과 같은 특별 취급을 해왔는데 쇼오와 4년(1929) 5월 1일부터 이를 외국인에만 실시한다는 성의(省議) 결정했음에 관하여 이것을 통첩함." 朝鮮總督府, 같은 잡지.

18 阿部洋, 앞의 글(1976) 48면.

19 警保局保安課『朝鮮人概況 第三』(1920) 85면.

20 朝鮮總督府『文教の朝鮮』(1925年 9月號) 98면.

21 장학부의 다른 업무에 대해서는 朴尙僖「東京朝鮮人諸團體歷訪記」,『朝鮮思想通信』(1927年 11月 14日)을 참조.

22 1926년 요시찰 조선인으로 검속된 263명 중에서 유학생은 73명이었다. 警保局保安課『大正十五年中=於ケル在留朝鮮人ノ狀況』(1926) 205면.

23 "요시찰인, 요주의인 등은 물론 일반 조선인 유학생 및 노동자 등에 대해서 수차 내사를 여행(勵行)해 그들의 사상 귀추가 어떤지를 성찰하고 특히 각종의 사회운동 혹은 불령(不逞) 행동을 기도할 위험성이 있는 자에 대해서는 심심(深甚)의 사찰을 수행해 이들이 감히 맹동하는 여지를 주지 않도록 하고 있다. 또 온건한 일반 조선인에 대해서는 애써 취학 혹은 취직상 알선도 함으로써 그 지도개발에 도움이 되도록 한다." 警保局保安課『大正十四年中=於ケル在留朝鮮人ノ狀況』(1925) 185면.

24 朝鮮教育會獎學部『獎學部報』(第3號, 1929) 4~5면.

25 그밖의 예로 1926년 7월 시학관 회의에서의 학무당국의 지시사항(『동아일보』 1926
년 7월 15일), 1928년 6월 경기도 각 공립중등학교 교장 회합(『동아일보』 1928년 6월
26일) 등을 들 수 있다.

26 「朝鮮總督府中堅靑年修練所開所式に對する告辭(1939年 8月 1日)」, 朝鮮總督府文書
課 編纂 『諭告訓示演述總攬(二)』(朝鮮行政學會 1941) 711면.

27 「京城帝國大學予科部長及官公私立專門學校長會議に於ける總督訓示(1941年 6月 9
日)」, 朝鮮總督府文書課 編纂 『諭告訓示演述總攬 第2輯』(朝鮮行政學會 1943) 139면.

28 「第22回中樞院會議に於ける總督訓示(1941年 6月 10日)」, 朝鮮總督府文書課 編纂, 앞
의 책(1941) 14~15면.

29 朝鮮獎學會 『昭和一七年度事業槪要』. 이 문건은 『在日朝鮮人史硏究』(第24號, 1994)
에 수록되어 있음.

30 협화사업에 관해서는 다음의 책과 자료를 참조. 樋口雄一 『協和會——戰時下朝鮮人
統制組織の硏究』(社會評論社 1986); 樋口雄一 編 『協和會關係資料 I~IV』(綠蔭書房
1995); 中央協和會 『協和事業年鑑』(1941); 國策硏究會 『內地在住半島人問題と協和事
業』(1938).

31 세이와(聖和) 대학의 소장자료 중에 텐노지경찰서 발신, 람바스여학원 교장 수신
「조선인 유학생에 관한 건(朝鮮人留學生=關スル件)」(3통의 통달)이 있다. 1939년 4
월 6일자 통달은 본년도 입학 혹은 편입한 조선인의 본적, 주소, 직업, 학년·전공과
목, 성명, 연령 사항의 조사보고를 명한 것이다. 같은 날짜의 또다른 통달은 본년도
조선인 졸업생의 전공과목, 성명, 연령, 본적, 주소, 취직자리·업무별·수입, 재학
중은 고학이냐 자비냐, 취직알선은 학교가 했는지 아닌지의 조사보고를 명한 것이
다. 나머지 통달은 1940년 4월 5일자로 조선인 유학생(학생, 신입생, 편입생)의 조사
보고를 전년도와 같은 요령으로 명한 것이다. 이 자료들에서 관할 경찰서가 조선인
학생을 계통적으로 조사했음을 확인할 수 있다.

32 外務省外交史料館史料番號 E-38/39. 朝鮮獎學會理事長(川岸文三郎)·東京府協和會
長(松村光磨)이 拓務省管理局長 앞으로 보낸 「半島女子學生農村婦人生活體驗會狀況
報告」.

33 朝鮮獎學會, 앞의 문건 19면.

34 文部省敎學局 「事變下に於ける朝鮮人思想運動に就て」(1941). 이 문건은 朴慶植 『在
日朝鮮人關係資料集成 第4卷』(三一書房 1976) 에 수록되어 있음.

제2장

1 朝鮮總督府『朝鮮諸學校一覽』(1929).

2 朝鮮教育會獎學部『在內地朝鮮學生調』(1929).

3 內務省警察局 編『社會運動の狀況』(1929).

4 朝鮮總督府, 앞의 책(1929).

5 內務省警察局 編, 앞의 책(1929).

6 阿部洋, 앞의 글(1976) 3~73면.

7 樋口雄一의 연구(『日本の朝鮮·韓國人』, 同成社 2002)에 의하면 1939년 재일 조선인
   수는 961,591명임.

8 1933년도 도별 인구분포에서 전체 인구수 약 2천만명 중 경기·전남·경북·경남이
   200~220만명, 충남·전북·황해·평남·평북·강원·함남이 130~150만명, 함북·충
   북이 70~80만명이다. 朝鮮總督府『朝鮮總督府統計年報』(1933).

9 남녀 아동의 보통학교 취학률에 관해서는 金富子「植民地期朝鮮における普通學校
   『不就學』とジェンダー」,『歷史學研究』(第764號, 2002) 13~25면 참조.

10 杉原達「舊制關西大學に在籍した朝鮮人學生の修學狀況」,『關西大學人權問題研究室
    紀要』(第13號, 1986) 30~31면.

11 조선 여성 중 첫 일본유학생이 누구인지, 언제였는지 정확히 규명된 바 없으나,
    메이지 시기 대표적 여성잡지인『여학잡지(女學雜誌)』(第411號, 1895年 6月 25日)에
    실린「조선 부인 최초의 유학생(朝鮮婦人最初の留學生)」이라는 기사에 따르면 김씨
    라는 여성이 남편과 같이 유학을 목적으로 도일한 뒤 일본인에게 조선어를 가르치
    고 있다고 한다. 김씨라는 여성이 유학의 소기 목적을 달성했는지, 기사에서 확인할
    수 없지만, 관비 일본유학생 제도가 실시되고 있었던 이 시기에 김씨라는 여성의 경
    우와 같이 유학생의 아내 혹은 여동생으로서 함께 도일해 여학교에서 청강하는 사
    례가 있었다고 생각된다. 또다른 초기 여자유학생의 예로 정치망명자의 자녀를 들
    수 있다. 한말 정당정치운동을 주도했던 대한협회(1907년 설립)의 중심인물인 윤효
    정(尹孝定)이 1898년에 일본에 망명했을 때 딸인 윤정원(尹貞媛)도 같이 도일해 토
    오꾜오음악학교에 유학했다(윤정원에 대한 추가설명으로 제7장의 195면을 참조).

12 조선교육회장학부『在內地朝鮮學生調』(1930 ; 1933)에서도 많은 여자유학생이 가
    정과나 의약과에 재적했음을 알 수 있다. 1930년 이후에는 법학과 경제학을 공부하

는 여학생도 드물지만 있었다.

13 趙圻烘 『芝蘭의 뜰에서——우당 조기홍 자서전』(성신여자사범대학출판부 1979) 51~52면.

14 朝鮮總督府 『朝鮮總督府統計年報』(1938).

15 1938년 朝鮮總督府 『朝鮮總督府統計年報』에 의하면 기독교 및 불교가 각각 약 50만명, 신도가 약 10만명이었다.

16 1941년 현재 초등과정 학생수는 약 180만명, 중등과정(중등교육 정도의 각종학교와 실업학교 포함) 학생수는 약 8만명, 전문과정 이상(사범학교 포함)의 학생수는 약 6천명이었다. 朝鮮總督府 『朝鮮諸學校一覽』(1941).

17 형제와 친척 양쪽 모두에 일본유학생이 있었던 경우는 복수 응답으로 처리하지 않고 형제 쪽으로만 계산했다.

18 사립 고등보통학교 11개교 중 미션계는 4개교, 사립 여자고등보통학교 10개교 중 미션계는 7개교, 사립 전문학교 8개교 중 미션계는 4개교였다. 朝鮮總督府 『朝鮮總督府統計年報』(1935).

19 *Minutes of the Thirty-Fourth Annual Meeting of the Council of Presbyterian Missions in Korea*, 1926, 27면(Korea Mission Papers, Box33, Presbyterian Historical Society, Montreat, NC).

20 The World Missionary Conference, *Report of Commission III, Education in Relation to the Christianisation of National Life*, Oliphant, Anderson & Ferrier, Fleming H. Revell Company, 1910, 163~64면.

21 1910년 세계선교사협의회 때 그 경위는 알 수 없으나, 조선의 교육문제는 협의되지 않았다. 세계선교사협의회 교육위원회는 미국 북메소디스트 감리교회 선교사인 존스 목사의 「조선 교육에 관한 의견서」를 검토·수정한 뒤 세계선교사협의회 보고서에 부록으로 첨부했다. 이에 따르면 조선인의 고등교육이 일본 지배 아래서 경시되고 있는만큼, 조선인이 고등교육을 충실히 받을 수 있도록 선교사가 적극적으로 나서서 빠른 시일 내에 유니온대학 1개교를 조선에 설립해야 한다는 의견과, 지금은 이 안을 유보하고 학생을 일본에 보내어 대학교육을 받도록 하는 것이 현명하다는 의견이 대립하고 있었다. The World Missionary Conference, 앞의 책 390면.

22 *The Continuation Committee Conferences in Asia, 1912~1913: A Brief Account of the Conferences Together with Their Findings and Lists of Members*, published by the Chairman of the Continuation Committee, New York, 1913, 440면.

23 *A Commission on Christian Education in Japan, Christian Education in Japan,* New York: The International Missionary Council, 1932 (Appendix-Table IV).

24 조선장학회가 조사한 1944년 여자전문학교 조선인 학생수를 보면 관립 3개교(토오꾜오여자고등사범학교, 나라여자고등사범학교, 히로시마사범학교 여자부)에 16명, 사립 여자전문학교 29개교에 96명, 그중 미션계 여자전문학교 5개교에 17명이었다. 朝鮮奬學會『大學高等專門學校朝鮮人學徒在學者數調』(1944年 8月 現在) 15~16면. 이 문건은 外務省外交史料館 A-30에 수록되어 있음.

25 1945년 이전 도시샤중학교에 재학했던 타이완 학생의 약 50퍼센트는 타이완미션스쿨 출신자였듯이(阪口直樹『戰前同志社の台灣留學生』白帝社 2002, 36면), 동아시아 각국의 미션스쿨에서 일본의 미션스쿨로 유학하는 사례가 적지 않았다.

26 예를 들면 광주 수피아여학교의 장래를 짊어질 조선인 교사가 될 인물로서 선교사의 기대를 한몸에 받았던 김필례는 1907년에 정신여학교를 졸업한 뒤 일본의 여자학원에 유학했고(1908~16), 1925년부터 1927년까지는 미국의 아그네스 스코트 컬리지(Agnes Scott College)와 콜롬비아대학(Columbia University)에 유학했다. 그리고 1910년에 정신여학교를 졸업하고, 모교 보통과(초등과정) 교사가 된 김마리아도 선교사의 권유로 1916년경에 일본에 유학해 여자학원에서 공부했다. 1912년에서 1939년까지 정신여학교 교장이었던 루이스 선교사는 해마다 졸업생 한명에게 일본이나 미국으로 유학할 것을 권유하고 추천했다. 김영삼『김마리아』(한국신학연구소 1983) 참조.

27 이화여자대학교『이화100년사』(이화여자대학교 1994) 57~119면 참조.

28 미국 남장로교 해외전도국의 이러한 일본 인식은 1919년도 총회에 제출된 연차 보고서에서 처음으로 표명되었다. The Executive Committee of Foreign Missions, Presbyterian Church, U.S., *Annual Report,* 1919 (Presbyterian Historical Society, Montreat, NC).

제3장

1 동경조선유학생학우회는 1912년 10월에 결성되어 1931년 2월에 해산되었다. 『학지광』은 1914년 4월에 창간되어 1930년 4월에 종간될 때까지 전 29호가 출판되었으나 현재 21호분이 복각되어 있다.

2 한말 일본유학생의 인식에 대해서는 박찬승 「1890년대 후반 도일유학생의 현실인식 ─ 유학생 친목회를 중심으로」, 한국역사연구회 『역사와 현실』(제31호, 1999) 118~55면 참조.

3 玄相允 「구하는 바 청년이 그 누구냐? ─ 유학생 여러분 형제에게」, 『학지광』(제3호, 1914년 12월) 6면.

4 金翼之 「학문에 생명을 걸자」, 『학지광』(제13호, 1917년 7월) 12면.

5 張之洞은 『勸學篇』(1898)에서 일본유학을 권하는 이유를 열거했는데, ① 거리가 가까워 비용이 절약되니 많이 보낼 수 있고 ② 중화(문화)에 가까워 고찰하기 쉽고 ③ 일본어는 중국어와 가까워서 깨우치기 쉽고 ④ 서학은 매우 복잡하나 대체로 서학의 중요하지 않은 부분은 이미 일본인이 삭제 요약했고, 서학을 색(분류)하고 작(취사선택)하고 개(改) 했다. 중국·일본의 정세, 풍속은 서로 비슷하고 오가기 쉽다. 일은 반만하고 공을 배로 할 수 있는 것, 이보다 좋은 것은 없다 하였다. さねとうけいしゅう 『中國留學生史談』(第一書房 1981) 8면.

6 嚴安生 『日本留學精神史 ── 近代中國知識人の軌跡』(岩波書店 1991) 44면.

7 그러나 유학생들은 왜 일본이 근대화에 성공했는지에 대해서는 특별히 크게 관심을 보이지 않았다. 이런 무관심을 비판하는 유학생이 있었을 정도였다. "우리 留學生의 恒言이 日本은 東洋의 先進國이오 世界의 强國이라 하면서도 何故로 東洋의 先進國이 되엿스며 何故로 世界의 强國이 되엿는가는 硏究하는 이가 젹소이다. (…) 日本에는 所謂 通一各國一이 만습니다. 例하면 英國通 支那通 等이 이것이니. (…) 우리 朝鮮人은 外國에 留學하는 사람은 있으나, 『通』工夫하는 이는 업는 듯하외다. 米國에 留學하는 이는 스쿨뽀이에 일다되고 日本에 留學하는 이는 四疊半에 自甘하야 그 나라 事情을 硏究하는 일이 업는 故로 米國에 留學하고서도 米國通이 못되며 日本에 留學하고서도 日本通이 못됩니다. 通이 못되는 故로 文字나 알 뿐이오 國은 아지 못하나이다. 남은 文字와 國을 兼하여 아는데 우리는 다만 文字만 아는 바인즉 留學의 實에 大差가 生할 것은 定한 일이 아니오닛가. 日本人은 海外留學에 大成功을 하엿는데 朝鮮人은 海外留學에 小成功도 못한 理由가 여기 잇나이다. 故로 留學의 要는 『通』에 잇다 아니할 수 업소이다." 桂麟常 「舊殼를 버셔요(二)」, 『학지광』(제19호, 1920년 1월) 41~42면.

8 필자 미상 「卒業生을 보냄」, 『학지광』(제17호, 1919년 1월) 2~3면.

9 MH生 「동경고학의 길」, 『학생』(1929년 4월호) 58면.

10 負朝陽 「先後取捨」, 『학지광』(제14호, 1917년 11월) 58면.

11 SC生「新渡學生諸君에게(一)」,『학지광』(제20호, 1920년 7월) 23면.

12 安廓「二千年來留學의 缺點과 今日의 覺悟」,『학지광』(제5호, 1915년 5월) 31면.

13 崔承九「不滿과 要求」,『학지광』(제6호, 1915년 5월) 77~78면.

14 실력양성운동론에 대해서는 박찬승『한국근대정치사상사연구——민족주의 우파의 실력양성운동론』(역사비평사 1992)을 참조.

15 필자 미상「日本留學生史」,『학지광』(제6호, 1915년 7월) 10~17면; 朴春坡「일본 동경에 유학하는 우리 형제의 현황을 들어써」,『개벽』(제9호, 1921년 3월) 83~85면 참조.

16 『신여성』(1924년 3월호) 56~57면.

17 이효재「개화기에 있어서의 여성의 사회진출」,『한국여성사——개화기~1945년』(이화여자대학교출판부 1972) 72~77면 참조.

18 朱雲成「東京遊記」,『삼천리』(제10권 12호, 1938) 78면.

19 金振九「6년 만에 본 나의 고국, 동경 金墨君에게」,『개벽』(제72호, 1926년 8월) 74면.

20 문화적 선의는 삐에르 부르디외의 개념이다. 사람들의 관습, 행위, 취미, 성향, 생활양식 등은 사회계급에 따라 다르지만 중간계급에서 지배계급의 취미나 생활양식에 대한 문화적 선의가 확산되어 모방문화가 형성된다고 분석했다. ピエール・ブルデュ(石井洋二郎 譯)『ディスタンクシオン』1・2(藤原書店 1990).

제4장

1 『여자계』는 1917년 6월에 출판되어 1921년 1월 제6호로 일단 종간되었다. 그뒤 속간되었으나 곧 폐간되었다(시기 불명).『여자계』의 출판상황은 이상경「여성의 근대적 자기표현의 역사와 의의」,『한국근대여성문학사론』(소명출판 2002) 56~60면; 井上和枝「近代朝鮮女子의自我形成のあゆみ——『女子界』・『女子持論』・『新女子』を中心に」,鹿兒島國際大學國際文化學部『國際文化學部論集』(제3卷 2號, 2002) 23~44면 참조.

2 나혜석에 대한 선행 연구로는 이상경「나혜석의 여성해방론」,『한국근대여성문학사론』(소명출판 2002) 179~203면; 山下英愛「近代朝鮮における『新女性』の主張と葛藤——洋劃家羅蕙錫を中心に」,井桁碧 編『「日本」國家と女』(青弓社 2000) 214~85면 등이 있다.

3 나혜석「理想的 婦人」,『학지광』(제3호, 1914년 12월) 13~14면.

4 나혜석 「雜感」, 『학지광』(제12호, 1917년 4월) 53~55면. 필자는 나혜석의 아호(晶月)로 되어 있음.

5 나혜석 「雜感——K언니에게 與함」, 『학지광』(제13호, 1917년 7월) 68면. 필자는 나혜석의 아호 晶月(Chung Wol)의 알파벳 철자 첫 글자를 따 CW로 되어 있음.

6 나혜석 「瓊姬」, 『여자계』(제2호, 1918년 3월) 66면.

7 같은 글 72~74면.

8 같은 글 74면.

9 박순애 「대문을 나신 형제들에게」, 『여자계』(제2호, 1918년 3월) 25면.

10 같은 글 26면.

11 현덕신 「졸업생 형제에게 들이는 말씀」, 『여자계』(제3호, 1918년 6월) 3~4면.

12 같은 글 4면.

13 警保局保安課, 앞의 문건(1920) 89면.

14 같은 문건 91면.

15 전유덕 「신여자의 자각」, 『여자계』(제4호, 1920년 3월) 31~33면.

16 1920년 4월 결혼한 뒤 이듬해 장녀를 출산한 나혜석은 힘들게 출산과 육아를 경험하며 사람으로서의 자각과 현모양처라는 직분 사이의 심한 내적 충돌을 겪었다. 『동명』(제18~21號, 1923년 1월 1~21일)에 발표한 「母된 감상기」에 그 경험을 상세히 밝히고 있다.

17 「東京女子遊學生座談會」, 『춘추』(1941년 5월호) 146면.

18 隱明寺忍 「內鮮融和と婦人の責務」, 『婦女新聞』(第1293號, 1925年 3月 22日) 10면.

19 중앙여자중고등학교 『우리 황신덕 선생』(1971) 133~34면.

20 『新女性』은 녹기연맹 기관지인 『綠旗』의 자매지로 1942년 8월에 창간되었다. 이 잡지에 관한 자세한 해설은 이승엽 「『新女性』——식민지 시대 말기 여성의 '황민화'운동」, 『한국민족운동사연구』(제20호, 1998) 507~19면 참조.

21 立野信之 「花を持てる乙女」, 『新女性』(1944年 4月號) 23면.

22 立野信之 「その後の花を持てる乙女」, 『新女性』(1944年 6月號) 18면.

23 유학생 U씨는 1999년에 출판한 회상록 속에서도 그때의 경험을 적고 있다. U씨는 조선 땅에서 일본인에게 일본어로 교육을 받으면서도 '망국의 패배감'을 크게 느끼지 않았는데 일본에 와서 오히려 크게 느꼈다고 한다. "내게도 조국이 있어 예전에는 우리에게도 국왕이 있었다는 것을 어렴풋이나마 떠올렸을 때 내가 받은 굴욕감·소외감은 다른 누구도 아닌 내가 느낀 것으로, 그것은 내 자신이 처리하지 않으

면 안되는 문제로 나타나기 시작한 것이다."고 적고 있다. 『恨の彼方──歷史の荒波
を超えて』(右文書院 1999) 31~33면.

24 근우회 토오꾜오 지회에 비해 쿄오또 지회에 대해서는 지금까지 별로 규명된 바
없다. 나라여자고등사범학교, 도시샤여자전문학교 재학중의 유학생들이 간부로 활
동했다. 『동아일보』(1928년 2월 22일) 참조.

25 矢內原忠雄「或朝鮮人女學生との會話」, 『矢內原忠雄全集』(第23卷, 1965) 343~46면
에도 최보경과의 대화가 소개되어 있으나, 최보경이 회상한 이 내용은 언급되어 있
지 않다.

제5장

1 야나기하라의 경력에 대해서는 다음의 문헌을 참조했다. 「大和川染工所創設者柳原
吉兵衛略傳」, 『大和川染工所七十年小史』(1966) ; 梅田安之 『靑霞翁柳原吉兵衛傳』
(1947) ; 樋口雄一「日本人の在日朝鮮人對應──柳原吉兵衛と協和會」, 『協和會』(社會評
論社 1986) 218~31면.

2 梅田安之, 앞의 책 107면.

3 야나기하라는 이왕가어경사기념회를 조직함으로써 1922년부터 사이또오 마꼬또
총독에게 알려지게 되었다. 관동대지진 직후 오오사까를 방문중이던 사이또오 총독
과의 협의 아래 그는 조선으로 건너가 전국에서 집회를 열고 유학생 보호자들에게
대지진으로 조선인이 피해를 입은 것을 사과하고, 자제들이 일본에서 학업을 계속
해줄 것을 장려했다. 이를 계기로 그는 유학생사업에 더욱 열심하게 되었고, 1927년
6월 개정된 이왕가어경사기념회 규칙에는 "내지의 학교에서 면학하는 조선 학생의
후원을 할 것."이라는 조문이 첨가되었다. 1923년 이후 시작된 유학생 지원사업이
조직적으로 정비된 것이다.

4 관동대지진 직후 이른바 '조선인 보호문제'가 대두하자 조선총독부와 오오사까후
당국은 관민이 협동해 조직적으로 대응해가고자 했다. 주 3에서 언급했듯이 내선융
화를 위해 일할 의욕있는 인물로 이미 식민지 권력측에 알려져 있던 야나기하라는
처음부터 이 단체의 설립에 깊이 관여했다. 이 단체의 설립경위에 관해서는 柳原吉
兵衛「朝鮮人の保護問題」, 『社會事業硏究』(第23卷 10號, 1935) 313~15면 ; 1923년 10
월의 「大阪府方面常務委員聯合會議事速記錄」(이하 速記錄으로 약칭)을 참조. 이 속기

록은 각 연도별 大阪府社會課 『大阪府方面委員事業年報』(이하 事業年報로 약칭)에 편집되어 있다.

5 小葉田淳 編 『堺市史(續編 第2卷)』(1972) 24면.

6 『報知新聞』(1913年 4月 23日) 등.

7 1924년 3월 현재 37명. 朝鮮總督府 『阪神 · 京浜地方の朝鮮人勞動者』(1924).

8 宇野利右衛門가 『職工問題資料』를 배포했던 모범 공장 리스트(1915년 9월 현재)에는 야마토가와염공소도 올라 있다. 宇野利右衛門 『職工優遇論 總論 第一』(五山堂書店 1989) 28면.

9 杉原薰 「日本における近代的勞動生活過程像の成立」, 『大正/大阪/スラム──もうひとつの日本近代史』(新評論社 1986) 53면.

10 小葉田淳 編, 앞의 책 76면.

11 모모야마학원 사료실에 보관되어 있는 柳原吉兵衛史料의 「克己團」이라는 표제의 원고에서 인용한 것이다. 내용을 보면 1915년에 작성된 것으로 생각된다. 『桃山學院史紀要』(第18號, 1999)에는 「柳原吉兵衛史料目錄(その1)」이, 같은 잡지 제19호(2000)와 제20호(2001)에는 각각 (その2), (その3)이 실려 있다.

12 『向上』(第2號, 1919) 1~2면.

13 『向上』(第3號, 1920) 1면; 『向上』(第4號, 1920) 1면.

14 大森實 「都市社會事業成立期における中間層と民本主義──大阪府方面委員制度の成立をめぐつて」, 『ヒストリア』(第97號, 1982) 58~76면; 佐賀朝 「1920年代の都市地域支配と社會構造」, 『歷史科學』(第140 · 141號, 1995) 56~76면.

15 林市藏 「方面委員の設置に就て」, 大阪府救濟課 『大阪府方面委員要覽』(1919) 7면.

16 小河滋次郎 「方面委員制度梗槪」, 大阪府社會課 『大阪府方面委員要覽』(1921) 11면.

17 같은 글 12~13면.

18 같은 글 20면.

19 같은 글 31~33면.

20 1923년 방면위원의 취급 건수(합 206,087건) 중에서 호적 정리 건수는 8,707건이었다. 大阪府社會課 『事業年報』(1923).

21 1924년 11월 「速記錄」 407~408면.

22 1925년 4월 「速記錄」 163면.

23 1926년 7월 「速記錄」 297면.

24 梅田安之, 앞의 책 317면.

25 『南海日日新聞』(1920年 4月 30日) ; 『大阪朝日新聞』(1932年 3月 22日) ; 『大阪婦女新
　 聞』(1932年 10月 7日) 등.

26 柳原吉兵衛 「內鮮融和の將來」, 『社會事業硏究』(第16卷 9號, 1928) ; 柳原吉兵衛, 앞의
　 글(1935).

27 柳原吉兵衛史料에서.

28 『向上』(第8號, 1922) 1면.

29 『向上』(臨時號, 1923) 2면.

30 『櫻槿の華』(第6號, 1939) 1면.

31 『櫻槿の華』(第4號, 1935) 2면.

32 『向上』(第26號, 1932) 2면.

33 『向上』(第22號, 1930) 4면.

34 『櫻槿の華』(第3號, 1935) 1면.

35 『向上』(第21號, 1930) 4면.

36 『櫻槿の華』(第4號, 1935) 1면.

37 梅田安之, 앞의 책 284면.

38 같은 책 286면. 야나기하라의 이 의견은 앞의 글(1928)에도 제시되어 있다.

39 柳原吉兵衛史料에서.

40 梅田安之, 앞의 책 357~58면.

41 이에 대해서는 小山靜子 『良妻賢母という規範』(勁草書房 1991)을 참조.

42 梅田安之, 앞의 책 360~61면.

43 이 편지의 원본은 소실되어 날짜가 분명하지 않는데, 여기서 소개하는 편지는 『櫻
　 槿の華』(第7號, 1939) 3~4면에 실린 것이다.

44 　제7회 전국간사이부인연합회에 참가한 김말봉(도시샤여자전문학교 영문학과
　 1924~27)의 발언. 『婦人』(第2卷 11號, 1925) 18면.

45 여자유학생 Y씨 구술(쿄오또여자고등전문학교 가정과 1937~40).

46 인용부분은 나라여자고등사범학교 이과에 1926년 4월부터 1930년 3월까지 재학한
　 손정순의 1930년 10월 27일자 편지에서.

47 인용부분은 여자유학생 Z씨(나라여자고등사범학교 가사과 1929~33) 구술에서.

48 나라여자고등사범학교를 중퇴한 김금성의 1928년 6월 27일자 편지에 이러한 생각
　 이 밝혀져 있다. 인용부분은 그 편지에서.

49 야나기하라는 1927년부터 조선총독부의 후원을 얻어 내지 경험이 없는 조선인 여

교사(주로 보통학교)를 위한 내지 시찰사업을 시작했다. 전 3회에 걸쳐 실시된 시찰 기록이 柳原吉兵衛史料에 남아 있다. 『女教員內地學事視察錄』(1927); 『朝鮮女子教員 內地視察記』(1929; 1930).

50 『社會事業研究』의 내선협화회 관계기사; 樋口雄一 編, 앞의 책(1995) 등.

51 樋口雄一, 앞의 책(1986) 등.

52 1923년 7월의 연합회에서 오오사까후 히라까(平賀) 내무부장이 보고한 내용.

53 『社會事業研究』(第19卷 11號, 1931) 176면.

54 『社會事業研究』(第21卷 12號, 1933) 64면.

55 大阪府 『大阪府內鮮融和事業調査會第一回決議事項』(1934年 9月).

56 柳原吉兵衛史料 중 강연 초고에서.

62 허광무는 「戰前貧困者救濟における朝鮮人差別」, 『歷史學研究』(第733號, 2000) 17~35면에서 방면위원사업에서 조선인은 배제되었다고 주장했다. 그러나 柳原吉兵衛史料나 「速記錄」(1920~42) 분석에서 알 수 있듯이 방면위원 가운데 조선인 구제사업에 소극적이었거나 조선인을 차별한 사례는 있었을 것이나, 방면위원 사업대상으로 조선인이 배제되지는 않았다. 오히려 방면위원 가운데는 조선인 문제에 적극적으로 대응하고자 했던 이도 적지 않았다.

58 柳原吉兵衛史料에서.

59 1922년 7월, 1923년 5월 연합회 등.

60 1924년 7월, 1925년 5월, 1926년 3월, 1928년 3월·12월, 1930년 4월, 1931년 2월, 1935년 3월 연합회 등.

61 내선협화회가 설치된 뒤에도 오오사까후 당국은 방면위원이 이전과 다름없이 조선인 구제사업을 계속해줄 것을 당부했다. 1924년 7월과 1928년 7월의 연합회.

62 야나기하라가 방면위원 중에서 누구보다도 조선인 대책에 깊은 관심과 열의를 지녔다는 것은 의심할 여지가 없다. 그러나 연합회 속기록에 의한 한 그는 연합회에서는 조선인 문제에 대해 발언하거나 다른 방면위원의 협력을 구하지 않았다. 왜 야나기하라가 연합회에서 방면위원들이 조선인 문제에 더 관심을 기울이도록 적극적으로 환기하지 않았는지 그 이유는 알 수 없다.

1 젠더사 연구자들은 19세기 중반 이후 가정학은 여성의 역할을 가정 내에만 한정시키고자 한 것이 아니라, 이른바 여성적 역할을 사회에서도 살릴 것을 권장해 공무원이나 사회복지 관계 전문가 등 새로운 분야의 여성인재 양성에도 기여한 점이 있다고 평가했다. 이에 대해서는 Sarah Stage & Virginia Bramble Vincenti (eds.) (1997), *Rethinking Home Economics: Women and the History of a Profession*, Cornell University Press 참조. 이와같이 가정학은 '여성의 자리는 가정이다'는 성역할 고정관념 형성에 밀접히 가담해온 지식이었지만, 그와 동시에 가정학이 여성의 사회 진출에도 기여해왔음을 밝히고 평가하는 일은 여성을 가정으로 돌려보내는 동시에 밖으로도 불러내는 '근대의 이중성'과 그 이중성의 최전선에 존재했던 여성들의 의식과 행동을 밝히는 작업으로서, 여성사 연구의 지평을 넓히고 구체성을 축적해가기 위해 매우 중요하다.

2 대표적인 일본 가정학사 연구서로서 常見育男『家政學成立史』(光生館 1971)를 들 수 있다.

3 최이순『한국가정학사』(연세대학교출판부 1976); 이화여자대학교 가정대학『이화가정학 50년사』(이화여자대학교 1979) 등.

4 정덕희「가정과교육을 위한 기초자료 연구──한국의 가정학 교육 변천에 관한 연구」,『서울교육대학교논문집』(제16권 1호, 1983); 전미경「식민지 시기 가사 교과서에 관한 연구──1930년대를 중심으로」,『한국가정과교육 학회지』(제16권 3호, 2004) 1~25면 등.

5 기예과의 가사 학과목으로 재봉, 뜨개질, 자수, 요리, 의식주, 육아, 간호, 가계 부기, 교수법이 편성되었다. 가사 학과목 이외에는 윤리, 교육학, 국어, 외국어, 습자, 도화, 체조, 음악이 망라되었다. 이에 대해서는 東京女子高等師範學校編集『東京女子師範學校六十年史』(1981) 87면 참조. 그리고 1903년의 경우 가사(실습 1회)가 주 1시간 배당된 데 비해 재봉과 수예는 주 10시간이 할당되어 있었다. 이에 대해서는 お茶の水女子大學『お茶の水女子大學百年史』(1984) 87면 참조.

6 국공사립 여자전문학교가 중등학교의 교사양성기관으로 변질되어간 과정에 대해서는 佐々木啓子『戰前期女子高等教育の量的擴大過程──政府・生徒・學校のダイナミクス』(東京大學出版會 2002)를 참조.

7 日本女子大學校『日本女子大學校40年史』(1942) 75～76면. 니혼여자대학교 가정학의 발전과정에 관한 선행 연구는 다음과 같다. 井上秀「先生と家政學」,『いづみ』(第2卷 6號, 1957) 11～16면; 中嶌邦「成瀨仁藏先生と家政學(全 3回)」,『女子大通信』(第 341～343號, 1977); 竹中はる子「家政學創設の苦難と今後の役割」,『日本女子大學紀要 家政學部』(第29號, 1982) 21～25면; 赤塚朋子・佐藤美千子・宮崎禮子「成瀨仁藏の家政 學部構想一報」, 家政學原論部會20周年記念『家政學原論論文集』(1988) 97～106면; 赤 塚朋子「エレン・リチャーズと日本女子大學家政學部」, 日本女子大學家政經濟學會『家 政經濟學論叢』(第27號, 1991) 15～30면; 赤塚朋子「わが國における家政學部教育成立 時の諸狀況」,『日本女子大學紀要 家政學部』(第38號, 1991) 89～99면; 赤塚朋子「創立 當時の日本女子大學家政學部」,『日本女子大學紀要 家政學部』(第39號, 1992) 169～76 면; 赤塚朋子「創立者成瀨仁藏の教育理念と家政學部」,『日本女子大學總合研究所ニュ ース』(第9號, 2000) 10～14면.

8 野田滿智子「草創期家事科万國大會とその日本へのインパクト」,『日本家庭科教育學會 誌』(第29卷 3號, 1986) 45～50면.

9 M. H. Inouye "Standard of Living in Japan," & Sumi Oye, "The Training of Homemakers in Japan," *Women of the Pacific : Being a Record of the Proceedings of the First Pan-Pacific Women's Conference which was held in Honolulu from the 9th to the 19th of August*, published by the Pan-Pacific Union, 1928, 54～58면.

10 塚本はま子『實踐家政學講義』(積文社 1906) 1～9면.

11 메이지 5년(1873) 토오꾜오여학교가 설립된 뒤 메이지 10년대에 이르기까지 전국 의 몇 안되는 관공사립 여학교에서는 번역 가사과 교과서가 독물(讀物)·경제·가사 경제·가정(家政)·가사 과목 교과서로 사용되었다. 당시 여러 학교에서 널리 채용 된『가정요지(家政要旨)』의 총론에 번역자인 나가미네 히데끼(永峰秀樹)는 "교육받 은 부인은 교육받지 않은 부인에 비해 남편과 잘 지내며, 또 자녀를 가르치고 이끄 는 적당한 방법을 터득했음은 물론 살림살이도 반드시 잘한다."고 썼다. 그는 앞으 로 여성들은 교육을 받아야지만 비로소 아내로서, 어머니로서, 주부로서의 역할을 충실히 수행할 수 있다고 단언한 것이다. 滋野幸子「家政學成立の基礎的研究(その 一)──明治初期翻譯家事教科書とその背景」,『光華女子短大紀要』(第8集, 1970) 105～39 면; 常見育男, 앞의 책(1971) 참조.

12 메이지 중·말기의 고등여학교용 가사과 교과서에 대해서는 滋野幸子「家政學成立 の基礎的研究(その二)──明治中期家事教科書とその背景」,『光華女子短大紀要』(第9集,

1971) 133~55면; 滋野幸子「家政學成立の基礎的研究(その三) ── 明治末期における高等女學校敎育と家事科敎育」, 『光華女子短大紀要』(第10集, 1972) 144~55면 참조.

13 메이지 중기의 일본 가정서의 특징에 대해서는 關口敏美「家政學の誕生」, 『大谷學報』(第77卷 4號, 1998) 36~37면 참조.

14 大江スミ「家事の敎育」, 『岩波講座敎育科學 11卷』(岩波書店 1932) 6면.

15 大江スミ『應用家事敎科書上』(東京宝文館 1917) 1~2면.

16 『婦人之友』(第18卷 6號, 1925). 市原正惠「家政學のあけぼの ── 塚本ハマ小傳」, 『思想の科學』(第121號, 1980) 92면에서 재인용.

17 「女子敎育家は婦人參政權を何と見るか」, 『女性同盟』(創刊號, 1920) 21면.

18 塚本はま子「婦人の新敎育」, 『女學世界』(第5卷 3號, 1905) 13면.

19 大江スミ『應用家事敎科書下』(東京宝文館 1917) 195면.

20 井上秀, 앞의 글(1957) 14면.

21 井上秀의 家政學에 관한 선행 연구로는 常見育男「明治期三名の家政學研究の留學者に關連して(四) ── 日本の家政敎育と家政學發達史の一側面」, 日本女子社會敎育會家庭科學研究書 『家庭科學』(第93號, 1983) 30~44면; 氏家壽子「井上秀先生の家政學」, 『家庭研究』(第60號, 1976) 2~13면이 있다.

22 井上秀『家庭管理法』(誠文堂 1928) 5~8면.

23 井上秀『家政篇』(實業之日本社 1929) 4면.

24 井上秀「未婚婦人と職業敎育」, 『敎育時論』(第1424號, 1925).

25 Ava Milam Clark & J. Kenneth Munford (1969), *Adventures of a Home Economist*, Oregon State University Press.

26 Box SR5/6/3/50, "First Trip to China," Ava Milam Clark Papers, Oregon State University, Corvallis, Ore.(이하 AMCP로 약칭); Ava Milam Clark & J. Kenneth Munford, 앞의 책 141면.

27 R6/41, "College of Home Economics & Education Records: Correspondence-travel Letters from Ava Milam Clark(China)," 1922~25, AMCP.

28 "Special Bulletin Regarding Courses at Yenching Women's College 1923~24," *Peking University Bulletin*, No. 20 (microfilm no. 314~4816), The Archives of the United Board for Christian Higher Education in Asia (Record Group No. 11), Divinity Library Special Collections, 1982, Yale University, New Haven, Conn.

29 예를 들어 1936년에 설립된 사립 화남여자문리학원(Hwa Nan College of Arts

and Science) 가정학과는 설립목적을 "여성을 이상적인 주부와 사회 리더로서 훈련시키기 위해서. 과학적·경제적·미적·윤리적 생활을 발달시키기 위해서, 시민의 신체적·영적 건강을 높이기 위해서."에 두어 북중국유니온대학 가정학과의 설립이념을 계승하고 있다. *Department of Home Economics, Hua Nan College of Arts and Science*, 1936, printed in the Christian Herald Industreal Mission Press, Foochow, China (microfilm no. 176–3197), The Archives of the United Board for Christian Higher Education in Asia (Record Group No. 11), Divinity Library Special Collections, 1982, Yale University, New Haven, Conn.

30 梨花女子專門學校 『梨花女子專門學校一覽』(1937) 附錄 2.

31 Woman's Foreign Missionary Society of the Methodist Episcopal Church (1937) *Year Book*, 77면.

32 이화여자대학교 가정대학, 앞의 책 46면.

33 물론 이화여자전문학교 가사과 출신들이 사회진출을 하지 않았다는 것은 아니다. 졸업한 뒤 가사과 교사나 교회 등에서 활동한 예는 적지 않다. 그러나 가정학과·가사과의 설립이념의 차이는 가정학의 이해에 어느 정도 차이가 있었음을 드러낼 뿐만 아니라 각국의 정치·사회·문화적 조건을 반영하는 것으로 실제 학생 교육에도 차이를 낳았다고 생각된다.

34 Ava Milam Clark Speeches of the Orient, titled by Home Economics: A Basic Need for Democracy in the Orient, June 30, 1949, AMCP.

35 1966년까지 오레곤대학 가정학부에서 배운 유학생은 중국과 캐나다 출신이 각각 17명, 조선(해방후의 한국을 포함) 출신이 8명, 인도 출신이 7명, 일본, 필리핀, 타이 출신이 각각 6명, 남아프리카공화국 출신이 5명 등이었다. Ava Milam Clark & J. Kenneth Munford, 앞의 책 167면.

36 주 34와 같음.

37 주 27과 같음.

38 R. Pierce Beaver (1968), *American Protestant Women in World Mission: A History of the First Feminist Movement in North America*, Grand Rapids, Michigan: William B. Eerdmans Publishing Company; Patricia R. Hill (1985), *The World Their Household: the American Woman's Foreign Mission Movement and Cultural Transformation, 1870~1920*, Ann Arbor: University of Michigan Press.

39 Lake Placid Conference on Home Economics (Sep. 1899, July 1900, June 1901),

Proceedings of the first, second and third conferences, Lake Placid N. Y. 1901, 32~33면.

40 자세한 것은 다음을 참조. Marie Dye (1972), *Home Economics at the University of Chicago: 1892~1956*, published by Home Economics Alumi Association.

41 Lake Placid Conference on Home Economics (Sep. 1904), *Proceedings of the Sixth Annual Conferences*, Lake Placid N. Y. 1904, 40~41면.

42 메이지 초기 번역판 가정 교과서로 널리 채용된 『家政要旨』는 Haskell E. F. (1861), *The Housekeeper's encyclopedia of useful information for the housekeeper in all branches of cooking and domestic economy*, New York: D. Appleton을, 永峰秀樹가 번역해 상중하 3권으로 1876년에 간행한 것이다. 滋野幸子, 앞의 글(1970) 112면; 常見育男, 앞의 책(1971) 169~70면.

43 成瀨仁藏 「女子敎育改善意見(1918)」, 成瀨仁藏著作集委員會 編 『成瀨仁藏著作集 第三卷』(日本女子大學校 1974) 440~48면.

44 나혜석 「瓊姬」, 『여자계』(제2호, 1918년 3월) 69면.

45 김덕성 「새로 어머니가 되신 H형님께」 『여자계』(제2호, 1918년 3월) 19면.

46 "엇더한 의미로서든지 현대여성은 직업전선에 나서는 것이 가장 현명하고 합리적이라고 생각합니다. 이유는 여러분께서 잘 아시는 바와 가치 우리 여성이라는 입장으로 보아서도 그러치만 사람으로 자기의 빵 문제를 제 손으로 해결한다는 것은 그만큼 자기 생활에 자신을 가지게 됨에 따라서 자기 자신에 力을 가지게 되는 것입니다. 자기 생활을 보증한다는 경험을 가졋다는 것은 일생을 두고 든든한 일입니다. (…) 그러나 한가지 근심하는 것은 직업여성이라고 우리가 여성의 本意를 잇저서는 안됩니다. 즉 다시 말하면 여성도 남성과 가치 생산할 수가 잇다고 여성에 독특한 여러가지 결코 남성화해버려서는 안됩니다. 다시 말하면 철저하게 근본적으로 남성이 되지 못하는 이상 여성두 아니고 남성도 아닌 어중간의 중성이 되여버려서는 못씁니다. (…) 우리 여성의 천직과 임무는 여간 귀하고 어려운 것이 아닙니다. 이것을 잘못 알고 천히 생각한다든지 귀치 안케 생각하는 것은 큰 잘못입니다. 다시 말하면 여성의 천직을 저바리든가 小尙히 하여 가면서까지 여성이 직업전선에 나설 것은 업다는 말슴입니다. 여기는 여성으로서도 아조 특별되는 경우도 잇겟지요만은 대부분의 여성은 우리 여성의 천직과 사명을 온전이 하고도 직업전언에 나설 만한 여유가 잇는 사람은 나서는 것이 물론 조읍니다." 송금선 「현대여성과 직업여성」, 『신여성』(1933년 4월호) 46~47면.

47 일제시기 여자중등학교 가사과 교육은 1911년 여자고등보통학교규칙에 의해 가사·재봉 및 수예가 필수 과목으로서 개설되면서 시작되었다.

48 孫貞圭『農村の普通教育に於ける家事教材の研究』(三重出版社 1931) 20～21면.

49 송금선『去華就實——남해 송금선 박사 회고록』(1978) 169～71면.

50 조기홍, 앞의 책 102면.

51 婦人部「朝鮮の人達の生活を語る座談會」,『綠旗』(1938年 11月號) 59면.

52 현영섭에 대해서는 李昇燁「朝鮮人內鮮一體論者の轉向と同化の論理——綠旗連盟の朝鮮イデオローグを中心に」,『二十世紀研究』(第2號, 2001) 25～46면 참조.

53 쓰다는 다음 글에서도 현영섭의 영향에 대해 지적하고 있다.「朝鮮の人と共に幸福に——內鮮一體と私達」,『綠旗』(1938年 8月號) 39면.

54 孫貞圭他『現代朝鮮の生活とその改善』(1939) 4면.

55 婦人部「決戰下の婦人の生活」,『新女性』(1943年 10月號) 27면.

56 같은 글.

57 綠旗日本文化研究所『朝鮮思想界概觀』(1939) 57면.

58 「朝鮮の人達の生活を語る座談會」,『綠旗』(1938年 11月號) 48면.

59 이숙종담「淸潭會탐방기」,『여성』(1939년 3월호) 36～37면.

60 孫貞圭他, 앞의 책 2면.

61 같은 책 4～5면.

62 김현실「진실한 의미의 교육을 식히고 십다」,『조선일보』(1929년 10월 3일).

63 같은 글.

제7장

1 日本女子大學同窓會『家庭週報』(第828號, 1926年 2月 19日).

2 李順愛d, 앞의 글 100～102면.

3 조선 여성의 일본유학중의 활동에 대해서는 李順愛a; 李順愛b; 李順愛c; 山崎朋子, 앞의 글 참조.

4 한말에 현모양처라는 용어가 처음 사용되기 시작해 1930년대경부터 양처현모도 많이 사용되었으나 해방후 현모양처가 용어로서 정착되었다. 한말에 일본에서 양처현모라는 조어를 수입하면서 왜 그것을 현모양처로 바꿨는지 명확히 밝혀져 있지 않

다. 일본의 경우 호주·가독권을 축으로 하는 '家'제도가 메이지 유신 국가를 지탱할 기초로서 구상된 것에 비해 조선은 엄격하게 宗家男系宗子에 의한 제사의 상속을 고수하는 종족사회였던 것과 관계가 있다고 생각된다. '家'제도를 택하는 일본에서는 경우에 따라 호주가 되기도 하고 入夫相續에 의해 실질적으로 家督權者로도 될 수 있는 '처'의 위치는 비교적으로 중요했다. 이에 비해 '門中' '宗氏'제도를 택하는 조선에서 '처'는 혼인에 의해서도 여전히 舊姓을 유지하는 '他人'이고, 호주 계승 순위도 구일본민법 규정보다 낮았다. 따라서 '처'보다 남계 자손을 생산하는 '모'에 비중을 두었다고 생각된다. 또 조선의 문학·문화의 기둥인 '어머니'의 존재, 효를 중심으로 하는 조선 유교윤리(효의 대상으로서 '모'를 중시)와 '충'을 중심으로 하는 일본 무사라는 윤리의 문화적 상이성도 관계된다고 생각할 수 있는데, 앞으로의 연구를 요한다. 어쨌든 일본의 메이지 시기의 양처현모도, 한말의 현모양처도, 여성을 어머니로 새롭게 규정하는 것에서 출발한 젠더론이었다. 이 책의 일본어판에서는 양처현모를 사용했으나 여기서는 현모양처를 사용한다. 단 인용문이나 제목은 원문에 따른다.

5 조선 여성사 연구동향 분석으로는 井上和枝「アジア各國女性史研究の現狀と課題——朝鮮」, 『アジア女性史 比較史の試み』(明石書店 1997) 543〜54면; 井上和枝「朝鮮女性史における『新女性』研究の新たな動向」, 鹿兒島國際大學國際文化學部『國際文化學部論集』(第1卷 2號, 2000) 97〜103면 참조.

6 예를 들어 1990년대 이후의 신여성 연구는 가부장제에 맞서 싸운 신여성의 선진성을 높게 평가해 여성해방운동의 역사적 원류로서 위치매기기도 했다. 반면 신여성의 어머니나 아내로서의 역할을 강조하는 의식이나 행동에 대해서는 단지 유교적인 전통으로의 회귀 혹은 그 의식의 잔존으로 안이하게 치부하는 경향이 있었다. 신여성에 관한 선행 연구는 井上和枝의 앞의 글에서 소개된 것 외에 井上和枝「日韓『新女性』研究の現況——日韓ジェンダー史研究シンポジウム』によせて」, 『歷史評論』(第612號, 2001) 84〜91면 참조. 한일 연구자에 의한 조선 신여성과 일본 신여성의 비교연구서로서 한국에서 출판된 『신여성』(청년사 2003)도 참조.

7 홍양희「일제시기 조선의 '현모양처' 여성관의 연구」(한양대학교 대학원 석사학위논문 1997); 川本綾「조선과 일본에 있어서의 현모양처 사상에 관한 비교연구」(서울대학교 대학원 석사학위논문 1999).

8 河かおる「總力戰下の朝鮮女性」, 『歷史評論』(第612號, 2001) 14면. 이 지적은 일본 여성운동가는 총력전체제를 여성의 공적 활동을 요청하고 또 가능하게 한 혁신으로서

받아들여 흥분과 사명감을 가지고 환영했다는 우에노 치쯔꼬의 분석과도 상통한다. 上野千鶴子『ナショナリズムとジェンダー』(青土社 1998) 31~67면.

9 「男女 敎育」, 『독립신문』(1896년 5월 12일).

10 「녀인 교육」, 『독립신문』(1898년 9월 13일).

11 "녀자를 교육하여 노케 되면 나라에 대단히 유죠한 일이 여러가지 잇스니 첫째는 지혜잇는 부인들도 국사를 의론하야 정치가 진보케 될 것이오. 둘째는 남자와 혼인 후에 집안일을 셔로 의론하야 가도를 흥왕케 하되 릉히 그 남편을 도와 편지도 대셔 하며 문셔도 긔록하며 한가한 시에 셔책을 보며 학문을 토론하니 집안에 화긔가 츔 만하야 백년을 해로하는 내외가 될 뿐 아니라 생전에 정근한 친구가 될 것이오. 셋째 는 어린아히들이 十셰 이전에는 항샹 그 모친의 휘하에 자라며 언행과 동정을 배호 나니 그 어마니가 학문이 잇스면 학교에 보내기 전에는 그 모친이 가라치리니 이것 은 양육하난 모친이 될 뿐 아니라 자녀의 스승이 되는 이치라." 「녀학교론」, 『독립 신문』(1899년 5월 26일).

12 「靑會演說」, 『독립신문』(1898년 1월 4일).

13 下田歌子『家政學』(1893)을 번역 출판한 玄公廉『漢文家政學』(日韓圖書印刷株式會 社 1907); 玄公廉·朴永武『新編家政學』(日韓圖書印刷株式會社 1907)이 있다. 그리고 원본 미상의 번역 저서로 朴晶東『國文家政學』(1907)이 있다.

14 金明濬 「가정학역술」(5회 연재), 『西友』(1907년 2월호~1907년 9월호); 李沂 「가정 학설」(9회 연재), 『湖南學報』(1908년 6월 창간호~1903년 3월호)가 있는데, 출처는 밝혀져 있지 않다.

15 李沂, 같은 글(1908년 6월 창간호).

16 양규의숙의 설립취지는 『대한매일신보』(1906년 5월 9일)에 게재되었다. 홍양희에 의하면 현모양처의 4글자 용어는 이 설립취지문에서 처음으로 사용되었다. 홍양희, 앞의 글 23면.

17 「한성여학원 개설취지」, 『만세보』(1906년 7월 13일).

18 한말의 여성의 경제활동에 관한 논의는 다음 연구를 참조. 노인화 「한말 개화자강 파의 여성교육관」, 『한국학보』(제27호, 1982) 103~107면.

19 『독립신문』(1899년 5월 26일).

20 "(여자의) 下院之議員選擧와 政府之官吏任免과 陸海軍之應募出戰은 爲其氣質之弱 과 性情之偏하야 雖文明各國이라도 尙有所不許호함. 如學校之敎授와 銀行之簿記와 郵 電之事務와 以至美術工業과 商鋪貿易과 農事監督과 牧畜會社等 萬般事業을 皆與男子

로 無差하야 或取俸金하며 或取剩利하야 自給 其生活而亦足以 貯蓄." 尹孝定「여자교육이 필요」, 『대한자강회월보』(1906년 7월 창간호).

21 『황성신문』(1898년 9월 9일) ; 『독립신문』(1898년 9월 9일).

22 尹貞媛「본국 제형 제매에게」, 『태극학보』(1906년 9월호).

23 여성의 국채보상운동의 일환으로 시행된 반지헌납운동의 「탈지환취지서」(『대한매일신보』 1907년 4월 23일)에 "우리도 이천만 인구 중 한 사람이라 아득한 마함에 생각고 생각하니 깃부고 깃부다."고 서술되었듯이, 여성은 국민이라는 새로운 지위를 마음으로부터 환영하고 또 국민이 되기 위해 애국운동에 스스로 참가했다.

24 양성운「학설」, 『여자지남』(1908년 4월 창간호).

25 김영자「학설」, 『여자지남』(1908년 4월 창간호).

26 警保局保安課 『朝鮮人槪況 第二』(1918年 5月 31日調).

27 허영숙「가정의 겨울위생」(6회 연재), 『동아일보』(1925년 1월 23일~2월 6일); 「민족발뎐에 필요한 어린아희 기르는 법」(41회 연재), 『동아일보』(1925년 8월 28일~10월 9일); 「해산과 위험」(3회 연재), 『동아일보』(1926년 3월 4~6일) 등.

28 허영숙「각오하여 두어야 할 죠선 녀자의 텬직——특히 녀자 교육가에게 들이는 말」(3회 연재), 『동아일보』(1925년 10월 18~20일).

29 金洛泳「여자교육」, 『太極學報』(1906년 8월 창간호).

30 허영숙「婦人 問題의 一面——남자할 일, 녀자할 일(一)」, 『동아일보』(1926년 1월 1일).

31 허영숙「婦人 問題의 一面——남자할 일, 녀자할 일(四)」, 『동아일보』(1926년 1월 4일).

32 허영숙「남자의 여자에게 대한 태도」, 『시종』(1926년 3월호) 23~27면; 「나의 재혼관」, 『삼천리』(1931년 2월호) 108~10면; 「남자의 정조문제 이동좌담회」, 『신여성』(1931년 4월호) 20~23면; 「여기자 좌담회」, 『신동아』(1932년 5월호) 87~95면; 「여성문제 좌담회」, 『신동아』(1932년 11월호) 77~83면; 「나는 영원히 여류 문사가 아니다」, 『신동아』(1932년 12월호) 108~12면.

33 허영숙「婦人 問題의 一面——남자할 일, 여자할 일(三)」, 『동아일보』(1926년 1월 3일).

34 "結婚은 勿論 自由 意志의 選擇에 부치지 아니하면 아니될 것이나, 그러나 그것은 가장 嚴密한 敎育의 힘을 가지고 個人을 養成한 後의 일이올시다. 個人이 스사로 自覺하야 自己를 爲하야, 子孫을 爲하야, 社會를 爲하야, 國家를 爲하야 가장 조흔 配遇者를 選擇하지 안니하면 아니될 것이요 이에 비로소 理想的 結婚이 成立된 것이 올시다. 그러나 그러한 國民의 自覺을 엇기에 達하기까지는 長久한 時日이 걸일 것이오, 그 사이에 만흔 犧牲이 잇서야만 될 것이니 우리 社會의 今日까지 行하여온 여러

가지 弊害도 一朝一夕에 除去될 일이 아니올시다. 그러나 그中에도 지금 當場 改良하기에 日時가 急하게 생각되고 가장 두렵게 아는 바는 花柳病者의 婚姻이올시다." 허영숙 「화류병자의 혼인을 금할 일」, 『동아일보』(1920년 5월 10일).

35 兪鎭熙 「허영숙 여사에게, 여사의 '화류병자의 혼인금지론'을 읽고」, 『동아일보』 (1920년 5월 26일).

36 허영숙 「신교육을 바든 부인의 삼대 위험 시긔(4)」, 『동아일보』(1925년 11월 3일).

37 "오늘날 세계 각국이 가장 주의하고 힘쓰는 문데가 잇스니 그것은 민족개량이다. 어찌하면 각각 제 민족을 지금보다 힘잇는 민족을 만들가. 엇지하면 가장 잘살 능력을 가진 민족을 만들가 함이다. 이것은 구주대전 전까지는 군비 확장과 령토 획득 경제력 발전에서 구하려 하엿지마는 구주대전 후로 각국은 그보다 더욱 근본덕인데 착목하게 되엿스니 곳 그 민족을 구성하는 분자인 각 사람——남자와 녀자를 지금보다 힘잇게 만들자 함이다. 각개의 남자와 녀자가 힘잇는 사람이 되면 그것으로 구성된 민족 또는 국민은 힘있는 민족 또는 국민이 될 것이라 함이다. (…) 민족개량 민족향상이란 결국 민족의 육체덕 건강과 지능과 덕성 이 세가지를 할 수 잇는 대로 향상식히는 데 잇고 또 이 건강과 지능과 덕성의 긔초가 서는 것이 아동시대에 잇다 하는 것은 거의 모든 교육학자, 심리학자의 의견이 일치하는 바인즉 아동문데가 엇더케 중요한 것임을 족히 추측할 수가 잇다. 더구나 우리 조선과 가치 민족덕으로 남에게 뒤떨어진 처지에 잇고 (…) 오늘날 우리의 교육방침은 모성교육을 중심으로 하여야만 될 줄 안다. (…) 조혼 어머니가 되여 조혼 아희를 만히 길너내는 것을 배화야 하겟다." 허영숙 「민족발뎐에 필요한 어린아희 기르는 법(1), 웨 이것을 쓰나」, 『동아일보』(1925년 8월 28일).

38 허영숙 「동경에 어제 왔든고——산원에 대한 나의 구도」, 『삼천리』(1936년 4월호) 28~30면; 본사 특파원 여기사 「허영숙 산원 탐방기」, 『여성』(1938년 12월호) 64~65면; 허영숙 「나의 자서전」, 『여성』(1939년 2월호) 26~28면.

39 이일정 「남녀 동권은 인격의 대립」, 『동아일보』(1920년 4월 3일).

40 예로서 「여기사 좌담회」, 『신동아』(1932년 5월호) 90~93면을 소개한다. 좌담회에 참가한 윤성상은 토오꾜오여자고등사범학교 문과(1925~26)를 중퇴했고, 귀국한 뒤 한때 『조선일보』 기자로 활약했다. 윤성상과 허영숙은 현모양처론자로서, 김원주와 조현경은 자유주의적 남녀 동등권자로서 각각 발언하고 있다.

윤성상: (남녀차별은) 교육의 불균등 사회제도의 결함 등 때문이지오. 분업적으로 본다면 여자에게는 제이세 국민을 낳고 또 양육한다는 천직이 잇으니까 도

로혀 더 우월하지요.

사회자: 그러치만 요새 와서는 여자도 사회적으로 진출하라는 절규가 유행이 아님니까?

윤성상: 밖으로 나간다고 가정일을 부인하는 것은 아니지요.

허영숙: 나는 가정을 가진 여자로써 사회적 활동은 불가능한 줄로 압니다. 가정일 만으로도 여자는 시간이 부족한데.

김원주: 나는 거기 반대입니다. 여자라고 가정에만 매여 잇스라는 것은 나는 반대합니다. 자녀생산은 부득 여자가 책임을 지겟스나 그 양육은 전문가에게 맛이고 여자도 사회로 나와서 활동할 필요가 잇읍니다. 가정이라는 것은 범위가 너무 좁아서 그 안에서만 꼬물거리면 언제나 여자의 지위는 향상될 가망이 없읍니다.

조현경: 그것은 남녀문제보다도 개인 취미 문제인 줄 압니다. 일률적으로 말할 수는 없지요. 가정을 조타하는 이는 가정으로 사회활동을 조타하는 이는 사회로 나갈 것이겟지요.

허영숙: 대체로 보면 여자는 가정이 천직 남자는 사회가 천직인 줄 압니다.

윤성상: 현시에는 여자더러 가정도 돌보고 또 사회일도 하라고 강요하는데 그것은 무리입니다. 현 사회제도가 바쁘기 때문이야요. 새로운 사회제도가 생긴다면 (…)

허영숙: 그러나 여자는 생산을 해야 하는데 그때에는 몃달식 쉬어야 하니 어떠케 남자와 같이 사회적 활동을 할 수 잇어요?

윤성상: 내 말은 양으로는 다르지마는 질로 보면 꼭 같은 줄 압니다. 생산기에 누어 잇는 그 기간은 내여노코 건강할 때에 사회에 나가서 일할 때에는 어린애만 길러주는 사람이 잇다면 그 활동의 질이 남자보다 조곰도 못할 것이 없읍니다.

(…)

윤성상: 노라는 처음부터 생각을 잘못했지오. 여자가 사람인 동시에 어머니요 안해이지 어데 (…)

허영숙: 그래요!

41 盧明鍾「조선 여자로서의 이상과 포부(二)」,『동아일보』(1928년 1월 2일).

42 "현대 자본국가의 모든 제도 아래에서 녀성의 지위를 향상시키는 데에는 무엇보다도 녀성의 적극뎍 진취행위라야만 할 것입니다. 이것은 무엇보다도 녀성 자신이

모든 점에 잇서서 조금도 남성에게 선턴텩으로 못지 아니한 것을 뵈어야 할 것이며 또한 재래의 녀성문화가 남성문화에 비하야 손색잇는 것은 엇더한 긔회의 균등을 발휘하여보지 못한 것이란 것을 증명하여보여야 할 것임니다." 完山人「가정평론 — 여성의 직업문제」,『조선일보』(1926년 1월 28일).

43 조현경「이동 좌담회 — 내가 이상하는 남편」,『신여성』(1931년 12월호) 40~44면.

44 "지금 연사는 말하기를 현 조선사회에 잇서서 녀성이 경제권을 획득할여면 직업 전선상에서가 아니라 우리가 늘 잇는 가정에서 어더야 한다고 하엿습니다. 그러나 과연 그럿습니까. 과거 수천년 동안 우리 녀성이 가정 속에 들어백여서 어든 경제권이 무엇입니까. 남자만이 상속권을 가지고 남자가 지배하는 가정에 잇서서는 도저히 경제권을 어둘 수 업다는 것은 과거 수천년 력사가 이것을 증명하고 잇지 안습니까. (…) 지금 남녀는 평등이니 동등이니 해방이니 하지마는 지금 무엇이 동등입니까. 이것이 해방입니까. 우리가 만일 경제권을 엇고 녀자의 권리를 주장할여면 우리는 직업선상을 뛰어나가서 직접 생산자가 되고 활동자가 되지 안흐면 안되겟슴니다. 가정에 들어매여서 현모량처라는 남자의 기계가 되지 말고 가정에서 사회로 가정에서 정치계로 적극적으로 진출하야 녀자의 개성을 주장하지 안흐면 안됩니다. (…) 그리고 자녀교육에 잇서서도 직업을 가진 녀자는 가정을 온천지로 하는 녀자보다 일층 낫다고 볼 수 잇슴니다. (…) 자녀에게 현재 정치계・경제계가 어떠케 운전되고 잇는가 하는 것을 알게 하는 것이 더 필요합니다. 그려케 할여면 가정에만 들어안자 잇는 것보다는 직업선상에 나와서 사회봉사에 직접 참여하는 것이 얼마나 더 필요한지 모르겟슴니다. 실제로 사회에 나가서 일을 하고 동시에 가정에 들어와서 가정일을 돌볼 수 잇는 사람은 얼마던지 잇슴니다. 이제 그 일례를 들어보면 동경 메지로녀자대학 교장으로 잇는 이노우에 히데꼬 녀사는 학교를 통제하여 나갈 뿐만 아니라 여러가지 사회사업에 관여하면서도 집으로 도라가면 모범적 가정을 이루고 잇슴니다. 우에 말한 것을 종합하여보아 녀자도 직업선상에 나가지 안으면 도저히 경제의 독립을 엇지 못할 줄 암니다." 張金山「여자의 경제권을 가정에서 찾을까 직업에서 찾을 것인가」,『조선일보』(1933년 2월 9일).

45 黃蕙嚴「신여성 사상의 결함」,『매일신보』(1926년 1월 1일).

46 金順福「부녀의 사명은 무엇인가」,『활부녀』(1926년 11월호) 6~8면.

47 崔義順「나의 연애와 결혼관」,『삼천리』(1929년 9월호) 32면.

48 朱耀燮「신여성과 구여성의 행로」,『신여성』(1933년 1월호) 34면.

49 朴元熙「조선여자교육의 현상과 근본정신」,『동아일보』(1927년 7월 8일).

50 "우리의게는 요리하는 방법이나 수놋는 방법을 아는 것이 필요하기보담 먼저 먹을 쌀과 입을 옷이 필요한 것이며 아해를 귀엽게 양하는 방법보담도 먹일 것이 필요하며 밥이 필요한 것이다. 부인은 가정의 주인이요 가정은 부인의 천지라고 가르치는 그들은 부인을 가정에 억매두는 일방으로 이와갓치 부인들을 자기 계급을 유리하게 하는 모든 행동에 참가식히며 그것이 맛치 부인을 향상식히는 것이 되는 듯이 부인대중을 기만하는 것이다. (…) 엇던 강연회가 열렷슬 때 그곳에는 훌륭한 학자들이 와서 '당신들이 현모(어진 어머니)가 되고 양처(순량한 계집)가 되기 위하여서는 가정을 잘 다스리라'고 말하는 것은 누구나 다 자주 듯는 말이다. 현모가 되기 위하야서는 아해들을 잘 가르치고 집안을 잘 보아가며 양처가 되기 위하야서는 남자의게 유순하고 잘 셈기여야 할 것이니 이것이 과연 우리들의 가정에서 가능한 일인가 안인가. 한 집 식구를 살리기 위하야 여자도 공장에 가며 상점에 가고 밧머리에 가며 산에 가게 되는 것이니 거기에는 그들의 요구하고 가르쳐주는 현모양처는 꿈에도 생각할 수 없슬 뿐만 아니라 그들은 이것을 가르침으로써 무산계급 부인들이 여러가지 교회에서 가지고 잇는 부인들의 단체는 종교 그것이 무산계급을 속히고 마취식히는 역할을 하는 것과 갓치 종교적 부인단체는 부인들을 마취식히고 노예의 사슬에 억매두는 가장 큰 역할을 하고 잇는 것이다." 金銀姬「무산부인 운동론」,『삼천리』(1932년 2월호) 67면.

51 崔浪士「양처현모주의 재인식」,『현대여성』(1937년 2월호) 8면.

52 송금선, 앞의 글(1933년 4월호) 47면.

53 「동경 여자유학생 좌담회」,『춘추』(1941년 5월호) 148면.

54 金慈惠「직업 여성과 가정」,『신여성』(1933년 4월호) 35면.

55 朴鳳南「직업 부인에 대하여」,『학지광』(1926년 5월호).

56 宋今璇「朝鮮婦人の立場から」,『朝鮮』(1936年 10月號) 62~63면.

57 張庸震「먼저 교육문제를 해결함이 급무」,『개벽』(1920년 9월호); 李殷相「조선의 여성은 조선의 모성」,『신여성』(1925년 6·7월호); 辛日鎔「자유 사상과 현모양처주의(속)」,『신생활』(1922년 4월호); 嚴俊源「조선 여자 교육에 관한 소감」,『현대평론』(1927년 3월호); 閔泳大「여자교육에 대하여(二)」,『매일신보』(1928년 7월 14일); 李晟煥「신여성은 칠덕이 구비」,『별건곤』(1928년 12월호); 李萬珪「여자의 사명」,『배화』(1929년 5월호); 城東生「여성의 천직(二)」,『동아일보』(1929년 5월 1일); 金樂泉「현모양처란 무엇인가——인종굴복의 뜻이 아니다」(2회 연재),『실생활』(1932년 7·8월호); 牛灘生「현대적 주부가 되라」,『신동아』(1932년 10월호); 朱耀燮, 앞의 글

286

(1933); 李萬珪「여학생에게 보내노라」, 『신여성』(1933년 8월호); 朴璟秀「새로운 현모양처란 무엇일까?」, 『중명』(1933년 8월호); 朱耀燮「조선여자교육 개선안」, 『신여성』(1933년 10월호); 王大雅「이상적 가정을 세우도록 힘쓰자」, 『우리가정』(1935년 3월호); 張庸震「朝鮮婦人問題に對する管見」, 『朝鮮』(1936年 10月號) 등.

58 예를 들어 張庸震(朝鮮總督府視學官)은 「朝鮮婦人問題に對する管見(조선 부인 문제에 대한 관견)」이라는 제목의 일본어 글에서 다음과 같이 주장했다. "부인이 전연 가정을 벗어나, 직업 부인으로서 남자처럼 외부 직업이나 근육노동에만 종사하는 것은 이것이 과연 부인의 행복인가, 한 가정 내지 인류의 행복을 증진시키는 데 유리한 것이 될까? (…) 사회적 분업상의 원칙에서 생각할 때 적재적소, 완력이 강한 남자가 외부에서 일하고, 생활의 재료를 버는 것, 약한 부녀자가 가정에 있어 자녀를 돌보면서, 동시에 가사 일절을 담당하는 것이 자연이고, 또 합리적인 것이다. 그러나 여기서 내가 주창하고자 하는 것은 구시대 가정에서처럼 가장인 남자의 전제 하의 부속물로서의 아내나 어머니가 아니라 부부가 전적으로 대등 평등의 관념에 입각해서 가정생활을 영위하는 것이 절대 필요조건이다. 그렇지만 부인이 가정 내에서 관장하는 전 가사는 남자가 바깥에서 종사하는 전 직무와 어떠한 고하귀천의 차별이 있을 수 없다. 특히 가정 내에서 자녀를 양육하고, 교육하는 임무와 같은 것은 실로 중대하고 곤란, 또 신성한 것이다. 부인이 아내로서, 앞으로 남편과 대등 평등의 관계에 서서 가정생활을 꾸려나가고 한 집안의 주부로서 어머니로서 직책을 충분히 다하기 위해서는 남편과 동등 혹은 그 이상의 교양이 필요하다." 『朝鮮』(1936年 10月號) 20~21면.

59 예를 들어 李萬珪, 앞의 글 (1929년) 3~18면 참조. "여자의 사명을 대략하며 네가지로 난우어본다. 一은 産兒오 二는 양육이오 三은 가사 미화오 四는 사회봉사이다. (…) 여자가 인구의 반이라고 하면 사회의 반목은 여자의 차지이다. 반폭을 차지한 여자가 이 사회에 대하여 책임과 의무와 권리가 없을 이유가 없는 것이다. 사실로 보아 어떤 민족이던지 그 민족의 향상한 정도는 여자의 향상 정도 이상을 지나가지 못하는 것이다. 여자 향상 정도를 가지고 그 민족의 실질적 향상 정도를 재는 것이다. 사회가 어찌 여자를 門外의 사람처럼 역일 수 있으며 여자가 어찌 사회에 대하여 무심하게 지낼 수 있으랴. 사회를 위하여 봉사하는 것이 여자 사명 중에 중대한 사명이다. 사명을 가진 이상에 이 사명을 어떠케 하여야 할 것인가. 이믜 산아, 양육, 가정 治理의 사명이 있고 또다시 사회에 대하여 봉사할 사명이 있으니 이 사명은 어느 시기에 무슨 방법으로 이행하여야 할 것인가? 첫재로 가정주부로서 사회에

봉사하여야 한다. (…) 남녀가 다같이 가정도 내 가정이오 사회도 내 사회이다. 가정의 일도 내 일이오 사회의 일도 내일이다. 혹 처지와 형편에 딸아서 어느 편을 더 보살피고 들 보살피는 차이는 있을지언정 남자는 사회를 맡고 여자는 가정을 맡어서 그 두새에 한계를 맨들어 서로 범하지 못할 경계를 가른 것은 아니다. 그러므로 일방으로 가정을 미화하여가면서 일방으로 사회에 봉사하는 것이 좀 분주하고 힘들지마는 하여야 할 사명인 바에는 아니할 수 없는 것이다. 이에 대하며는 조선 여자이기 때문에 부지런을 더하여야 살 수 있다는 각오가지 있어야 한다. (…) 兒童敎養問題, 文盲退治問題, 家庭經濟問題, 衛生淸潔問題, 禁酒禁煙問題, 迷信打破問題, 惡習弊風退治問題, 飮食衣服改善問題, 女子知識品性修養問題, 婚姻制度改良問題, 主義思想訓練問題, 기타 여자로서 할 만한 급선무의 사물문제 등을 위하여 가정부인들끼리 협동단결하여 일종 주부운동, 여성운동이 우리 사회에 일어나기를 기대한다. (…) 둘재로는 독신주의를 가지고 사회에 봉사하는 여자도 있어야 한다."

60 『女子高等普通學校修身書 四卷』(朝鮮總督府 1927)의 제13과 「女子と職業(여자와 직업)」 89~91면에는 다음과 같이 서술되어 있다. "오늘날 사회의 실제는 각종 생산업 발전의 결과, 한 가정으로서도, 사회로서도, 여자가 각종 생산에 참가하는 것도 필요하게 되었습니다. 한편 교육의 진보와 체격의 발달로, 여자도 이 요구에 응할 수 있을 정도의 자격을 갖추었기 때문에 직업을 갖는 여자가 점차 많아져왔습니다. 여기서 특히 여자가 직업에 종사하려고 하는 경우에는 반드시 가정에 있어서의 여자의 천직을 돌아보고, 한면은 온전히 가정을 다스려가면서, 반면만 직업에 종사할 수 있는 것을 선택하지 않으면 안됩니다. 그러나 직업을 가진 뒤에 독신생활을 생각하는 것과 같은 것은 잘못된 생각입니다. 오늘날은 여자 자신이 직업을 구할 필요가 많이 있을 뿐만 아니라 사회 쪽에서도 점점 여자가 직업에 종사할 것을 요구하게 되었습니다. 더구나 직업을 갖는 것에 의해 여자 자신은 말할 필요도 없이, 그 집안까지도 구제받는 예가 세상에 적지 않습니다. 한 가정이 흥하느냐 망하느냐의 갈림길에 있을 때 여자의 면목을 세워주는 것은 그 직업입니다. 이러한 사실에 따라 생각해보면 여자도 그 경우에 따라 나중에 직업을 가질 수 있을 정도의 실력을 갖춰두고 있는 것이 필요합니다."

61 1920년대 신문화 운동에 관해서는 朴贊勝, 앞의 책(1992) 참조.

62 『신여자』는 여성에 의해 처음으로 1920년 3월에 창간되어 같은 해 6월, 4호로서 종간되었다. 간행기간이 짧은 만큼 이 잡지의 사회적 역할을 평가하는 것은 어렵지만, 이 잡지에서 1920년대를 맞이한 여성지식인의 의식을 엿볼 수 있다.

63 朱銀月 「행복스러운 가정」, 『신여자』(1920년 4월호) 19~21면. 이 소설은 『신여성』(1924년 7월호)에도 실려 있다.

64 朱銀月 「현대가 요구하는 신가정」, 『신여자』(1920년 3월 창간호) 26~27면.

65 "家庭은 隱穩한 軋礫と鬪爭의 避難所가 되며 平和와 休息을 주난 곳이다. 즉 가정은 安穩을 享有할 수 잇난 聖殿인 것이다. (…) 현 조선에 잇서 일세 미만 아동의 사망율이 자못 크다 한다. 幾千의 아동이 정신 及 육체의 불구로 신음한다. 불효자로 인하야 惱心하난 자모가 만타한다. 축첩의 풍이 잇고 賣淫, 怠惰도 또한 만타. 금일의 그 만혼 自殺은 그 원인이 어대잇슬가. 이러한 모든 악덕의 원인이 불합리한 가정생활에 잇난 것이 아닐가. 즉 夫된 자 子된 자에게 만족한 애착과 伴侶心을 환기할 만한 家庭樂을 지을 능력이 妻與母에게 업슴으로 말미암이 아닐가? (…) 우리난 더 나흔 가정을 만들기 위하며 남편과 안해의 협동적 노력을 요구한다. 그러나 가정 책임의 팔 구난 안해의 쌍견에 잇난 것이다. 안해된 자난 먼저 자기의 가정적 지위와 권리와 권위와 또한 의무를 知하여야 한다. (…) 가뎡을 일움에 대하여 남편과 자녀와 사회와 국가에 대한 자기의 직분을 밝게 이해하는 부인이 과연 멧치나 되는가. 우리는 각 방면에 위대한 여자로서의 일군을 요구한다. 자기 사명의 무엇임을 깨다른 여성 현재 우리의 갈망하는 일반적 목적을 득달하기 위하야 능히 고락을 감내하는 힘과 용기가 잇난 여성을 요구한다. 과학, 예술, 법률, 정치 及 철학의 위대한 지도자를 요구한다. 즉 인생 각 방면에 잇서 진보와 발전이 잇기를 요구하는 우리다. 그러한 진보발전에 업지 못할 기초는 무엇일가. 그는 무를 것 업시 훌늉한 가정인 것이다. 우리난 하로밧비 이 기초에 지식을 확실히 깨닷고 수양하여 우리의 가정을 만들고 또한 이로 쫏차 원만한 우리 사회의 성립이 잇기를 바랜다." 金哈羅 「조선의 급무는 가정 교육」, 『청년』(1930년 10월호) 24~25면.

66 「가정생활의 개조」(7회 연재), 『동아일보』(1921년 4월 1~13일); 김원주 「부인 의복 개량에 대하여」, 『동아일보』(1921년 9월 10~14일); 나혜석 「김원주형의 의견에 대하여—부인 의복 개량 문제」(4회 연재), 『동아일보』(1921년 9월 28일~10월 1일); 허영숙 「가정개량의 4개 원리와 사람 개량」, 『동아일보』(1923년 1월 1일); 방혜경 「생활개선—숫자를 알고 살자」, 『신여성』(1925년 1월호); 李瓊完 「주부로서 노력할 일」, 『신여성』(1925년 1월호); 「현하 우리 가정의 가족제도의 폐해」, 『동아일보』(1925년 11월 13일); 「간단하고 여유있는 가정생활의 개량」, 『동아일보』(1925년 11월 14일); 「우리의 살림사리 질서와 규율있게 하자」, 『동아일보』(1925년 12월 16일); 「수입에 따라 예산을 세울 것」, 『동아일보』(1925년 12월 20일); 劉英俊 「가정 위

생에 대하여」(3회 연재), 『조선일보』(1926년 1월 17~19일); 나혜석 「생활개량에 대한 여자의 부르짖음」(7회 연재), 『동아일보』(1926년 1월 24~30일); 송아 「새가정론」(7회 연재), 『동아일보』(1926년 7월 30일~8월 13일); 「간이한 생활개조」, 『신여성』(1926년 10월호); 「본사 주최 여류 명사 합평회」(2회 연재), 『조선일보』(1927년 1월 1~2일); 「가정개량에 관한 각 여학교 교원의 의견」(5회 연재), 『동아일보』(1927년 1월 1~5일); 金龍培 「가정개량에 관한 의견」(6회 연재), 『동아일보』(1927년 1월 1~6일); 「가정의 생활을 규칙있게 하여야」, 『동아일보』(1927년 4월 19일); 「가정부인해방과 모든 일의 사회화」, 『동아일보』(1927년 4월 26일); 방신영 「영양강화」(2회 연재), 『동아일보』(1927년 5월 25~26일); 「생활과 요리」(3회 연재), 『동아일보』(1927년 9월 7~9일); 「사무있는 남편이 가정에 돌아올 때 어떻게 섬겨야 될까」(7회 연재), 『조선일보』(1928년 9월 26일~10월 3일); 「새 가정을 이룬 아내의 지킬 일」(3회 연재), 『조선일보』(1927년 10월 5~7일); 유영춘 「가정의 개량문제」, 『동아일보』(1928년 1월 7일); 「신여성의 가정생활」(14회 연재), 『동아일보』(1929년 4월 10~25일); 「새로운 가정을 만들려는 이들에게」(7회 연재), 『동아일보』(1930년 1월 5~13일); 「생활·부인·남녀교제와 여자계 각방면 의견」, 『동아일보』(1930년 4월 5일); 「소비생활의 합리화」, 『동아일보』(1931년 1월 1일); 월암여사 「가정상식: 사교편」(3회 연재), 『동아일보』(1931년 3월 21~26일); 이연옥 「반드시 알아둘 주부의 지식—주부와 영양소이 지식」, 『신여성』(1931년 10월호); 「가정 능률 증진엔 우선 표준화부터」, 『동아일보』(1931년 9월 27일); 송금선 「호소 못할 이중 삼중의 고통」, 『신여성』(1932년 10월호); 신보석 「신여성의 가정철학」, 『신동아』(1932년 6월호); 송금선 「주부와 가계부」, 『신여성』(1932년 10월호); 송금선 「가정염색법」, 『신여성』(1932년 11월호); 송옥선 「가계부기학」, 『신여성』(1933년 2월호); 송옥선 「주부론」, 『삼천리』(1933년 4월호); 유영순 「유한 부인에게 일언—먼저 생활개선에 힘을 써라」, 『신가정』(1935년 9월호); 김중애 「살림 잘하시는 주부가 되려면」, 『여성』(1936년 6월호); 방신영 「주부와 요리」, 『여성』(1936년 6월호); 박봉애 「규칙있고 명랑하게 살아봅시다」, 『여성』(1936년 8월호); 송금선 「주부여, 평화의 여신이 되라」, 『여성』(1936년 12월호); 「결혼 일년생 이동좌담회」, 『여성』(1938년 1월호); 「가정생활개선 좌담회」, 『여성』(1939년 2월호); 허영순 「주부와 수양」, 『여성』(1939년 3월호) 등.

67 송금선 「살림을 어찌하면 행복한 가정이 될까」, 『조광』(1936년 1월호) 248면.

68 김혜경 『일제하 '어린이기'의 형성과 가족변화에 관한 연구』(이화여자대학교 대학원 박사학위논문 1997) 참조.

69 임숙재「생활개선」,『신여성』(1925년 1월호) 29면. 임숙재는 1924년, 토오꾜오여자 고등사범학교 가사과 졸업.

70 조현경「여자여 현명하라」,『신여성』(1934년 1월호) 20면. 필자의 경력과 입장(자 유주의적 남녀동등권자)은 이미 본문에, 또 주 40에서도 소개했다. 다만 이 글의 취 지가 현모양처론자의 것과 다를 바 없음으로 인용했다.

71 김영순「장, 김치, 빨래」,『신여성』(1925년 1월호) 40면. 필자의 학력과 경력은 불명.

72 예를 들어 정신총동원조선연맹의 기관지『總動員』, 총력전체제 시기의 대표적인 여성잡지인 조선일보사의『여성』, 그밖의 여러 잡지에 실린 여성지식인의 발언이나 글에는 주부의 역할에 관한 것이 무엇보다 많다.

73 편집부「내선일체의 실천과 부인」,『여성』(1940년 1월호) 47면.

74 편집부「시정30주년과 여성」,『女性』(1940년 10월호) 21면.

75 李淑鍾「半島婦人と勤勞奉仕」,『總動員』(1939년 8월호) 28면.

76 박인덕「임전애국자의 대사자후!! 승전의 길은 여기 있다」,『삼천리』(1941년 11월 호) 35~38면.

77 박인덕「동아여명과 반도여성」,『대동아』(1942년 5월호) 91~92면.

78 박인덕「현대조선과 남녀평등문제」,『동아일보』(1920년 4월 2일).

79 박인덕「조선여자와 직업문제」,『우라키』(1928년 4월호) 46~48면.

80 이 시각은 일본의 여성사종합연구회 정기연구회(2005년 1월 29일)에서 히로따 마 사끼(ひろたまさき)가「아시아의 양처현모주의(アジアにおける良妻賢母主義)」라는 제목으로 한 발표에서 제시되었다.

종장

1 1894년 갑오개혁을 단행한 조선정부는 신분제도와 과거제도를 폐지하고 새로운 관 리 임용제도와 근대 교육제도를 정비하기 시작했다. 각종학교(외국어학교, 의학교, 사범학교 등)의 졸업생과 외국유학 경험자에게 주판임관(奏判任官) 임용시험의 수 험자격을 부여해 학력이 사회계층 이동을 위한 중요한 기능을 하게 되었다. 1908년 의 문관임용령에 의해 '외국 대학에서 법률 혹은 정치·경제의 학과를 수료하고 그 졸업증명을 받아 선고위원의 선고를 받은 자' 및 '내외국의 정법(정치법률) 전문학 교의 졸업증서를 받아 만 2년 이상 판임관 혹은 판임궁내관의 직에 있는 현재 5급봉

이상을 받는 자'는 주판임관에 임용될 수 있어, 학력은 사회적 지위 상승에 더욱 영향을 미치게 되었다. 1912년에 개정된 조선총독부 '판임문관 임용시험 자격규칙'에 의해 경성전수학교(경성법률학교의 전신)·관립 고등보통학교 졸업자 및 조선총독에 의해 동등 이상의 학교로서 인정된 학교의 졸업자는 판임문관에 임용될 수 있게 되었다. 그리고 고등 문관시험에 응모하기 위해서는 고등학교의 졸업 혹은 대학 예과의 수료가 필요했다. 조선총독부의 조선인 관료의 학력을 분석한 박은경에 의하면 한말의 관료 출신자 및 총독에 의해 등용된 963명의 조선인 관료 중에서 505명(52%)은 근대 학교교육을 받은 자인데, 그중에서 95명은 일본에 유학한 자였다. 박은경 『일제시대 조선총독부의 조선인 관료에 관한 연구——사회적 배경과 충원양식을 중심으로』(이화여자대학교 대학원 박사학위논문 1993) 57~58면.

2　조선 여성의 일본유학과 여교사로서의 사회진출의 관계를 조금 살펴보자. 조선에서 여교사를 양성하기 위해 사범교육이 시작된 것은 1914년으로 관립 경성여자고등보통학교에 사범과가 설치된 것이 그 효시이다. 그 전까지는 이화학당(1886), 정의여학교(1894) 등의 미션여학교 출신자가 교사가 되었다. 또한 최초 관립 여학교인 한성고등여학교의 출신자가 1908년에 설치된 관공립 보통학교 여학급의 교사가 되었다. 1925년에 경성사범학교에 여자연습과가 병설되었고, 35년에는 경성여자사범학교, 38년에는 공주여자사범학교가 설립되었다. 그러나 한말에서 일제시기에 이르기까지 조선에서는 남녀 고등사범학교가 설립되지 않았다. 1939년에 숙명여자전문학교가 조선 여성과 일본 여성의 종합 전문교육을 표방하며 그 졸업생에게 중등교사 자격을 인정할 때까지 조선에서는 중등학교 여교사의 양성제도나 기관은 없었다. 따라서 중등학교 여교사가 되기 위해서는 일본으로 유학을 가야 했다. 전체 중등학교 여교사(각종 학교 교사를 제외한) 수는 적지만(朝鮮總督府 『朝鮮諸學校一覽』 1943년에 의하면 1943년 현재 167명), 여성들이 중등학교 교사가 되기 위해서는 교육피라미드상의 최고 엘리뜨의 길로 나아가지 않으면 안되었다.

3　조선의 신여성 연구에 대해서는 7장에서 이미 소개했다. 타이완의 신여성에 대한 연구성과로서는 洪郁如 『近代台灣女性史——日本の植民地統治と「新女性」の誕生』(勁草書房 2001)이 있다.

4　예를 들어 오짜노미즈여자대학 젠더연구쎈터의 공동연구 프로젝트 「동아시아에 있어서의 식민지적 근대와 모던 걸(東アジアにおける植民地的近代とモダンガール)」(2003~2006)을 들 수 있다.

296

근대 여성, 제국을 거쳐 조선으로 회유하다
식민지 문화지배와 일본유학

초판 1쇄 발행 • 2007년 11월 20일

지은이 • 박선미
펴낸이 • 고세현
책임편집 • 안병률
펴낸곳 • (주)창비
등록 • 1986년 8월 5일 제85호
주소 • 우편번호 413-756 경기도 파주시 교하읍 문발리 513-11
전화 • 031-955-3333
팩시밀리 • 영업 031-955-3399 편집 031-955-3400
홈페이지 • www.changbi.com
전자우편 • human@changbi.com
인쇄 • 한교원색

ⓒ 박선미 2007
ISBN 978-89-364-8236-7 03910